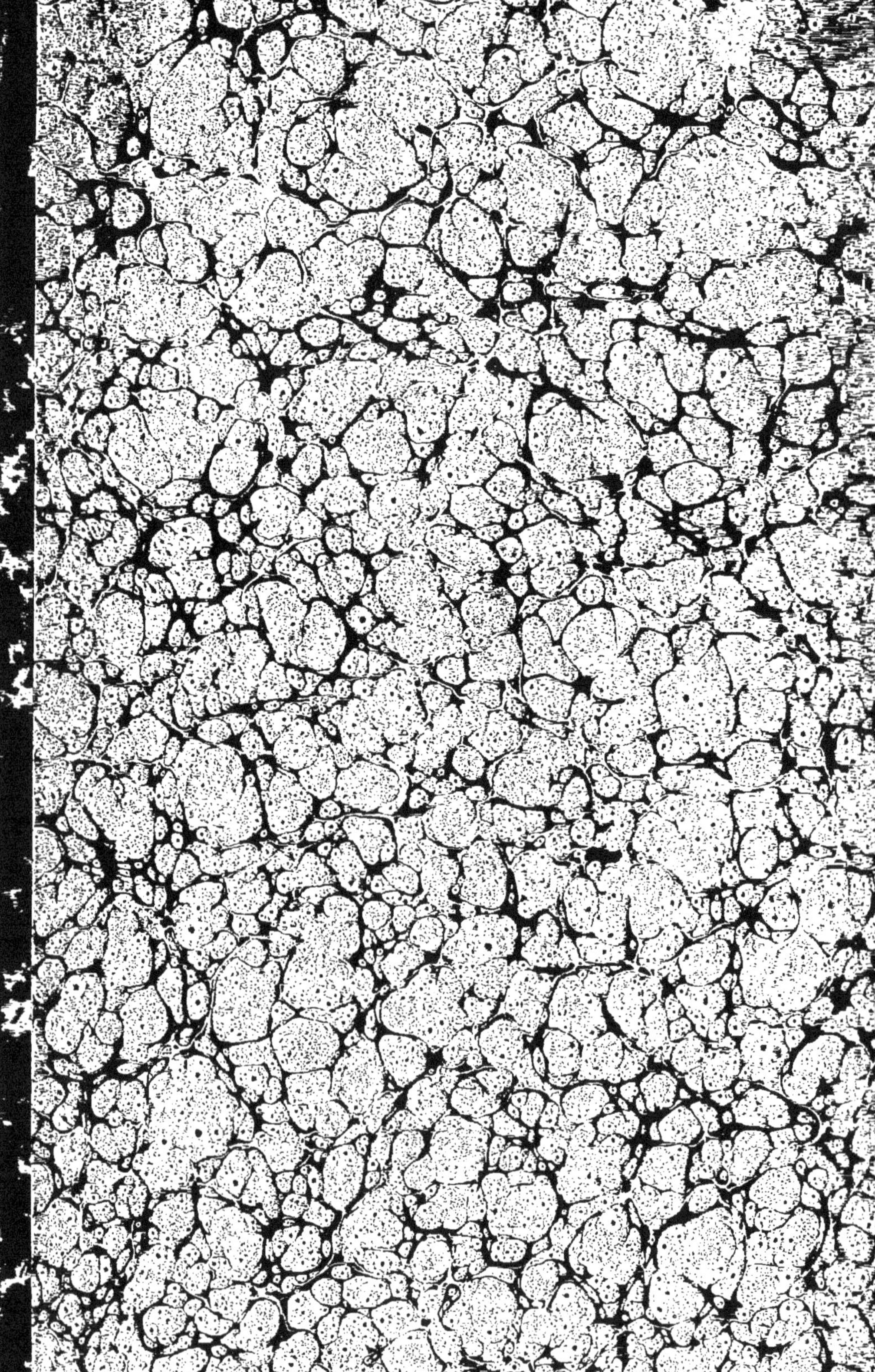

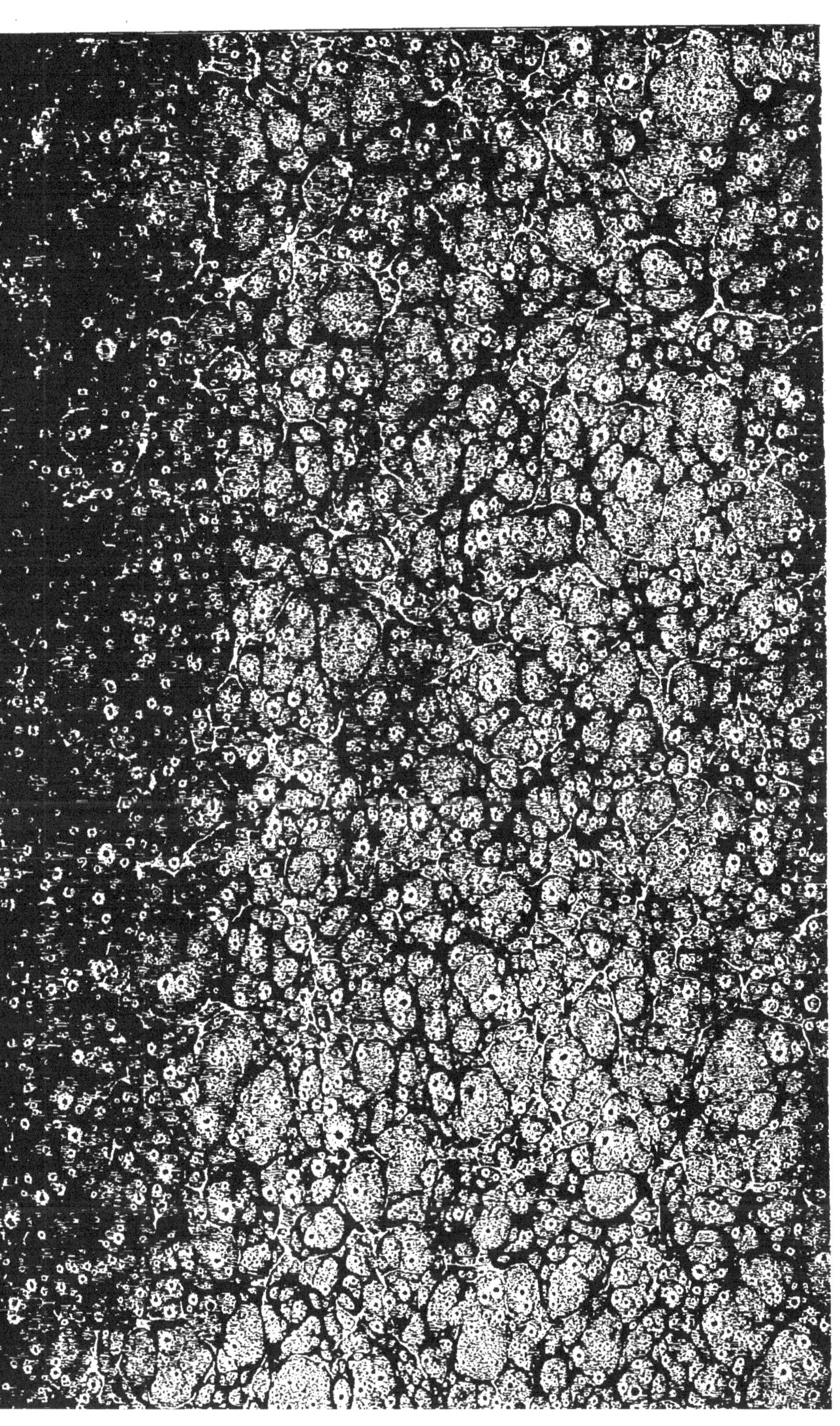

PRÉCIS

DE LA

GUERRE FRANCO-ALLEMANDE

PARIS. TYPOGRAPHIE DE E. PLON ET Cie, RUE GARANCIÈRE, 8.

PRÉCIS

DE LA

GUERRE FRANCO-ALLEMANDE

PAR

LE COLONEL FABRE

OUVRAGE RENFERMANT TREIZE CARTES STRATÉGIQUES

PARIS

E. PLON ET Cie, IMPRIMEURS-ÉDITEURS
RUE GARANCIÈRE, 10

1875

INTRODUCTION

On a beaucoup écrit, en France et en Allemagne, sur la guerre de 1870, et plusieurs des écrits qui en traitent tirent une grande autorité de la position de leurs auteurs et de l'évidente sincérité du récit. Mais on pensera peut-être que la vérité peut sortir plus complète et surtout plus utile de la comparaison des ouvrages écrits dans les deux camps. On pensera que l'émotion qui passionnait les auteurs et les lecteurs après la guerre était peu propre à l'étude approfondie des causes qui ont amené nos revers et des moyens de mettre de notre côté de meilleures chances à l'avenir. Dans les pages qui vont suivre, j'ai essayé de reconnaître et de dire ce qu'il nous était utile de savoir, simplement, sans flatterie, même pour le malheur immérité, sans partialité, même contre le triomphateur arrogant ou de mauvaise foi; j'ai voulu oublier que je sentais en Français et en soldat, et traiter les questions militaires qui se posent dans la guerre de 1870-71 comme œuvres d'art ou de science, ou de travail et de prévoyance. Il m'a fallu porter souvent, sur les plus grandes affaires de ce monde, un jugement qui n'emprunte d'autorité qu'à la comparaison faite de bonne foi, des récits faits et des jugements énoncés de part et d'autre, à l'absence de toute partialité, à la recherche toujours sincère de la vérité.

Ai-je besoin de dire que la lecture de certaines relations, indispensables à connaître cependant, a été un amer chagrin, un effort douloureux de tous les instants! J'aurais voulu ne voir, dans cette histoire, que la valeur, le dévouement, l'esprit de sacrifice qui se montrent du côté de notre chère France. Mais ce qu'il est utile de voir et de dire, ce sont les causes qui ont rendu vaines tant de vertus, qui ont conduit à la catastrophe finale tout ce dévouement, tant nié par nos ennemis, tous ces héroïsmes tant calomniés.

Je tâcherai que ces causes ressortent du récit même des événements ; j'accuse de nos revers bien moins les hommes qu'une organisation et des institutions qui ne semblent qu'imparfaitement corrigées aujourd'hui même.

PRÉCIS

DE LA

GUERRE FRANCO-ALLEMANDE

I

ORIGINE ET PRÉLIMINAIRES DE LA GUERRE.

La guerre avec la Prusse, tous les jours possible depuis la spoliation du Danemark en 1864, apparut prochaine et probable dans une communication de M. de Gramont au Corps législatif le 8 juillet 1870. Il s'agissait de l'appel d'un Hohenzollern au trône d'Espagne. La France refusait de laisser la Prusse, rapidement agrandie depuis six ans, reconstituer autour d'elle l'empire multiple de Charles V.

La guerre hésita quelques jours; l'habile ministre d'Espagne obtint la renonciation du prince et de son père, et, le 13, l'incident avait pris fin. Malheureusement, le gouvernement français était surtout préoccupé des dangers que l'état des esprits pouvait faire naître pour la durée de l'empire, et qu'une guerre heureuse aurait conjurés. La concession de la Prusse fut déclarée insuffisante. M. de Bismarck, heureux de voir passer à la France la responsabilité d'une guerre qu'il avait jugée indispensable à la grandeur de son pays et préparée depuis longues années, accepta hardiment le défi, et, le 15, la guerre était déclarée.

Ces préoccupations de politique intérieure, que nous trouvons ainsi à son origine, interviendront encore, et toujours avec de funestes effets, dans ses phases principales.

Le maréchal Lebœuf, ministre de la guerre, répondant aux interpellations publiques et privées, s'était déclaré « complétement prêt, » et avait ainsi décidé toutes les adhésions. Ce qui motivait ses illusions, ce qui peut les expliquer, c'est que l'armée était plus prête, en effet, qu'à d'autres époques. L'infanterie était pourvue d'un fusil, le chassepot, supérieur à celui de la Prusse; nos mitrailleuses valaient mieux que celles qu'avait essayées l'Allemagne ou que l'Amérique avait construites. On savait, il est vrai, que le canon prussien l'emportait sur le nôtre en puissance, en justesse, en portée ; mais nos pièces de 4 et de 12 rayées, se chargeant par la bouche, étaient plus simples, plus solides, plus légères à puissance égale. Il semblait que la supériorité des Allemands ne dût être que de premier moment et fût destinée à disparaître dans une guerre prolongée ; elle existait surtout aux grandes distances [1].

L'armée allemande disponible était bien plus nombreuse. Sans aucun doute, elle serait, au début, double au moins de la nôtre. Mais on croyait que la solidité des soldats français, ayant, en moyenne, trois ans de service, compenserait la supériorité du nombre chez les soldats allemands, où cette moyenne était de dix-huit mois. C'était, jusqu'à un certain point, une erreur. Ceux-ci avaient, en tous cas, les moyens de servir deux fois plus de canons, et leur artillerie manœuvrait bien ; cet avantage, nous le verrons, fut décisif en leur faveur.

[1] Les projectiles français étaient pourvus d'une fusée qui s'enflammait au départ et communiquait le feu à la charge intérieure après une course de 1,200 ou de 2,500 mètres. Au delà de cette distance, l'excédant de portée devenait inutile. Les fusées allemandes étaient *percutantes,* c'est-à-dire, ne prenaient feu qu'au choc du premier objet que rencontrait le projectile à la fin de sa course.

Lequel, d'ailleurs, des deux adversaires était le mieux préparé à l'action?

L'organisation de l'armée française était ce que la peuvent faire des budgets de paix aux mains d'une administration absolument centralisée, réglant les moindres détails par une impulsion unique, ayant seule les données et le pouvoir nécessaires pour faire mouvoir les hommes et le matériel. Une telle machine ne peut fonctionner vite; tout ordre passe par plusieurs bouches avant d'arriver à l'exécution; il en est de même de toute objection et de tout compte rendu. En six mois, si les opérations préliminaires duraient six mois, comme dans les guerres passées, les chevaux, les effets de campement, les approvisionnements auraient été achetés et amenés à leur place; les réservistes auraient rejoint; les régiments se seraient solidement constitués en brigades, en divisions, en corps d'armée, en armées; leurs chefs de tout ordre auraient appris à les connaître, auraient pris possession du matériel, auraient étudié leurs sous-ordres dans toutes les branches, de façon à tirer, dans toutes les circonstances, le meilleur parti de la force mise dans leurs mains.

Insistons sur ce point : en France, en temps

de paix, nul, en dehors du ministère, ne pouvait toucher au matériel, commander à l'artillerie, au génie, à l'intendance : sous prétexte que le ministre était responsable de tout, les opérations, qui devenaient l'œuvre journalière d'un général, aussitôt que la guerre était déclarée, lui étaient absolument interdites en temps de paix.

La Prusse, de son côté, n'avait besoin ni de six mois ni de six semaines. Ses corps d'armée, répartis par province, trouvaient autour d'eux tous leurs congédiés, tous leurs réservistes, tous leurs magasins. Chacun des hommes de vingt à quarante ans savait d'avance à quel moment il serait appelé et quel corps il devait joindre; chaque cheval propre à la guerre était immatriculé et pouvait être incorporé moyennant des garanties fixées d'avance. Le général chef de corps avait les pouvoirs nécessaires pour appeler, incorporer les hommes et les chevaux dans l'armée active, la landwehr, les corps de garnison; pour puiser dans les magasins et mettre tout en mouvement sur un ordre général du roi. En huit jours le corps était prêt, et il ne s'agissait plus que de le porter au lieu désigné. Or, la direction des chemins de fer passait au major général (M. de Moltke) par le fait de la déclaration de guerre, et leur emploi avait été l'objet d'une étude approfondie. En cinq jours, la nombreuse armée allemande pouvait être réunie sur un point de la frontière.

Ajoutons que la Prusse avait son « Trésor de la guerre ». La France n'avait que les ressources des budgets et n'avait, en temps de paix, aucun fond consacré aux études de chemins de fer, aux achats extraordinaires de chevaux, aux formations d'approvisionnements de guerre. Tout cela dut être improvisé après la déclaration de guerre. Les réservistes, les congédiés furent appelés partout, se mirent en route, après d'inévitables retards, pour les dépôts de leurs régiments, où ils allaient s'équiper et s'armer; cela fait, on les envoyait, non sans de continuelles erreurs de direction, aux détachements de guerre. Très-peu rejoignirent à temps.

Cependant l'empereur crut devoir envoyer immédiatement sur la frontière les régiments tels qu'ils étaient dans leurs garnisons. Parmi les dévouements patriotiques et parmi les ambitions qui se pressèrent autour de lui, il choisit des chefs pour les brigades, les divisions, les corps d'armée. Les régiments se réunirent deux à deux pour former des brigades, les brigades pour former des divisions. Chacun eut à faire connaissance avec ses camarades, ses chefs, ses inférieurs. Les généraux pris dans les commandements territoriaux furent remplacés par des officiers tirés de la réserve et qui eurent, de leur côté, à étudier les divisions, les subdivisions, les places fortes placées sous leur commandement et à improviser le parti à en tirer.

On décréta la formation de sept corps d'armée à constituer avec ces éléments. Les 1er, 3e, 6e corps, commandés par les maréchaux de Mac Mahon, Bazaine, Canrobert, durent comprendre chacun quatre divisions d'infanterie, une division de cavalerie, une réserve de quarante-huit pièces (huit batteries) d'artillerie. Les 2e, 4e, 5e, 7e, aux ordres des généraux Frossart, de Ladmirault, de Failly, Félix Douay, comportaient chacun trois divisions d'infanterie, une de cavalerie, trente-six pièces d'artillerie de réserve. A chaque division d'infanterie étaient attachées trois batteries, dont une de mitrailleuses. Chaque corps a son parc d'artillerie, destiné à remplacer sur le champ de bataille les munitions consommées. En arrière de l'armée vient le grand parc, intermédiaire entre les arsenaux de l'intérieur et les corps d'armée. Or, les parcs de corps d'armée ne furent pas constitués en totalité pendant les six semaines que dura la première période de la guerre. Quant au grand parc, sur les quatre mille chevaux qu'il devait compter, il reçut, le 25 août, quatre cents chevaux achetés dans les Ardennes.

Qui ne se rappelle les plaintes des intendants réclamant pour leurs corps les moyens de camper et de préparer les vivres, celles des généraux qui ne trouvaient plus les régiments qu'ils devaient commander? On remédie à quelques-uns des défauts matériels qui apparurent alors en constituant des corps d'armée permanents en temps de paix et pourvoyant chaque régiment du matériel nécessaire à l'entrée en campagne. Mais c'est encore au ministère qu'incomberait le soin de compléter ses corps, pendant la guerre, en hommes et en matériel.

Le plan de campagne était d'étendre l'armée sur toute la frontière, de façon à tenir l'ennemi dans l'incertitude du point d'attaque, puis de la concentrer sur un point placé entre Strasbourg et Germersheim (Maxau, à 15 kilomètres nord de Lauterbourg), de la jeter au delà du Rhin et de séparer ainsi l'Allemagne du Sud de celle du Nord. On comptait que les vaincus de 1866, ainsi préservés de l'action de leurs vainqueurs, se joindraient à l'armée libératrice, ou tout au moins garderaient la neutralité. La bataille décisive se donnerait probablement aux environs de Wurtzbourg.

C'était donc l'offensive seule que l'on avait calculée. Or, depuis qu'on était rassemblé, on s'apercevait que l'offensive était impossible pendant quelques semaines pour cette armée incomplète en personnel et surtout mal pourvue du matériel nécessaire pour marcher, camper, vivre et combattre! On attendit, et bientôt on apprit que l'ennemi, qu'on avait prétendu surprendre, était là, de l'autre côté de la frontière, tout prêt à l'attaque et prêt aussi à la défense. L'erreur capitale du ministère a été celle-là : croire qu'on pourrait imposer aux Prussiens, les contraindre à la défensive et choisir son moment et son terrain. — Erreur d'autant moins pardonnable que chacun des deux adversaires connaissait parfaitement l'état des choses du côté opposé. Ne faut-il pas ajouter, hélas! que les Français connaissaient mal leurs propres ressources! Ils se trompèrent d'un mois sur la date à laquelle ils seraient en état de marcher!

Au contraire de l'armée française, où nul plan n'avait été livré aux méditations des officiers, où nul ne devait être en situation de suppléer aux ordres des chefs dans les cas imprévus, l'armée allemande avait, à tous les degrés, étudié profondément une campagne de France. Elle se savait très-supérieure en force au premier moment (l'armée immédiatement disponible comptait 386,000 fantassins, 48,000 cavaliers, 1,284 canons), et il s'agissait de garder cette supériorité en en profitant pour attaquer à fond les forces organisées qu'on aurait devant soi, envahir le pays, se ruer sur tout ce qui essayerait de s'organiser après les premières opérations.

Elle se partageait en trois armées : la Ire (55,000 fantassins, 12,600 cavaliers), sous le général Steinmetz, illustré dans la campagne de Bohême, comprenait les contingents du Rhin et devait être immédiatement prête entre Trèves et la Sarre. — La IIIe était formée de deux corps de l'Allemagne du Nord, les Ve et XIe, encadrés par les deux corps bavarois, les divisions badoise et wurtembergeoise. Le prince royal avait été chargé de la réunir. A la fois populaire et estimé comme général, il avait su, aidé par les fautes diplomatiques de la France, désarmer les répugnances, prévenir toute résistance à cette adjonction des vaincus de la veille à l'armée prussienne. Envoyé, dès le premier moment, dans l'Allemagne du Sud, il avait à prévenir les Français, à profiter de la haine soigneusement entretenue contre eux pour faire exécuter les conditions secrètes du traité de Prague. Il avait complétement réussi dans cette mission délicate, et, ramenant le long du Rhin les contingents du Sud; inquiétant par sa marche le général Ducrot, qui commandait à Strasbourg, et crut, à plusieurs reprises, à une attaque sur l'Alsace, il avait, en réalité, franchi le Rhin au-dessous de la frontière française, et, dès le 31 juillet, sa IIIe armée était cantonnée sur la rive gauche du fleuve, entre la Queich et la Lauter, jetant des postes dans les Vosges et communiquant ainsi avec Steinmetz; elle comptait 189,000 soldats de diverses origines, mais également disciplinés et obéissants. — Le prince Frédéric-Charles, regardé comme le premier des généraux prussiens, commandait la IIe armée, formée des contingents du Nord et nécessairement en retard sur les deux autres. Il arrivait seulement dans les premiers jours d'août presque en ligne avec les deux autres, un peu en arrière toutefois; c'était lui cependant qui devait, avec ses 224,000 hommes, remplir le rôle principal dans l'invasion projetée, et Steinmetz, qui n'avait alors que deux corps et 67,000 hommes, devait lui faire place sur la Sarre. Le roi, présent à Mayence, ne comptait toutefois lui faire franchir cette rivière que le 8 août. Le prince royal devait, à ce moment, avoir refoulé les corps français en Alsace pour revenir, à travers les Vosges françaises, jusqu'à la Sarre et seconder ainsi l'attaque des deux premières armées contre la principale force française. Trois corps restés en Allemagne surveillaient le Danemark, l'Autriche, les côtes. Ils rejoignirent quand il fut certain que nul allié ne se lèverait pour aider la France et que nulle descente ne serait opérée par notre marine. Les troupes de garnison et de dépôt restèrent seules pour la protection du pays. En réalité, les forces de toute espèce, utilisées dès les premiers jours, se montaient à près de 1,300,000 hommes.

Ainsi, la réunion prématurée des corps français sur la frontière n'avait été qu'une menace vaine, parce qu'ils étaient hors d'état de se porter en avant; même pour la défensive, ils étaient très-imparfaitement préparés au point de vue matériel et nullement au point de vue stratégique; point de garnisons affectées aux places, point d'armement complet, aucun plan arrêté.

Metz n'eut un gouverneur que le 7 août; Strasbourg, où résidait le général Uhrich, rappelé de la réserve pour commander la 6ᵉ division militaire, n'avait ni approvisionnements, ni personnel suffisant d'artillerie. Ni l'une ni l'autre place n'avait de garnison préparée pour un siége. On avait pensé à les entourer de forts détachés; mais rien n'était fait à Strasbourg, et les forts de Metz étaient en cours de construction; il fallut, pour les achever et les armer, six semaines de travail acharné. On remarqua le douloureux étonnement de l'empereur quand il quitta, après une première visite, le fort Saint-Julien, qui couvre Metz sur la rive droite de la basse Moselle, et qu'un écroulement du rempart laissait ouvert à la gorge; ailleurs, les terrassements n'étant pas achevés, le fort n'était ni armé ni en état d'être armé.

Ainsi on s'arrêtait, hâtant la réunion de toutes les ressources, mais ne parvenant pas encore à compléter les sept corps de la frontière; bien moins encore à organiser les 8ᵉ, 9ᵉ, 10ᵉ, 11ᵉ corps qui, formés au moyen des 4ᵉˢ bataillons renforcés des réservistes, devaient appuyer l'armée active. Ces corps n'existèrent jamais. — Un 12ᵉ corps se formait à Toulouse; il devait, sous le commandement du général Trochu, opérer dans la Baltique. Là encore on comptait trouver un allié dans le Danemark en lui conduisant une armée française et les deux escadres des amiraux Bouët et Fourichon, sous le commandement supérieur du prince Napoléon. A toutes ces conceptions, le temps manqua.

Le temps! c'est là, hélas! le mot de cette guerre! Jamais plus grande part ne fut faite à l'étude, au travail patient, à la préparation attentive et persévérante! Jamais part plus petite ne fut laissée au génie, à la fortune, aux élans du courage!

Mais, faute de connaître le détail de cette préparation, si complète d'un côté, à peine ébauchée de l'autre, beaucoup de Français comptaient sur le succès. Ils se disaient que notre population était plus nombreuse que celle de la Prusse; que notre armée était plus habituée à la guerre; que le courage de nos soldats ne le cédait à aucun autre; que l'ambition de la Prusse devait inquiéter tous ses voisins. La croyance au succès se fondait donc sur des arguments sérieux, et, quoique la France fût peu disposée à la guerre, quoiqu'elle fût seulement froissée par une arrogance qui se contenait peu et par le souvenir de l'agression du Sleswig-Holstein, moralement dirigée contre elle, elle accepta la guerre, et l'accepta sans mauvaise grâce; ceux qui avaient étudié la situation, et parmi eux l'empereur, en mesurèrent seuls la gravité.

Revenons à l'armée réunie sous Metz, dès le 18 juillet, sous le commandement du maréchal Bazaine, puis obéissant, le 24, au maréchal Lebœuf, qui quittait le ministère pour l'emploi de major général; enfin, le 28, à l'empereur.

Elle comprenait, en première ligne, de Forbach à Sarreguemines, le 2e corps, venu, avec le général Frossart, du camp de Châlons, où il avait préparé, pour cette année même, une étude de siége des places pour le prince impérial. Ce corps était le seul que la déclaration de guerre eût trouvé à peu près organisé; il était formé des divisions Vergé, Bataille, Laveaucoupet et Valabrègue (cavalerie), et comptait 26,000 hommes, 4,800 chevaux, 90 pièces.

Derrière lui venaient : le 3e corps (Bazaine), formé de l'armée de Paris, 39,000 hommes, 8,000 chevaux; la garde (22,000 hommes, 6,600 chevaux, dont le général Bourbaki venait de prendre le commandement; à sa gauche, le 4e corps (Ladmirault) garnissait, de ses 29,000 hommes, la frontière jusqu'au Luxembourg, le centre en face de Sarrelouis, la gauche à quelques lieues de Trèves; à sa droite, le 5e corps (de Failly), ancienne armée de Lyon, reliait, à Bitche, la Lorraine à l'Alsace. Dans le Bas-Rhin, le 1er corps recevait les corps venant d'Afrique et le gouverneur de l'Algérie, le maréchal de Mac Mahon; celui-ci écrivait qu'il serait prêt le 10 août. Dans le Haut-Rhin, la formation du 7e corps (Félix Douay) était moins avancée. La seule division Conseil-Dumesnil se trouva à peu près prête le 5 août. Enfin, au camp de Châlons, le maréchal Canrobert, à peine remis d'une douloureuse indisposition, constituait un 6e corps de quatre divisions et 120 pièces.

La réserve générale de cavalerie comptait 5,400 hommes (trois divisions : du Barail et de Forton, à gauche : Bonnemains en Alsace : deux batteries par division); la réserve générale d'artillerie (général Canu), 96 pièces, moitié de 12, moitié de 4. Les parcs accouraient à grande hâte; plusieurs ne rejoignirent pas pour les premières hostilités. Cependant il fallait se hâter, si l'on voulait conserver l'offensive, ou même faire craindre à l'ennemi une attaque sur son territoire. On fit une reconnaissance sur Sarrelouis. Une

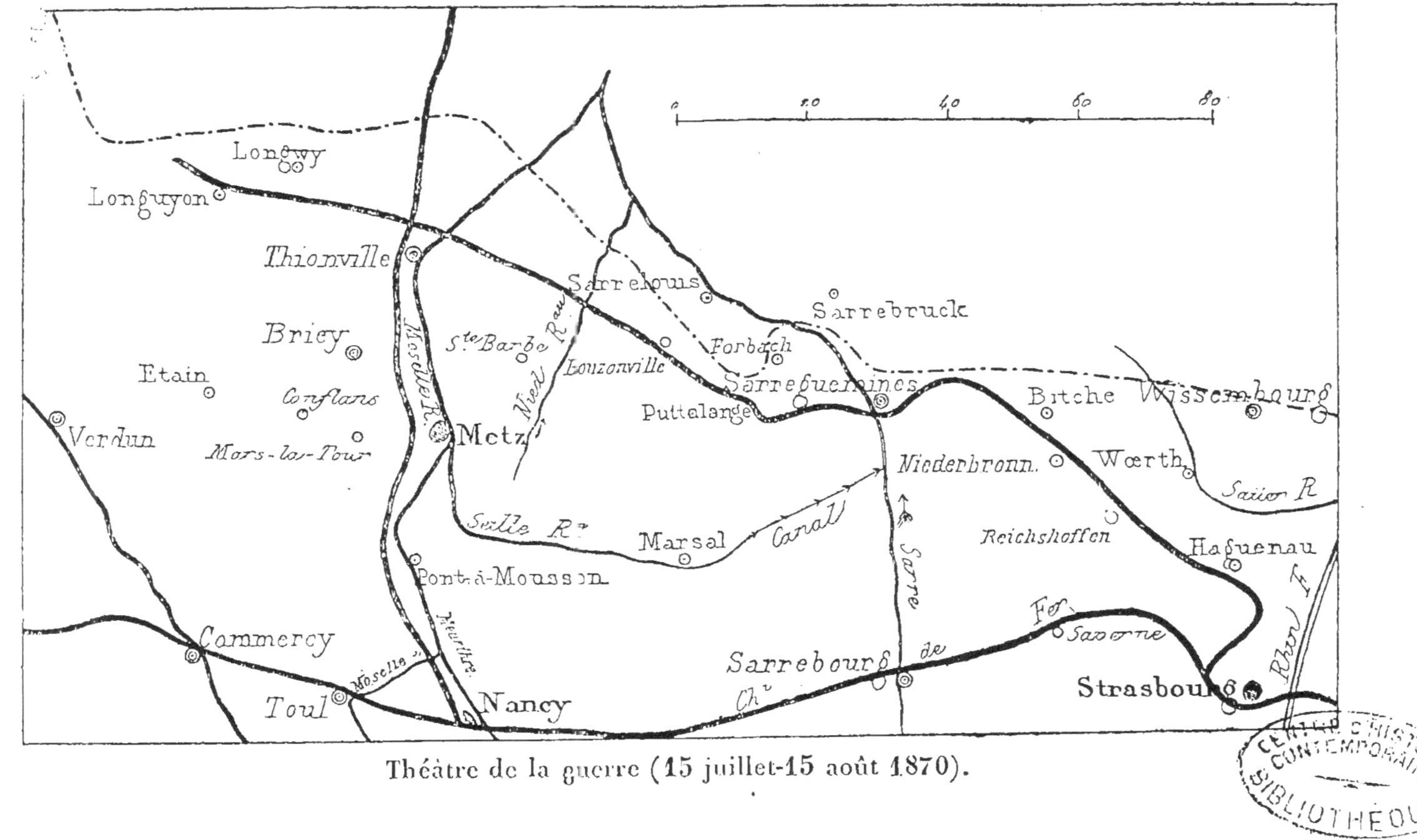

Théâtre de la guerre (15 juillet-15 août 1870).

pointe, préparée avec grand soin par le 2e corps, amena l'évacuation de Sarrebruck, dont on n'essaya même pas de couper la très-faible garnison. Un bulletin malheureux donna à cette très-petite affaire les proportions d'une victoire ; l'effet en fut fâcheux.

En Alsace, le 1er corps prit aussi une attitude offensive ; il s'échelonna au revers oriental des Vosges, dans la haute vallée de la Sauër, parallèlement au Rhin, la première division à Wœrth. A dix-huit kilomètres en avant, la deuxième division (Abel Douay) occupa Wissembourg, au point où la Lauter, qui formait la frontière, débouche des montagnes dans la plaine boisée du Rhin. Elle détachait un bataillon de chasseurs au bord du Rhin, d'autres à divers défilés ; sept seulement restaient au général.

Puis on s'arrêta : les pointes sur la Sarre et la Lauter étaient encore des menaces sans suite possible. Le 5, Frossart, se jugeant très en l'air, demanda et obtint l'autorisation de reculer ; mais il ne dut pas aller au delà de Forbach, pour ne pas abandonner aux coureurs de l'ennemi la gare encombrée de cette ville et les forges de Stiring. Nous verrons plus tard les conséquences graves qu'amena ce mouvement de recul.

II

BATAILLE DE WISSEMBOURG.

Cependant l'initiative allait passer à l'ennemi et l'armée française ne devait plus la ressaisir. De Wissembourg, le général Abel Douay écrivit, le 3 août, au général Ducrot que l'ennemi se montrait très-nombreux entre la Queich et la Lauter et paraissait se préparer à l'offensive. Il reçut l'ordre de tenir et l'appui de la brigade de cavalerie de Septeuil. Wissembourg, déclassée comme place forte, avait encore une enceinte percée de trois portes : celle de Landau, du côté de l'ennemi ; celle de Haguenau, au sud et près de la gare du chemin de fer qui longe la Lauter ; enfin, celle de Bitche, ouverte vers l'ouest. Des ravelins couvraient les deux premières. Le général Douay jeta dans la place un bataillon du 74e et occupa, avec les 4,000 hommes qui lui restaient, le contre-fort de Geisberg. La cavalerie fut placée dans le vallon de Sultzbach, au pied de ce contre-fort.

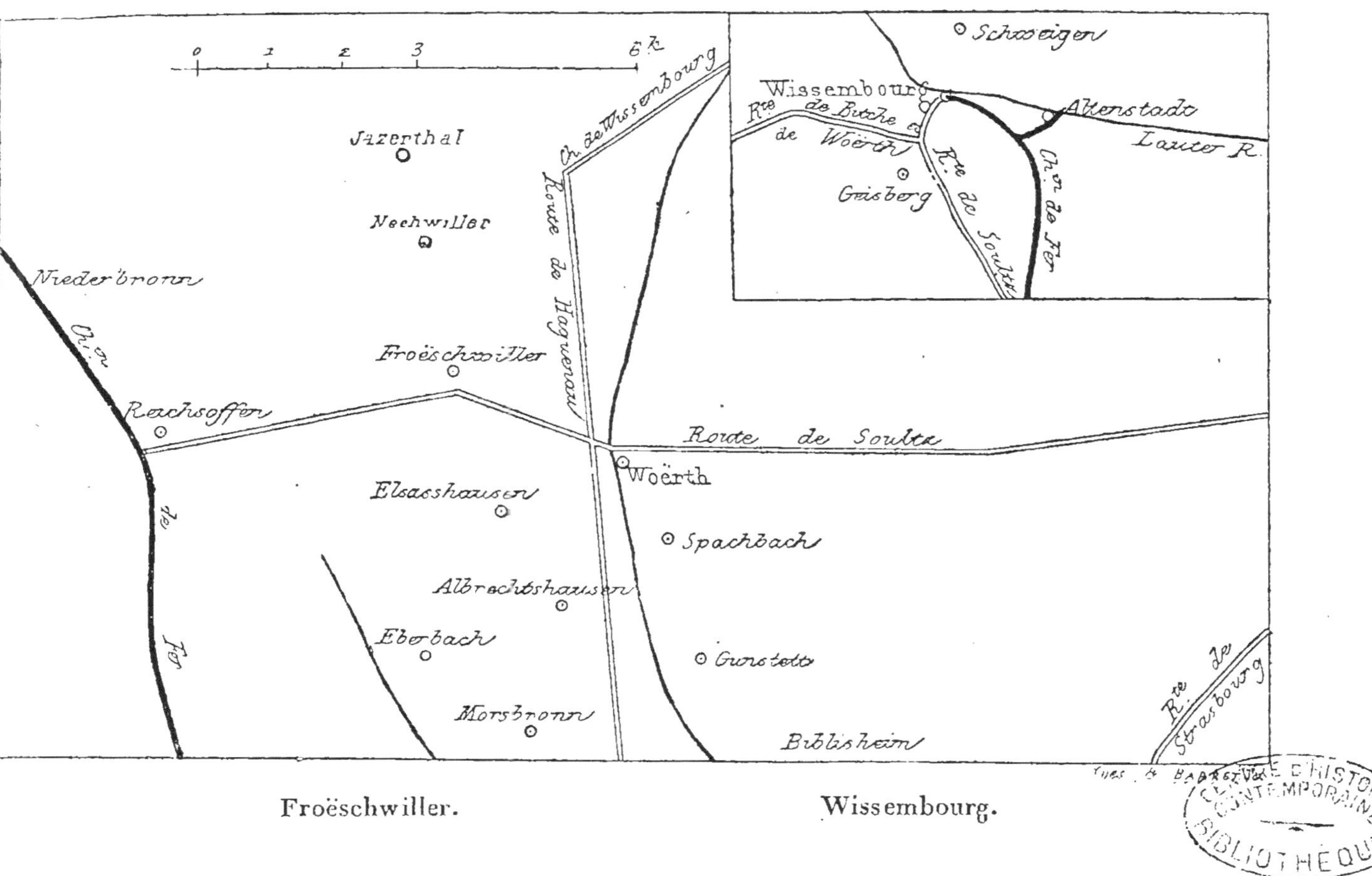

Froëschwiller. Wissembourg.

La Lauter, avons-nous dit, débouche des montagnes à Wissembourg, à vingt kilomètres environ de Lauterbourg et du Rhin. Mais la montagne, qui ne dépasse pas la ville sur la rive gauche (la rive allemande), se prolonge au sud, sous le nom de Geisberg, à deux ou trois kilomètres au delà de Wissembourg, entre la Lauter et le Sultzbach. Sur le Geisberg s'élève le château du même nom, solidement construit et susceptible de défense. Il fut occupé par 200 hommes.

Le 4 au matin, la IIIe armée allemande, ayant rappelé, la veille et l'avant-veille, ses postes de la montagne, marchait vers la Lauter, rangeant, du Rhin aux Vosges, ses 140 bataillons, 133 escadrons, 91 batteries. A sa gauche, les Wurtembergeois-Badois longeaient le Rhin sous le général de Werder. A droite, les Bavarois se dirigeaient sur Wissembourg. Au centre, les Ve et XIe prussiens (généraux de Kirchbach et de Bosc) allaient passer la Lauter à Altenstadt et au moulin de Bienwald.

Cependant les reconnaissances françaises ont parcouru les environs immédiats de la position et rentrent sans avoir vu d'ennemis. Les soldats se livraient aux soins habituels du bivouac, quand, à huit heures et demie, le feu d'une batterie bavaroise éclate à Schweigen (deux mille mètres nord-est de la place). En même temps les deux bords de la Lauter se couvrent d'ennemis. Le général Pellé court, avec une batterie et le 1er de turcos, se ranger derrière « les lignes de Wissembourg », qui ont laissé quelques redans sur la rive droite de la Lauter, pour défendre la gare contre le ve corps. La brigade Montmarie occupe les crêtes du Geisberg avec la batterie de 4 et la batterie de mitrailleuses qui restent à la division.

Mais le prince sait déjà que sa gauche et son centre ne rencontrent pas d'ennemis : il rabattra les Prussiens sur la position française, tandis que 60,000 Bavarois se présenteront au nord de Wissembourg. En attendant l'infanterie, les batteries ennemies se massent sur les deux rives et accablent d'obus la division française.

Bientôt Pellé, attaqué de face par le ve, tourné par le xie, dut remonter le Geisberg, laissant la place exposée à une double attaque. Les 500 hommes qui y restaient n'avaient pas eu le temps d'obéir à l'ordre de retraite qu'il leur avait envoyé et se défendaient bravement ; leur feu avait fait reculer les premières batteries placées à Schweigen et repoussé trois assauts du côté de la porte de Bitche et de celle de Landau. Mais un feu écrasant d'artillerie les avait forcés à quitter la porte de Landau et ses abords; les Bavarois abattirent le pont-levis, tandis que les Prussiens se présentaient à la porte de Haguenau. Les défenseurs, acculés à la porte de Bitche, sans secours possible et sans munitions, mirent bas les armes (midi et demi). — Une des pièces de Pellé, dont les servants avaient été tués, était restée aux mains de l'ennemi.

Restait la position du Geisberg. Déjà les batteries du XIe la prenaient d'écharpe, tandis que les Bavarois la canonnaient par-dessus la ville et, le Ve, de Guttleithof (mille deux cents mètres au sud d'Altenstadt). La faible artillerie française riposte de son mieux et l'infanterie se maintient avec fermeté. Mais le général Douay est tué près de ses canons, et Pellé prend le commandement.

Il faut, pour en finir avec cette poignée de braves gens, faire aborder la position par l'infanterie. 7,000 hommes du Ve montent à l'assaut sous le feu de leur artillerie, tandis que le XIe attaque à leur gauche. Nos fantassins reculent en combattant vers la crête, et, vers deux heures, le château reste isolé et peut être attaqué de toutes parts.

Sa défense fut héroïque! Les Prussiens, occupant les houblonnières à deux cents mètres des murs et criblant de balles toutes les ouvertures, essayèrent en vain plusieurs assauts ; en vain ils gagnèrent, dans un rentrant des murs, un point à l'abri des vues des fenêtres et essayèrent de l'incendier pour en finir avec leurs opiniâtres adversaires, ils durent reculer avec des pertes énormes et attendre l'artillerie qu'amenaient péniblement des chevaux fatigués. Enfin, ils purent mettre trente pièces en batterie à petite distance, et bientôt les murailles s'ouvrirent, les portes se brisèrent. Les défenseurs du château consentirent enfin à écouter les propositions de capitulation qu'ils avaient repoussées jusque-là. A deux heures, les Prussiens étaient maîtres de la position, mais la division, sauvée par la résistance de la ville et du château, se retirait par la route de Bitche. A Lembach, Pellé tourna à gauche et gagna la Sauër; les Bavarois le suivirent à distance.

Les Allemands avaient perdu 91 officiers, 1,460 hommes. Un millier de prisonniers restaient dans leurs mains.

La nouvelle du combat de Wissembourg, qui excita en Allemagne un immense enthousiasme, fut accueillie en France avec une émotion profonde sans doute, mais avec quelque orgueil de la résistance opposée à des forces si supérieures. On ne songea pas à blâmer ce premier combat livré à l'invasion ; on plaignit le brave Douay et l'on compta sur une revanche quand l'ennemi rencontrerait une véritable armée.

Mais en appréciant mieux, au quartier général, l'importance de l'initiative résolue que prenaient les Allemands, on acheva de perdre toute confiance dans le succès des projets formés jusque-là. L'empereur, abandonnant le commandement direct des corps d'armée, réunit, sous les ordres du maréchal de Mac Mahon, les trois corps d'armée de droite (1er, 5e, 7e), et, sous ceux du maréchal Bazaine, les quatre corps d'armée de gauche (2e, 3e, 4e et garde). Il était trop tard, et aucun des deux maréchaux n'eut le temps de prendre possession réelle et complète de son armée.

Cependant Mac Mahon prit des mesures pour rapprocher ses deux ailes et suppléer, par une vigoureuse offensive, à l'inégalité des forces. Mais pourrait-il réunir son armée et la jeter tout entière dans le flanc de l'ennemi? Le 1er corps, passé aux ordres du général Ducrot, était sur la Sauër, à portée de l'armée allemande. Mais le 7e (Douay) ne put envoyer, le 5, de Belfort, où il se formait, que Conseil-Dumesnil, dont les 6,000 fantassins arrivèrent le matin par les voies ferrées et les trois batteries le soir par voie de terre. De Failly, dispersé entre Bitche et Sarreguemines, inquiet des mouvements de l'ennemi sur la rive droite de la Sarre, ne recevant pas peut-être des instructions suffisamment précises et pressantes, ne mit en route que le 6 au matin la division Guyot de Lespart, qu'il dirigea sur Niederbronn.

Ainsi le maréchal n'avait pas 46,000 hommes à opposer à 180,000 ennemis! Il ne se résigna pas cependant à abandonner l'Alsace sans faire les derniers efforts pour la disputer à l'invasion. Tous les cœurs en France étaient avec lui. Qui ne se rappelle l'impression de surprise et de douleur que causa la nouvelle de la présence de l'ennemi sur le sol de la patrie !

Et cependant c'était une haute imprudence! La dispersion des corps, l'imperfection des services accessoires interdisaient l'offensive; or, la défensive contre une armée très-supérieure en force et surtout en artillerie ne peut aboutir qu'à la ruine du plus faible. Il eût été sage de se replier vers la principale armée en retardant la poursuite par des combats d'arrière-garde dans la montagne, attentif à saisir l'occasion de succès de détail. C'est à cette résolution que croyait l'ennemi. Mais c'était lui abandonner Strasbourg et la vallée du Rhin !

III

BATAILLE DE FROESCHWILLER.

Le maréchal rangea sa faible armée sur la berge droite de la Sauër. La 3e division (Raoult) occupa Frœschwiller, Elsasshausen et la croupe chargée de constructions qui descend de là à Wœrth, sur la rivière; le pont de Wœrth fut coupé, mais le village ne fut pas occupé. A gauche se rangea la 1re division (Ducrot), un peu repliée en arrière et faisant face, au nord-est, à la double vallée boisée de la Sauër et de la Sultz, les avant-postes à Neewiller et Jagenthal. C'est de ce côté qu'on attendait l'ennemi et qu'on avait recueilli Pellé.

A droite était Lartigue avec la 4e division. Plus éloigné de la rivière, il repliait sa droite un peu en arrière. Gunstedt, sur la rive droite, lui faisait face, et, au pied de la colline qui la porte, le pont de Bruch-Mülhe n'était ni détruit ni défendu; la vallée est plus large dans cette partie, et le relèvement du terrain entre la Sauër et l'Eberbach est à pentes plus douces. Le village de Morsbronn y est assis au-dessous de la position des Français.

Entre Morsbronn et Elsasshausen est le bois de Niederwald, qui abritait, à droite, les 8e et 9e cuirassiers, de la brigade Michel, et quelques pelotons du 3e lanciers (le reste de la brigade Nansouty était réparti dans divers postes), et au centre, aux sources de l'Ebersbach, les quatre régiments de la division de réserve Bonnemains. Derrière Lartigue s'échelonnaient Conseil Dumesnil et Pellé. Le plan semblait être, après avoir repoussé une attaque de front, de jeter la droite sur l'ennemi.

L'armée allemande, avons-nous dit, remontait la vallée du Rhin : elle avait laissé au IIe bavarois le soin de suivre Pellé et de la garantir contre le 5e corps. La IVe division bavaroise atteignait, en effet, le 5, la haute vallée de la Sauër tandis qu'à deux lieues, au nord, la IIIe se tenait prête a s'opposer à la marche de Failly. Mais le Ier bavarois, le Ve prussien, le XIe se succédaient, formant une ligne oblique qui longeait et dépassait la ligne française : les Wurtembergeois marchaient à hauteur et à l'est du XIe. Le 5, au soir, cette armée bivouaqua entre la Sauër et la forêt de Haguenau, le ve corps tenant Gunstett par une avant-garde. C'était la route de la Lauter à Strasbourg et, aussi, à Saverne, par Haguenau. La Sauër enveloppe toute cette contrée d'un demi-cercle aboutissant au Rhin, un peu au-dessous de Lauterbourg, et, d'autre part, remontant vers la frontière peu à l'ouest de Wissembourg : elle ne donne donc pas accès en France à une armée.

Les reconnaissances prussiennes signalaient la présence de l'armée française à Frœschwiller; ainsi, contrairement aux prévisions de l'état-major allemand, elle attendait le choc ou préparait une attaque sur le flanc droit de l'armée en marche : continuer à se diriger sur le sud et tourner autour de cette armée vers le principal débouché des Vosges, devenait impossible. Il fallait, avant tout, la repousser ou la détruire.

Mais un simple à-droite des corps placés dans la vallée les formait en demi-cercle autour de Frœschwiller; le 1er bavarois et les Wurtembergeois-Badois en seconde ligne, tandis que le IIe bavarois menaçait la gauche française. Le prince, certain d'une énorme supériorité de forces (son armée était quatre fois plus nombreuse que celle de Mac Mahon), résolut d'employer la journée du 6 à préparer le choc, qui aurait lieu le 7, si l'armée française l'attendait.

De toutes parts, le 6 au matin, les avant-gardes allemandes tâtèrent le terrain. Le ve déploya son artillerie, appuyée de vingt-quatre pièces du xie, des deux côtés de la route de Dieffenbach, à deux mille cinq cents mètres de la ligne française, et ouvrit un feu intense sur Frœschwiller et Elsasshausen, où il alluma quelques incendies. A cette distance, et sans tenir compte de la supériorité du nombre des canons (cent quatorze contre quarante-huit), l'avantage, dans ce duel d'artillerie, était tout aux Allemands et évident aux yeux des deux armées.

Cependant, les Bavarois, descendant la haute vallée de la Sauër, étaient arrêtés, au débouché du bois de Neehwiller, par la mousqueterie des postes avancés de Ducrot. Ils occupèrent la scierie, sur la Sauër, à dix-huit cents mètres de l'angle formé par les divisions Ducrot et Raoult. Mais leur droite, repoussée, recula jusqu'à Langensultzbach. En même temps, le général Hartmann recevait, du prince, l'ordre de ne pas s'engager à fond, et le combat cessait à onze heures et demie.

Mais, au centre, le général Kirchbach (v^e corps) profitait du succès de son artillerie pour aborder la Sauër : il faisait dire au général de Bose (xie corps) de la soutenir par Gunstett, et, lui-même abordait Wœrth à dix heures et demie.

Wœrth n'était pas occupée, mais les bords de la rivière sont escarpés et le pont était détruit. Une partie de l'infanterie passa à gué, ayant de l'eau jusqu'à la ceinture. On rétablit, au moyen de perches à houblon et de madriers, un pont pouvant donner passage à l'artillerie, et l'on occupa le plus solidement possible le prérimètre du village.

Plus facile fut le passage du xie à Gunstett. Le pont de Bruch-Mühle subsistait et l'on en construisit un autre à côté : au delà, on trouvait la vallée élargie, et l'on put gagner et dépasser la route de Haguenau, dont les fossés offrent seuls un abri dans cette plaine.

Mais quand le ve essaya de gravir les pentes qui montent vers Frœschwiller, la scène changea. L'infanterie française, énergiquement appuyée par l'artillerie, se jeta sur la tête de l'attaque et repoussa l'ennemi jusqu'aux portes de Wœrth.

En ce moment arriva au général Kirchbach, comme aux Bavarois, l'ordre de remettre l'attaque au lendemain. Mais Kirchbach répondit qu'il était trop engagé pour se retirer du combat sans péril : à évacuer Wœrth sous l'élan des Français, que son artillerie arrêterait seule, c'était, en effet, exposer gravement ses arrière-gardes. En même temps, il prévenait, à sa gauche et à sa droite, de Bose et les Bavarois que l'engagement continuait ; le prince, accourant de sa personne, acceptait la nécessité de la bataille et prenait ses mesures pour faire donner l'ensemble de ses forces.

Nous avons dit que le premier élan des Français avait rejeté les assaillants sur la Sauër. Malheureusement ils étaient en si petit nombre que les ailes des Allemands les débordaient. Si loin qu'ils étendissent leur action à droite, la gauche ennemie pouvait attaquer plus loin encore et franchir la basse Sauër à l'abri de leurs coups. Peut-être, à ce moment, une charge de leur cavalerie eût-elle pu rejeter sur la rive gauche l'avant-garde du XIe. Cela ne fut pas tenté. Le Ve, la droite du XIe, s'arrêtèrent à Wœrth et à Spachbach, entre Wœrth et Bruch-Muhle, et ce dernier point continua à livrer passage au reste du XIe corps, dont les tirailleurs bordèrent la route de Haguenau.

A une heure, le prince, arrivé près de Wœrth, donne le signal d'un assaut général sur toutes les lignes qui mènent à Frœschwiller. A sa droite, la 1er division bavaroise entre en ligne entre Hartmann et Kirchbach. Le ve s'élancera de Wœrth; le xie, suivi des Wurtembergeois, passera la basse Sauër et montera, par Morsbronn, vers le Niederwald. Les canons s'ajoutent aux canons sur les hauteurs de la rive droite; ils prépareront les attaques, et quand on sera repoussé, une épaisse pluie d'obus arrêtera la poursuite des Français.

Alors commença une seconde phase de la bataille, pendant laquelle, sous un feu écrasant d'artillerie, les défenseurs de Frœschwiller et d'Elsasshausen repoussèrent pendant trois heures les assauts multipliés des nombreux ennemis qui les enveloppaient.

Deux fois le ve corps gravit les pentes qui montent vers Frœschwiller, deux fois il est rejeté sur Wœrth ; mais alors le feu de son artillerie et de ses réserves arrête les Français. Cependant il est là tout entier; le 1er bavarois l'a remplacé dans les postes en arrière, et l'appuie de son artillerie rangée près de Goërsdorff.

Mais la même résistance ne peut être opposée

au XIe corps. Ses points de passage, à Bruch-Muhle, et surtout à Biblisheim (dix-neuf cents mètres au-dessous), sont trop loin de la ligne française pour être menacés par l'infanterie. Nos canons même n'atteignent que Bruch-Muhle; or, ceux-ci ont en tête une artillerie deux à trois fois supérieure en nombre, celle du XIe corps et celle des Wurtembergeois. Aussi le XIe agit-il en masse sur la rive gauche, attaquant Morsbronn et la ligne de Morsbronn à Elsasshausen, et s'élevant peu à peu, par sa gauche, vers la route de Reichshoffen, seule ligne de retraite de l'armée française.

La ferme d'Albrechtshausen, en dehors de la ligne française, est occupée par les troupes arrivant de Bruch-Muhle, le village de Morsbronn est évacué par l'avant-poste qui l'occupait, devant l'attaque de l'extrême gauche, partie de Biblisheim.

Ainsi le général Lartigue se voit menacé en face et sur son flanc droit. Il se prépare à jeter ses braves fantassins contre l'ennemi le plus proche, et lance, pour dégager sa droite, les 8e et 9e cuirassiers, de la brigade Michel.

Le terrain, malheureusement, était dès lors cruellement défavorable à la cavalerie; le coteau est accidenté, couvert d'obstacles matériels, murs, fossés, vignes, houblonnières, où l'infanterie ennemie, à couvert, pouvait diriger sur nos cavaliers des feux meurtriers.

Ceux-ci, cependant, s'élancent intrépidement à travers les obstacles, bravant les feux de l'Albrechtshausen, sur leur gauche, et ceux de l'artillerie ennemie, qui se concentrent sur la colonne, dès qu'elle apparaît à découvert ; ils renversent les tirailleurs prussiens et se jettent dans Morsbronn, sous le feu des barricades et des fenêtres : peu de cuirassiers du 8e se retrouvèrent au delà. Ainsi en arriva-t-il du 9e, puis du 3e lanciers, qui, après avoir renversé l'angle gauche des Prussiens, revinrent par la prairie, sous le feu du canon et de la mousqueterie de la rive droite, chargés enfin par le 3e hussards prussiens. De ce millier de braves cavaliers il ne revint que des débris.

Cependant le maréchal avait mis en mouvement ses réserves, Pellé et Conseil Dumesnil, vers la droite du XIe corps ; un vigoureux choc avait fait fléchir la ligne ennemie, renversé le 11e chasseurs prussiens, repris Albrechtshausen ; mais, en paraissant dans la vallée, on retrouve le feu des canons de la rive droite et celui des réserves de Gunstett. On ne peut déboucher, et les Prussiens reviennent à la ferme. D'ailleurs, entre Morsbronn et la ferme, le retour offensif avait eu même fortune; il avait fallu reculer après un premier succès, et les Prussiens, en suivant nos braves épuisés, avaient occupé la lisière du bois; leur extrême gauche était entrée dans Eberback et y avait enlevé des bagages.

L'artillerie du XIe a pris pied sur la rive droite et appuie de près son infanterie; celle-ci occupe le bois de Niéderwald et attaque le petit bois d'Elsasshausen, que les Français défendent avec une héroïque opiniâtreté : une fois encore, ils s'élancent sur la route de Morsbronn et renversent le 83e prussien; mais ils trouvent au delà les lignes redoublées de l'ennemi, s'arrêtent et reviennent. L'ennemi a gagné le petit bois, Elsasshausen couvre seul Frœschwiller, et déjà les Wurtembergeois marchent vers Reichshoffen.

Le moment était suprême : le maréchal, cependant, ne consent pas encore à accepter sa défaite; il demande à sa brave infanterie, épuisée de fatigue et de sang, encore un effort. Elle se jette, à la fois vers le sud et vers l'est, sur les masses qui montent de Wœrth et du Niéderwald, les fait plier encore, et se jette à leur suite, vers le Niéderwald. Là, elle est accueillie, en face et sur sa gauche, par un feu terrible d'artillerie, qui la rejette sur Frœschwiller.

Alors le maréchal en appela au dévouement de la division Bonnemains « pour le salut de l'armée! » Les 1er, 2e, 3e, 4e cuirassiers répondirent à cet appel avec la même énergie qu'avaient montrée, deux heures auparavant, la division Duhesme, mais hélas! avec la même fortune! Partis des sources de l'Ébersbach, lancés dans un terrain hérissé d'obstacles, sous le feu de quarante-huit pièces établies sur le terrain de l'attaque, et des groupes d'infanterie abrités par les constructions, les vignes, les houblonnières, ils revinrent en débris!

Tout était épuisé! La bataille avait été, à gauche comme à droite, une série de chocs victorieux au début, puis arrêtés par la deuxième ligne, l'artillerie ennemie et le danger d'être coupé par l'ennemi, qui débordait notre front. Les Ve, XIe corps et le IIe bavarois étaient eux-mêmes à bout de forces, malgré l'appui décisif des nombreux canons auxquels ils devaient la victoire. Mais les Wurtembergeois à gauche, le Ier bavarois à droite, arrivaient intacts recueillir les trophées de la bataille : le Ve, le XIe, le IIe bavarois abordèrent enfin Frœschwiller de trois côtés à la fois. Le brave Raoult, blessé mortellement, y tombait entre leurs mains. Parmi les Français, les mieux trempés gardent seuls la force de combattre encore, de couvrir et d'honorer la retraite sur Reichshoffen. Vingt-huit canons, cinq mitrailleuses, 9,000 hommes restent aux mains de l'ennemi. A cinq heures, Reichshoffen était envahi par les Bavarois et les Wurtembergeois, qui y prenaient le général Nicolaï, de la division Conseil Dumesnil. Mais en arrivant à Niederbronn, la poursuite fut arrêtée par le feu d'une infanterie intacte : c'était la division Guyot de Lespart (5e corps, de Failly).

Nous avons dû donner avec quelque détail l'histoire de cette première bataille, qui décida du sort de la guerre : qu'on nous permette d'y revenir encore et de tâcher de la résumer.

Il semble que le maréchal n'ait pas cru l'armée ennemie aussi nombreuse et aussi avancée vers le sud qu'elle l'était en effet. L'accumulation de ses réserves à droite, la conservation des ponts de Bruch-Muhle et de Biblisheim, semblent manifester l'intention de résister à gauche et de se rabattre, par la droite, sur le flanc gauche de l'ennemi. Ce plan fut déjoué par la marche du XIe corps, sur la rive droite, et surtout par l'énorme supériorité de l'artillerie ennemie. Les 20 à 25,000 hommes de la droite et des réserves se virent enveloppés par 60,000 hommes, qu'ils combattirent sans pouvoir les rejeter au delà de la rivière, et dont les progrès déterminèrent la chute de la position en en menaçant les derrières. La cavalerie fut lancée, non dans un moment et dans un terrain favorables à son action, mais comme ressource suprême; elle périt sans avoir pu changer la fortune, et manqua à la protection de la retraite.

Dirons-nous cependant que la bataille n'eût pas dû être livrée? qu'il eût été sage, du moins, de comprendre, avant deux heures, qu'elle était perdue, et de commencer dès lors une retraite que les cuirassiers eussent pu protéger? Qui pourrait blâmer le général qui regarda la protection du sol de la patrie comme un devoir qu'il fallait remplir à tout prix, et les braves gens qui le secondèrent jusqu'à épuisement de forces! Ils luttèrent contre des forces quadruples et honorèrent leur défaite par l'énergie et l'opiniâtreté d'une résistance héroïque. Cela vaut souvent mieux que la prudence, si le succès final ne doit pas l'absoudre, si l'on peut douter des sentiments qui l'ont conseillée?

Les brigades de Fontange et Abattucci, du 5e corps, se retirèrent, la 1re vers Saverne, avec les débris du 1er corps, la 2e vers Bitche, où la suivit l'ennemi. Mais, dans un conseil de guerre tenu le soir même, de Failly avait résolu de rejoindre, par la Petite-Pierre, la grande route de l'Est, qu'allait suivre Mac Mahon. Les ordres du quartier général dirigèrent cette double retraite vers le camp de Châlons, par la Haute-Marne. Mac Mahon y arriva le 17 août. La Ire armée allemande ne les suivit que de loin.

IV

BATAILLE DE FORBACH.

Tandis que l'aile droite de l'armée française était ainsi mise hors de combat du premier élan, la gauche subissait un échec presque aussi grave, dû à des causes analogues.

Là aussi, on avait prononcé un mouvement offensif qu'on ne pouvait suivre ; au contraire de ce qui était arrivé pour Abel Douay, Frossard avait obtenu de reculer aussi loin qu'il le pouvait faire sans abandonner Forbach. Or, en ce moment même avaient lieu, sur l'autre rive de la Sarre, des mouvements imprévus même au quartier général allemand. Steinmetz devait, d'après le plan du roi, céder le rôle essentiel au prince Frédéric-Charles, et les VIIe et VIIIe corps devaient appuyer à droite, pour laisser à la IIe armée la première place sur la Sarre, le premier rang pour l'offensive que l'on comptait engager le 9 août. Steinmetz cédait de mauvaise grâce, et le prince menaçait d'employer la force pour se

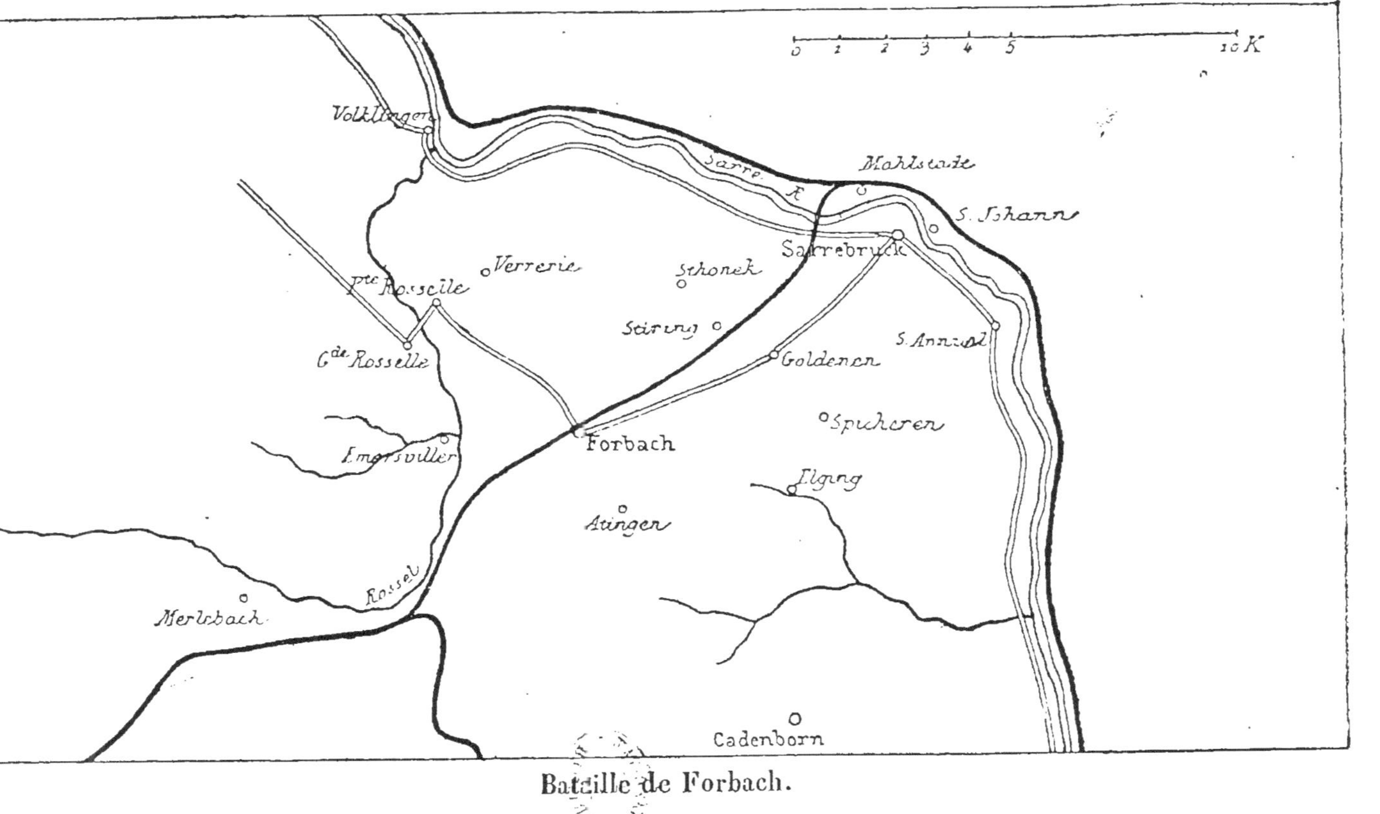

Bataille de Forbach.

faire faire place à Sarrebrück. Quand on sut, par les reconnaissances ou l'espionnage, que le 2e corps français avait quitté les bords de la Sarre, on s'écria que les Français reculaient, se mettaient en retraite; on argua de l'encombrement de la gare de Forbach pour affirmer que cette retraite se faisait en désordre, qu'il ne s'agissait plus de combiner une grande opération pour leur faire quitter la place, mais que c'était aux premiers prêts à leur courir sus. Sur un demi-consentement du quartier général, Steinmetz autorisa ses lieutenants à franchir la Sarre au lieu d'en descendre la rive droite, et le prince poussa seulement son IIIe corps à prendre part, le plus promptement possible, à la poursuite qui allait s'engager. On allait se rencontrer et trouver une bataille sérieuse, contre l'attente des deux partis.

L'armée allemande, en marche entre Trèves et la Sarre, n'était pas préparée à attaquer la position de Spicheren-Stiring, qu'occupait Frossard ; une seule de ses brigades, l'avant-garde du VIIe corps (général de François), aborda, le 6, vers onze heures du matin, ce qu'il croyait être une simple arrière-garde française. De son côté, le général Frossard n'attacha pas d'importance à cette attaque, où il ne vit qu'une reconnaissance de l'ennemi. De François trouva une résistance inattendue : bientôt le canon se fit entendre des deux parts; il hâta la marche des Allemands, arrivant de tous côtés, comme à une proie certaine. Quant au général Frossard, il télégraphia, vers une heure, à son chef de la veille, qu'une bataille s'annonçait et qu'il s'y rendait de sa personne. Le maréchal songea bien à lui envoyer le secours de quelqu'une des divisions du 3e corps qui étaient à trois ou quatre lieues en arrière; mais, soit qu'il ne crût pas à l'importance de la rencontre, soit qu'il craignît l'apparition de l'ennemi sur un autre point, il ne donna point ses ordres d'une façon assez précise et assez instante; lui-même ne se porta pas au feu : Frossard ne fut pas secouru.

Malheureusement son ordre de bataille présentait un vice grave, que lui-même a reconnu. On n'avait pas voulu abandonner Stiring et Forbach, en sorte qu'on avait une division (Laveaucoupet) sur le plateau et une division (Vergé) dans la vallée; encore celle-ci était-elle partagée en deux, la brigade Valazé gardant, en arrière de Forbach, la trouée de Morsbach, sur laquelle débouche la vallée déboisée de la Rossel, communiquant à la basse Sarre. La division Bataille était à OEtingen, trois kilomètres en arrière de la première ligne.

Cependant de François attaquait à la fois, à sa gauche, les bois de Saint-Arnual et le Rotherberg ; à sa droite, les bois autour de Stiring. Les Français avaient couru aux armes, leur infanterie avait rejeté dans le vallon tous les bataillons qui avaient essayé de les atteindre. Mais, vers midi, des batteries allemandes, devançant leurs corps, étaient accourues à l'aide de l'avant-garde du VIIe corps, et secondaient leurs fantassins ; dix-huit pièces, prenant d'écharpe l'unique batterie du Rotherberg, l'avaient forcée à reculer. La brigade allemande, appuyée de près par les premières troupes des VIIe, VIIIe, IIIe corps, essaye un nouvel assaut sur toute la ligne française. Il est à peu près midi. La division Laveaucoupet, la brigade Jollivet se jettent sur les Prussiens et les repoussent des deux parts ; mais les renforts arrivent, plus nombreux du côté des Prussiens.

Ce qui caractérise cette bataille, comme presque toutes celles qui marquèrent cette première période de la guerre, c'est l'attitude presque exclusivement défensive des Français. Ce n'est que peu à peu que les diverses fractions du 2e corps entrèrent en action, et toujours quand leurs renforts suffisaient à peine à permettre aux fractions engagées de se soutenir contre des masses sans cesse accrues. Ainsi, les deux régiments de la brigade Valazé accoururent successivement à l'aide de leur général (Vergé), engagé au centre d'un demi-cercle de bois et décimé par les balles. Le général Bataille partage sa division entre les deux ailes : il faut un vigoureux effort pour reprendre, à gauche, cinq pièces de canon, dont les servants ont été tués ainsi que les officiers qui les commandaient. A plusieurs reprises, et chaque fois que les Français ont reçu un renfort, ils font reculer le demi-cercle qui les presse au pied du coteau; mais, vers quatre heures, toute la brigade Valazé est au combat et la trouée de Morsbach n'est plus défendue que par quelques dragons du lieutenant-colonel Dulac, une compagnie du génie, 150 réservistes descendus du chemin de fer pendant la bataille même.

A droite, où le terrain est restreint par un coude de la Sarre, où les pentes sont plus abruptes sur la rivière et dans le vallon de Saint-Arnuat, le général prussien de François avait essayé, vers une heure, une attaque à fond pour conquérir l'espace nécessaire aux renforts des VIIe et IIIe corps, qui arrivaient à son aide ; il dirige une attaque sur les crêtes et y est tué, sans être parvenu à en déloger ses opiniâtres adversaires.

A cinq heures du soir, cinq brigades d'infanterie prussienne, 25,000 fantassins environ, sont sur le terrain. L'artillerie, la cavalerie ont devancé leurs corps, et leur masse, hors de proportion avec celle de l'infanterie, leur donne un avantage considérable en terrain découvert. Ils en profitent pour diriger sur les crêtes, défendues par la brigade Micheler, une attaque générale. La brigade Doëns, restée jusque-là à la garde de la route de Sarreguemines, arrive à l'appui de ses camarades, tandis qu'une partie de la division Bataille observe à sa place les pentes de la Haute-Sarre. L'attaque prussienne est repoussée. Mais Doens, s'élançant à son tour pour rejeter l'ennemi dans la vallée, est arrêté par le feu de l'artillerie et périt dans cette tentative. Les deux adversaires s'arrêtent, fatigués de cette longue lutte, et le combat s'immobilise de ce côté.

Mais la gauche française était, à ce moment même, tournée par la trouée de Morsbach. La division de droite du VIIIe corps prussien (les trois autres divisions de Steinmetz étaient déjà à la bataille), arrivée à midi sur la Sarre, à deux lieues en aval de Sarrebrück, avait franchi la rivière et suivait les deux rives de la Rossel; vers Forbach. La poignée d'hommes restés à Morsbach arrêta bravement l'avant-garde; mais elle ne pouvait songer à résister à 15,000 fantassins, elle abandonna Forbach et remonta vers le plateau. Le général Frossard se décida alors à ramener tout son monde à droite, sur les hauteurs qui dominent la Sarre, et à se mettre en retraite sur Sarreguemines. Le 7, au matin seulement, les Prussiens occupèrent Forbach, y prirent un équipage de pont et des approvisionnements divers. Ils avaient réussi au delà de leurs espérances : c'était un corps entier, et bientôt toute l'armée qui reculait devant eux, non pas volontairement, comme ils le croyaient le matin, mais après un échec.

Si nous cherchons les causes de cet échec, nous remarquerons que les Français eurent jusqu'au soir une supériorité réelle, dont ils n'usèrent pas. Placés à quatre kilomètres de Sarrebrüch, il semblait qu'ils dussent rejeter sur la rivière les premières troupes qui déboucheraient de cette place. L'ennemi exécuta précisément l'opération qui devait le compromettre et attaqua, avec 7,000 hommes et ayant une rivière à dos, un corps de 25,000 hommes, soutenu, à trois lieues en arrière, par un autre corps de 40,000 hommes. On attendit! Le général Frossard, puis le maréchal Bazaine, voulurent « voir venir », supposant qu'ils pouvaient avoir affaire à une fausse attaque, et réservant leurs forces pour l'attaque qui se produirait plus tard. C'est souvent le jeu à jouer. Ici, comme dans les batailles qui suivirent, attendre était funeste. L'ennemi ne disposait que des forces qu'il montrait, et c'est par suite d'une erreur qu'il attaquait un adversaire supérieur en nombre; on se trompait des deux parts; mais cette double erreur rendait les Français trop circonspects en même temps que les Prussiens trop téméraires. Ceux-ci d'ailleurs sentaient venir derrière eux des forces considérables, et chaque heure qui s'écoulait ajoutait à leur confiance. D'ailleurs leurs canons et leurs cavaliers accoururent de bonne heure au feu, rendant le succès des Français plus difficile et de moins de conséquence. Le soir, ils étaient plus forts, sur tous les points, que le général Frossart et pouvaient encore couper la ligne française entre lui et le maréchal, immobile à Saint-Avold et inquiet pour tous les points de la frontière. La bataille était perdue avant que la situation se fût dessinée et fût devenue suffisamment claire aux yeux des généraux français.

Sur le champ de bataille, la bravoure et l'opiniâtreté furent grandes et méritoires. Nous avons vu que les troupes françaises n'arrivèrent que successivement et toujours de façon à combattre un ennemi supérieur. Ils ne prirent donc pas un seul instant la direction de la bataille. Quant aux divisions du 3e corps, elles perdirent la journée en marches et contre-marches, faute d'ordres suffisamment précis; les secours n'arrivèrent à Forbach qu'après la retraite du 2e corps. On songea bien un moment, dans la division de Castagny, à tomber sur les Allemands, fatigués d'une longue marche suivie d'un combat acharné; on craignit d'engager un combat de nuit contre un ennemi très-supérieur en nombre, et, en définitive, on prit le parti de reculer sur Metz, le 2e corps ralliant la brigade Lapasset, du 5e corps, laissée à Sarreguemines par le général de Failly pour y escorter un grand convoi.

V

DE FORBACH A BORNY.

Les batailles de Frœschwiller et de Spickeren, données le même jour 6 août, surprirent le quartier général allemand; elles n'étaient pas dans ses plans, et il n'était pas préparé à en tirer parti. Les Français ne furent pas poursuivis au delà de la Sarre plus activement que dans les Vosges. Ils purent, malgré des pertes en bagages et en matériel, remettre de l'ensemble et de l'ordre dans leur retraite, rendue assez pénible par le mauvais temps. — Entre la Sarre et Metz, la Nied allemande et la Nied française, affluents de la Sarre, dessinent deux lignes dont la dernière passe à quatre lieues de Metz seulement. On se rallia successivement sur ces deux lignes et l'on y prépara même des fortifications de campagne en prévision d'une bataille; mais on savait le prince royal en marche de Saverne sur Nancy, et l'on n'avait personne à lui opposer. D'ailleurs des bois donnaient à l'ennemi, qui arrivait par la rive droite des deux Nied, un avantage marqué pour l'attaque. Enfin et surtout, le quartier général français était absolument déconcerté par des événements si contraires à ses prévisions! Le 7, on avait dû faire reculer sur le camp de Châlons toutes les forces disponibles. Le 8, on était revenu à la pensée de rester à Metz comme Dumouriez était resté à Valmy et de mettre l'ennemi au défi de dépasser l'armée massée sur ce point. Entre le 6 et le 13 août, les ordres et les contre ordres se succédant, le 6e corps s'était dirigé sur Metz, était revenu au camp; enfin, il était arrivé à Metz le 12 avec le maréchal Canrobert; mais à ce moment le chemin de fer était coupé à Pont-à-Mousson; trois régiments de la division Bisson durent retourner au camp; les réserves de cavalerie et d'artillerie du corps y étaient restées. Le maréchal, apprenant à Toul la retraite excentrique des 1er et 5e corps, avait paru regretter qu'on ne les ramenât pas à Metz, et il est certain qu'en cherchant à réunir, quelques jours plus tard, les deux parties de l'armée française, on allait leur faire courir de bien graves aventures!

Quoi qu'il en soit, à la date du 13 août les 2e, 3e, 4e et 6e corps, la garde et les réserves générales de cavalerie et d'artillerie se trouvaient réunies autour de Metz. C'était une masse de 201 bataillons, 116 escadrons, 540 pièces, soit environ 150,000 hommes, en comprenant dans ce nombre 12,000 cavaliers, 6,000 artilleurs[1]. Le commandement en avait été remis la veille au maréchal Bazaine, que désignait une opinion bruyante et peu compétente en pareille matière. L'empereur, peu confiant en lui-même, n'avait pas résisté, et ce changement, à la veille d'événements décisifs, entraînait quelques dangers nouveaux, comme nous le verrons bientôt.

Que se passait-il en ce moment dans le reste de la France?

Les premiers revers éprouvés déterminèrent la chute du ministère Ollivier. L'impératrice régente appela à la direction du gouvernement le général Montauban, comte de Palikao, esprit actif, imagination vive, visant au grand et affrontant volontiers les aventures. Il eut immédiatement le soin de préparer à un siége Paris, dont

[1] Il ne faut pas compter les bataillons français à plus de 600 hommes; les escadrons, 80 à 100. Les bataillons prussiens étaient complets à 1,043 hommes, les escadrons à 150. Les corps de deux divisions égalaient les corps français de trois ou quatre divisions.

ses prédécesseurs avaient déjà commencé l'approvisionnement et de disposer tout ce qui restait de ressources au pays. Les gardes mobiles n'avaient été appelés que dans les départements frontières pour former la garnison des places de la Lorraine et de l'Alsace; on les appela dans toute la France. Les bataillons de Paris notamment furent réunis au camp de Châlons; bientôt suspects à raison du peu de respect qu'ils montraient pour la discipline et pour leurs chefs, ils durent être dirigés sur les places du Nord; on finit, sous l'inspiration du prince Napoléon et du général Trochu, par les renvoyer à Paris. Tous les anciens militaires au-dessous de trente-cinq ans furent rappelés sous les drapeaux. On hâta la formation des 4es bataillons; on réunit au camp le 12e corps et l'infanterie de marine, qui avaient dû prendre part à la diversion projetée dans la Baltique. Rapidement complété à l'aide des éléments du 6e corps qui n'avaient pu joindre à Metz le maréchal Canrobert, ce 12e corps devint l'un des plus nombreux de l'armée. Il eut pour chef d'abord le général Trochu, plus tard le général Lebrun.

Le 1er corps, le 5e, le 7e durent converger sur le même point; c'était toute l'armée mise le

5 août sous les ordres du maréchal de Mac Mahon et dont le centre avait été vaincu le 6 à Frœschwiller; les deux ailes avaient abandonné l'Alsace, savoir : le corps de Failly à la suite du maréchal; le corps Félix Douay un peu plus tard, lorsque déjà les détachements du prince royal investissaient Strasbourg, avait pris le chemin de fer de Mulhouse et rejoignait, par Paris et Reims, le 22 août. Ainsi se trouva formée, sous les ordres du maréchal de Mac Mahon, une armée de 100,000 hommes. Le 1er corps, passé aux ordres du général Ducrot, y était complété par deux régiments de marche, et la division Conseil-Dumesnil avait rejoint son 7e corps. Mais, outre l'inconvénient de laisser l'Alsace tout à fait sans défense et le Midi découvert, cette formation hâtive n'avait pas donné une armée très-solidement constituée. Les 1er, 5e, 7e corps avaient été très-éprouvés, moins par la bataille même de Frœschwiller que par le désordre matériel et moral qui avait accompagné leur retraite précipitée[1]. Ceux qui étaient restés fermement atta-

1 « Nous nous sommes battus comme des lions », nous disait un officier du 1er dont nous refaisions, au camp, l'approvisionnement en munitions; « nous avons fait retraite comme des lièvres. »

chés au corps étaient des soldats d'élite. Mais un nombre considérable de soldats (on l'évaluait à 15,000 hommes) avaient fait la route en maraudeurs et n'auraient pu recouvrer de valeur sérieuse qu'à l'aide du temps et d'un système de répression très-sévère. L'un et l'autre firent défaut.

Quoi qu'il en fût, l'existence de cette armée entre l'ennemi et Paris rendit la confiance au gouvernement; bientôt on songea à en tirer parti pour ramener la fortune. Nous verrons bientôt quelles furent les illusions de la cour et leurs conséquences fatales. Revenons cependant à l'armée de Metz.

VI

BATAILLE DE BORNY.

En remettant le commandement au maréchal Bazaine le 12 août, l'empereur lui avait prescrit de ramener l'armée sur Verdun. Il s'agissait de réunir les deux armées non plus sur Metz, mais sur Châlons. Le maréchal prit ses mesures pour obéir à cette prescription; mais, soit disposition naturelle à ne pas se hâter, soit erreur sur la valeur des moyens d'exécution, il fut assez loin d'y réussir pour donner lieu de penser qu'il obéissait sans empressement et sans conviction. Ici les faits sont tellement graves qu'il convient, en les exposant, de ne pas hasarder d'hypothèses sur les pensées et les intentions du général en chef.

La première opération à effectuer était le passage de la Moselle. On était concentré sous Metz. Les 2e et 6e corps entre Seille et Moselle; les 3e, 4e et la garde en avant de la place, de Queuleu à Saint-Julien.

4.

L'armée ennemie était revenue aux plans qu'avait modifiés un instant la bataille de Forbach. Après le succès de sa téméraire attaque, Steinmetz avait dû reprendre le rôle secondaire qui lui était attribué et céder la première place à la IIe armée (prince Frédéric-Charles). Celui-ci, se hâtant d'arriver en ligne entre le prince royal et Steinmetz, courait vers la haute Moselle, que ses avant-gardes atteignaient dès le 12 à Pont-à-Mousson, afin de se jeter dans le flanc gauche de l'armée française entre Metz et Verdun. La Ire armée suivait la retraite, mais lentement, afin de servir de pivot à la grande conversion qui devait porter au delà de Metz la masse principale; c'est seulement en arrivant sur la Nied et après constatation de l'abandon des lignes sur lesquelles l'armée française avait paru devoir s'arrêter qu'on put croire à une retraite précipitée; on autorisa alors Steinmetz à tout faire pour la retarder et permettre à la IIe armée d'arriver à temps et d'atteindre Bazaine entre Meuse et Moselle.

Mais l'armée française n'en était pas là. Toujours prête à livrer bataille pendant sa marche en arrière, elle ne s'étendait pas de façon à utiliser les ponts permanents en dehors du rayon de Metz depuis Thionville jusqu'à Toul. Elle ne comptait passer qu'à Metz même. Il est vrai que le général Coffinières, commandant du génie de l'armée, avait reçu, dès le 7 août, l'ordre d'établir des ponts des deux côtés de la place. Il en avait jeté un grand nombre; mais une crue de la rivière avait couvert les prairies qui aboutissaient à ces ponts; il aurait fallu, pour ne pas attendre de meilleures conditions, se hâter beaucoup; or, se hâter beaucoup, pour une armée en retraite, c'est risquer le désordre, l'apparence, l'effet même d'une déroute. On voulait paraître manœuvrer, non pas fuir. On n'utilisa même pas les ponts fixes, et les trois journées du 11 au 13 furent perdues.

Puis l'état-major avait changé avec le commandement. L'empereur, le maréchal Lebœuf, major général, l'aide-major général Lebrun se retiraient, laissant la direction de l'état-major général au général Jarras; on a dit que celui-ci était peu sympathique au maréchal Bazaine, et il est certain que le maréchal confia encore, pendant vingt-quatre heures, le détail d'exécution de ses ordres au général Manèque, chef d'état-major de l'armée, qui lui obéissait le 5, qui fut tué le 14. Il s'ensuivit que l'état-major, auquel incombait le soin des détails du passage, fut à demi paralysé au moment décisif, et que personne n'en étudia suffisamment les conditions.

Le 14 cependant le passage commença par les deux ailes. Le 2e corps, quittant Peltre, Magny et les bords de la Seille, arriva sur la rive gauche et gagna, à travers des difficultés sur lesquelles nous reviendrons, le village de Rozerieulles, à mi-chemin du plateau de Gravelotte, qu'atteint, à trois lieues de Metz, la route de Verdun.

Le 6e corps suivit, découvrant ainsi Montigny et l'intervalle des deux rivières.

Le 3e corps, passé aux ordres du général Decaen, restait en bataille, la droite au fort de Queuleu, le centre sur le plateau de Borny, la gauche en avant de Bellecroix. A sa gauche, le général Ladmirault faisait passer ses divisions sur les ponts de la basse Moselle au pied du fort Saint-Julien; mais préoccupé des mouvements de l'ennemi, dont la cavalerie avait essayé dès la veille de franchir la rivière entre Metz et Thionville, il prenait ses précautions pour le cas d'une bataille et conservait sur la rive droite ses réserves de cavalerie et d'artillerie. Le terrain occupé par les corps français est creusé, vers le centre, par le ruisseau de Valière et le ravin de Mantoy. Il

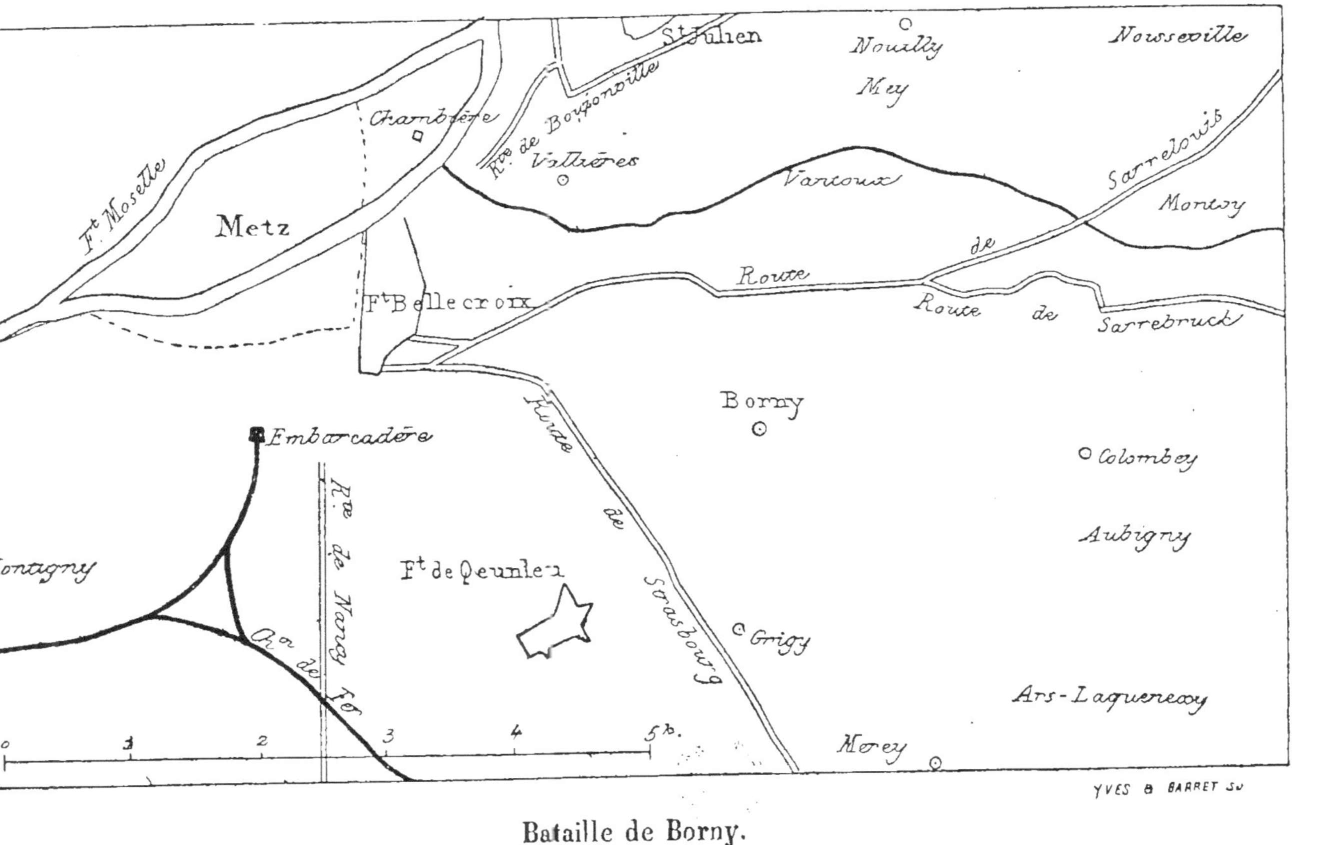

Bataille de Borny.

est parcouru par les routes de Strasbourg, Saint-Avold, Sarrelouis, Bouzonville, que l'on trouve successivement en remontant de l'est au nord-ouest.

Du côté des Allemands, l'erreur à demi volontaire qui avait amené la bataille de Forbach se renouvelait et amenait les mêmes conséquences. Comme à Forbach, la Ire armée usurpa le premier rôle sous prétexte que les Français se retiraient en hâte et qu'on pouvait, sans craindre un retour offensif, attaquer leur arrière-garde. Aussi fut-ce encore une simple avant-garde qui engagea le combat et aborda audacieusement l'armée de 70,000 hommes qui restait sur la rive droite.

Le général de Goltz, commandant la brigade d'avant-garde du VIIe corps à Laquenexi, voyait depuis le matin les corps français défiler vers la vallée. Il savait que le prince Frédéric-Charles passait à ce moment même le pont de Pont-à-Mousson et menaçait la retraite des Français; il en conclut que ceux-ci ne pouvaient avoir la pensée de tenir au lieu de hâter leur marche pour échapper à la IIe armée. Il se porta donc en avant, prévenant, outre son général en chef, le Ier corps (Manteuffel), à sa droite [1], et la Ire divi-

[1] Le Ier corps avait joint la Ire armée depuis Forbach.

sion de cavalerie, et, à sa gauche, le IXe, formant l'extrême droite de la IIe armée. Il était trois heures et demie du soir.

Le général de Goltz formait ses 7,000 fantassins en tirailleurs et les appuyait du feu de ses deux batteries. Les Français n'opposèrent d'abord que les corps d'arrière-garde à cette escarmouche qui gênait leur mouvement. Mais, vers cinq heures du soir, le VIIe corps était au feu : Manteuffel apparaissait sur les deux routes de Sarrelouis et de Sarrebrück et repoussait sous le fort Saint-Julien la division Grenier, restée seule du 4e corps sur la rive droite; comme à Forbach, l'artillerie des corps en arrière devançait son infanterie sur le champ de bataille et apportait aux Prussiens une supériorité importante dans le mombre des canons (environ 300 pièces contre 210). C'était une bataille, et malheureusement l'un de ses premiers coups avait blessé mortellement le brave Decaen, qui conserva cependant son commandement jusqu'à la fin de l'action.

Le 3e corps renonça à la retraite et se porta tout entier contre l'ennemi. Decaen fit chasser de Colombey le VIIe corps, qui s'y était porté par les deux routes qui aboutissent à Bellecroix. L'attaque des Allemands s'arrêta, et le 3e corps reprit son mouvement de retraite. Le maréchal Bazaine avait été contusionné dans ses rangs.

C'est à la gauche des Français que la bataille pouvait offrir d'importants résultats; là le général de Ladmirault, esprit aussi clairvoyant que caractère énergique, avait affaire à l'extrême droite allemande et pouvait déborder le Ier corps. Il avait fait repasser à la hâte la Moselle aux deux divisions de Cissey et Lorencez, la première soutenant directement Grenier, la deuxième débordant, sur la route de Bouzonville, la droite prussienne.

C'était là la vraie manœuvre, celle qui eût dû être poussée à fond par toutes les forces disponibles de l'armée française. Le Ier corps prussien, peut-être le VIIe, eussent été compromis avant l'arrivée de leurs renforts. Malheureusement Ladmirault obéissait à son instinct militaire, non à une combinaison du général en chef. Au moment où Manteuffel appelle toutes les forces disponibles à l'aide de sa droite qui fléchit à Nouilly; le 3e corps s'est arrêté; la garde n'a pas pris part au combat; enfin, la nuit va venir. Ladmirault attend en vain un ordre du maréchal; celui-ci, après avoir montré le courage d'un soldat, a disparu quand il faudrait prendre une résolution décisive; il ne reste que l'ordre du matin, l'ordre de la retraite. Le 4e corps retourne à ses ponts et les franchit sans être inquiété; il ne reste sur la rive droite que les forts et leur garnison tirée de la division Laveaucoupet, désignée pour rester à Metz, et les Allemands peuvent croire et dire que leur attaque a été couronnée de succès.

La bataille de Borny n'est pas une défaite, mais elle accuse chez le maréchal une irrésolution funeste; il a attendu l'ennemi sans hâter sa retraite; mais, quand celui-ci se présente, il se contente de le repousser sans songer à se jeter avec toutes ses forces sur la droite de Steinmetz. Quand Manteuffel paraît à cinq heures du soir, le 3e corps se maintient victorieusement contre le VIIe et les premières troupes du IXe. La garde est tout entière disponible pour appuyer Ladmirault contre Manteuffel. Canrobert même n'a pas achevé son passage et peut servir de pivot à toute l'armée conversant à droite et refoulant sur la Seille les corps de la Ire armée allemande. Les Prussiens, surpris en pleine opération, ayant leurs forces principales sur la haute Moselle, auraient probablement subi un grave échec avant de pouvoir ramener leurs masses au secours de leur droite. Ainsi avait agi Napoléon devant Dresde, et l'ennemi, qui comptait l'accabler, avait reculé vaincu !

On a dit que la bataille de Borny, en retardant la marche de l'armée française, avait décidé de la campagne ; il nous paraît douteux que les quelques heures qu'elle a coûtées aient eu une valeur aussi décisive ; l'indécision des ordres de marche, le désordre et l'encombrement qui en résultaient, les appréhensions du général en chef avaient une autre importance. Une victoire seule eût pu rendre au maréchal la confiance et la liberté de ses mouvements. La fortune lui en offrit une seconde fois l'occasion. Une seconde fois il la laissa échapper !

La bataille de Borny avait si peu caractérisé, pour les Allemands, les plans du maréchal, que le surlendemain les retrouva dans la même erreur et dans les mêmes résolutions.

VII

BATAILLE DE GRAVELOTTE.

Pendant ces deux jours, les deux armées avaient marché vers l'ouest, les Allemands continuant leur grand mouvement de conversion, la gauche dirigée sur Verdun, la droite presque immobile devant Metz; les Français, gagnant péniblement quelques kilomètres à travers des faubourgs et des villages encombrés de bagages et de charrois. — Le 16, à neuf heures du matin, ils étaient en position de marche sur Verdun, Canrobert et Frossard l'un à droite, l'autre à gauche de la route de Mars-la-Tour; Lebœuf, qui avait la veille remplacé Decaen au commandement du 3e corps, sur la route d'Étain, où Ladmirault devait le rejoindre; la garde un peu en arrière de Gravelotte, à l'entrée du plateau. L'inextricable encombrement de la route encaissée qui monte de Metz à Gravelotte y retenait encore deux divisions d'infanterie (Metman, du 3e, et Lorencez, 4e corps) et une de cavalerie (Clé-

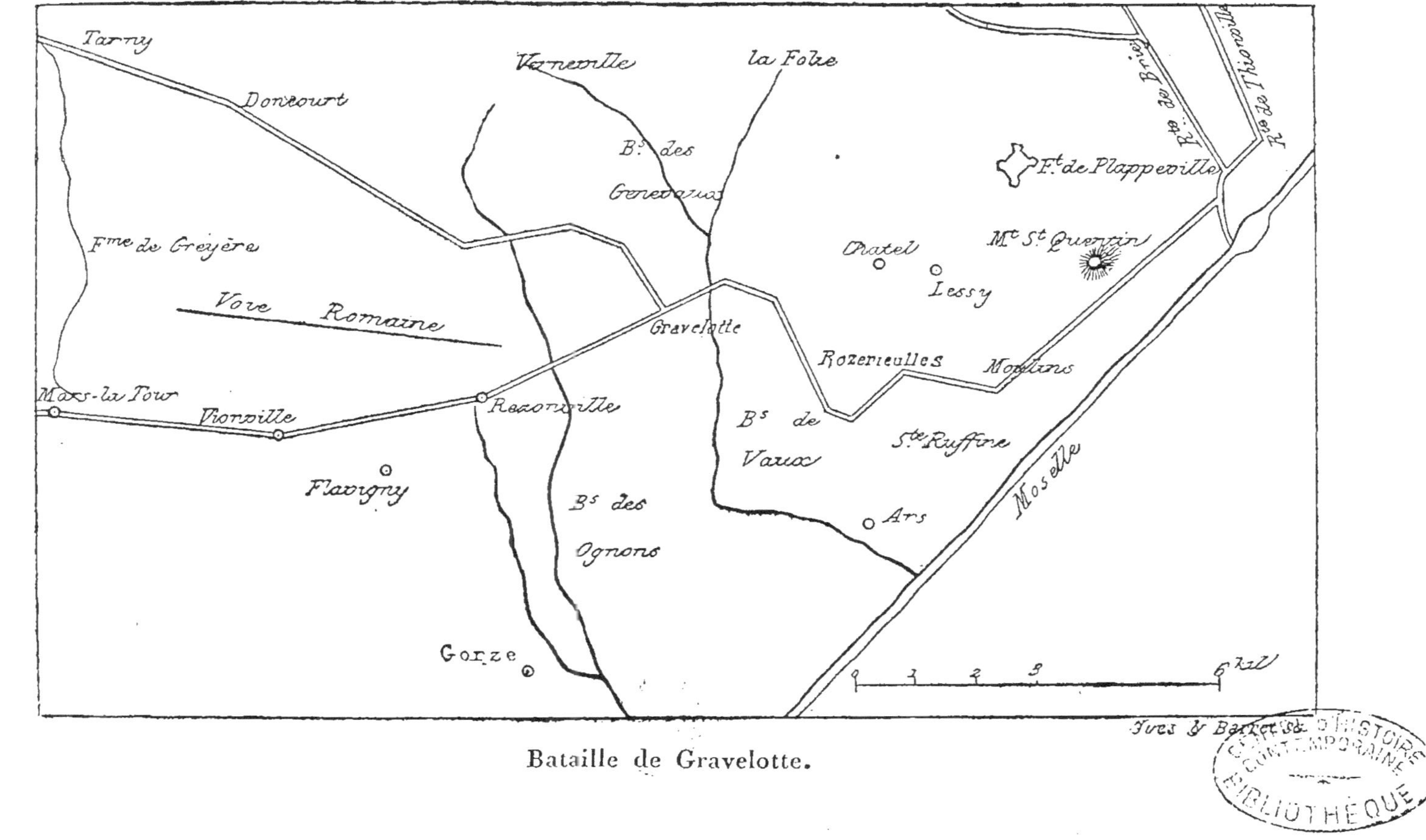

Bataille de Gravelotte.

rembault). Mais les Allemands ne comptaient point sur une semblable lenteur de mouvements. Ils croyaient l'armée en route sur Verdun, et une pointe vigoureuse, exécutée le 12 par la cavalerie Margueritte, qui enleva à Pont-à-Mousson les dragons et les hussards prussiens, qui avaient précédé le Xe corps dans cette ville, confirma chez eux la pensée que, dès lors, l'armée ne devait plus avoir sur la Moselle que des flanqueurs et des arrière-gardes. Aussi le prince Frédéric-Charles pressa-t-il la marche de son armée dans la direction de Verdun. Le 16 ses avant-gardes de cavalerie étaient au sud et à quelques lieues de la route de Metz à Verdun, et le gros de son armée, à cheval sur la Moselle, de Pont-à-Mousson à Frouard. Son extrême droite seule était à portée de Metz; le IIIe corps avait franchi le 15 le pont de Novéant, et, remontant au nord-est, occupait, par son avant-garde, Gorze, en arrière et tout près du plateau de Gravelotte.

Quant à la Ire armée, elle était destinée à poursuivre et à attaquer en arrière l'armée française, que le prince attaquerait sur son flanc gauche. Elle devait passer la Moselle au plus près de Metz.

Ces dispositions amenèrent la bataille de Gravelotte, répétition presque exacte de celle de Borny et même de celle de Forbach.

Les éclaireurs prussiens se montraient actifs et audacieux comme doit l'être la cavalerie d'une armée victorieuse. Dès le 14, des hussards avaient fait le coup de pistolet sur la route de Mars-la-Tour jusqu'aux portes de Metz ; le 15, trois brigades de cavalerie s'échelonnaient de Thiancourt jusqu'à Mars-la-Tour, croyant y suivre la cavalerie Margueritte. Surpris de n'y trouver personne, le général Redern allait canonner, à Tronville (à mi-chemin de Mars-la-Tour à Gravelotte), deux régiments français, engageait là une canonnade et se retirait sans avoir été entamé. Au bruit du combat accouraient trente-quatre escadrons prussiens; en face d'eux s'arrêtait la division de Forton, suivie de la division Valabrègue, attachée au 2e corps. La VIe division détruisait, à Montigny, entre Seille et Moselle, aux portes de Metz, des approvisionnements considérables, surtout en riz et en sel, et son artillerie portait dans les rangs du 6e corps (Canrobert). Elle signalait sur la rive gauche un camp considérable. Cependant l'erreur de l'ennemi ne cédait pas encore et devait persister jusqu'au soir de ce jour.

Le général Rheinbaben (VIe cavalerie) essayait

de savoir précisément ce qu'il avait devant lui. Il lança à sa gauche un escadron qui devait gagner la basse Moselle au-dessous de Metz. Cet escadron trouva à Jarny la division du Barail, tomba, en reculant, dans une embuscade de chasseurs d'Afrique et y périt presque tout entier ; à la droite de cette cavalerie des détachements du IIIe corps, reculant devant de hardis tirailleurs français, avaient découvert le flanc de la brigade de cavalerie Barby, qui avait dû reculer. On commençait donc à savoir des deux parts qu'on avait devant soi de l'infanterie et de la cavalerie. Frossard avait préparé des tranchées sur son front et sur sa gauche.

Toutefois le prince Frédéric-Charles persistait à se porter au nord-ouest, se dirigeant vers Verdun. Son extrême droite dut agir comme si elle n'avait devant elle qu'une arrière-garde. Le 16, à neuf heures du matin, nos bivouacs de la cavalerie Murat (division de Forton), reformés après un premier essai de départ, — il avait fallu ajourner la marche pour permettre à la gauche de se dégager, — furent assaillis par une pluie d'obus ; cette cavalerie se retira avec quelque désordre, et le 2e corps (Frossard) se trouva en première ligne.

C'étaient les VIe et V[e] de cavalerie qui, formant un angle en avant de la gauche française, se décidaient à pousser à fond leur reconnaissance. Elles avaient à leur droite, sur les pentes de Gorze, la Ve division d'infanterie; la VIe gagnait leur gauche et la route de Mars-la-Tour. Celle-ci était soutenue, mais de loin, par le Xe corps, encore en marche. Les VIIe et VIIIe corps, campés entre Seille et Moselle, pouvaient arriver au secours de l'armée allemande. Les assaillants toutefois, malgré la présence sur la Moselle du détachement Lyncker, du Xe corps, n'étaient pas 50,000 à ce premier moment et ne pouvaient pas, avant la nuit, dépasser le chiffre de 100,000 hommes.

Comme à Borny, comme à Forbach, le maréchal résista à l'attaque, secourut les parties qui venaient à faiblir, mais n'essaya aucun plan offensif. Le 2e corps, faisant face à gauche par la brigade Lapasset, en avant par la division Bataille, Vergé entre les deux, soutint vigoureusement le choc des Allemands; Canrobert, placé à sa droite, l'aidait à résister, mais ne manœuvra pas pour attaquer la gauche de l'ennemi. La garde est derrière Lapasset, et quand, au milieu de la journée, le 2e corps faiblit, les munitions s'épuisant, les généraux Bataille et Valazé étant gravement blessés, la garde le remplace et maintient son poste en troupe d'élite. — Mais la résistance du 2ᵉ, de dix heures à midi, n'a point été utilisée. Les divisions de Canrobert sont derrière ses lignes, souffrant beaucoup du feu de l'artillerie allemande, mais en position de résistance, non d'offensive. C'est presque par hasard qu'obéissant à leur instinct militaire et nullement à des ordres supérieurs, Canrobert, puis Lebœuf pèsent à certains instants sur la gauche allemande, de façon à faire redouter un désastre par les généraux ennemis, et à décider leur cavalerie à charger pour les arrêter ; cela fut fait bravement, du reste, et réussit, parce que le maréchal, bien loin d'appuyer et de pousser les mouvements de sa droite, avait les yeux fixés sur sa gauche et accumulait ses réserves au débouché même des routes qui montent de Metz au plateau. Sa grande préoccupation, peu d'accord avec la résolution de marcher sur Verdun, était de n'être pas coupé de Metz ; pour assurer ce résultat, il retenait en arrière une division du 3ᵉ corps près du 2ᵉ, réorganisé, et ne cédait une autre division qu'aux instances du maréchal Lebœuf.

Cependant le 4ᵉ corps (Ladmirault), repassant

la Moselle après la bataille de Borny, n'était guère arrivé que le 15 au matin sur la rive gauche. Il avait l'ordre de monter sur le plateau, comme les autres corps, par la route de Gravelotte et le chemin de Lessy et y avait engagé la division Lorencez. Cette division ne parvenant pas à se tirer des inextricables embarras accumulés au sud du Saint-Quentin, le général Ladmirault se décida à porter les deux autres au nord, par la route de Briey, vers le poste qui lui avait été assigné sur le plateau, à droite de la route d'Étain, la plus au nord des deux routes de Verdun. Marchant ainsi avec deux divisions et sa cavalerie, il arrivait à l'extrême droite de l'armée française à peu près au moment où la gauche prussienne allait recevoir le secours du xe corps, arrivant lui-même du sud après une longue étape.

L'attaque du général de Ladmirault fit plier toute la gauche prussienne. La grande batterie établie par l'ennemi au sommet de l'angle que formaient ses lignes au sud-ouest du plateau recula ainsi que l'infanterie, et le prince Frédéric-Charles, qui arrivait au même instant, put croire la bataille perdue. Elle l'était en effet sans le dévouement de sa cavalerie d'une part et surtout si le mouvement du général Ladmirault eût été appuyé. En réalité, la bataille se termina de ce côté par un beau combat de cavalerie auquel prirent part la division Legrand, dont le chef périt glorieusement, la division de la garde, la division de Clérembault, et dans lequel, après les charges et les retraites successives des divers échelons, les Prussiens ramenèrent leurs escadrons sur Mars-la-Tour, suivis par la brigade Maubranche, la dernière de Clérembault. Mais les Prussiens avaient réussi à suspendre jusqu'à la nuit l'attaque menaçante du 4e corps et à sauver ainsi leur gauche; c'était la troisième fois de la journée qu'ils avaient pu craindre la défaite de cette aile, d'abord quand la garde avait relevé le 2e corps et que Canrobert avait lancé Becquet de Sonnay sur Vionville et Flavigny. Il avait fallu alors une charge désespérée du général Bredow pour arrêter l'infanterie du 6e corps. De Forton et Valabrègue avaient repoussé Bredow, mais l'attaque du 6e corps n'avait pas été reprise. Une seconde fois les divisions Grenier, du 4e corps, et Tixier, du 6e, avaient chassé la brigade Lehmann des ravins entre Saint-Marcel et Vionville, et il semblait qu'à ce moment une charge de la cavalerie française pût balayer l'ennemi jusqu'à la Moselle et ramasser de nombreux trophées, malgré l'arrivée à ce moment d'une partie du xe corps prussien. Mais la pensée d'une offensive générale n'apparaît pas dans les dispositions du général en chef et ne semble pas avoir pris place dans son esprit. Il en est de même encore quand le général de Cissey, arrivant sur le champ de bataille après la xxe division prussienne, rejette la xviiie brigade ennemie dans le ravin de Greyère et lui fait trois cents prisonniers. Sur sa droite a lieu le grand combat de cavalerie que nous avons rappelé, et la bataille des Prussiens, dans toute cette fin de la journée, est soutenue principalement par leur artillerie. L'artillerie française ne résiste qu'en changeant continuellement de position pour déconcerter les calculs d'un adversaire qui tire juste dès qu'il a bien apprécié sa distance. C'est grâce surtout à cette supériorité de justesse et de portée de l'artillerie, à l'habitude de la porter tout entière en avant dès l'entrée en action, tandis que la plus forte partie de la nôtre reste en réserve, enfin à la valeur et au nombre de leurs cavaliers que les Prussiens durent de n'être pas accablés à cette bataille. Ils le durent surtout à l'absence de plan chez le général en chef français. Voulut-il marcher sur Verdun en évitant le plus possible de se commettre vec l'ennemi? Pourquoi négliger, dans ce cas, 'emploi de toutes les routes qui s'éloignent de Metz dans la direction de l'ouest? Pourquoi tant le lenteur dans les mouvements depuis le 13? Pourquoi même avoir accepté la bataille de Borny?

Le maréchal Bazaine voulait-il rester sous Metz et gagner une bataille défensive avant de s'engager plus avant? Mais alors, pourquoi n'avoir pris aucune disposition pour changer la bataille de Borny en victoire décisive en portant toutes ses forces disponibles sur la droite de l'ennemi? Pourquoi, à Gravelotte, n'avoir pas profité de sa supériorité à droite pour pousser jusqu'à la Moselle et se rabattre sur Metz en remontant la vallée? Sa supériorité en infanterie assurait la victoire sur ces pentes boisées où la cavalerie et l'artillerie ennemies devenaient peu maniables. La cavalerie française occupait le plateau avec la division de Cissey, avec les divisions Metman (3e corps) et Lorencez (4e corps), qui se dégageaient, le soir seulement, du défilé de Gravelotte, avec le 2e corps et la garde, qui résistaient de front aux VIIIe et VIIe corps, attaqués sur leur gauche par Canrobert et Lebœuf. Il semble que les IIIe et X^e corps de l'armée du prince eussent dû être accablés; que les VIIe et VIIIe, qui n'arrivèrent que le soir vers Gravelotte, eussent dû reculer vaincus au delà de la rivière. Ces probabilités sont reconnues même par l'ennemi, qui se vante avec raison d'avoir gardé contre toutes les chances son champ de bataille et son attitude offensive. Le maréchal n'a songé qu'à se défendre et surtout à protéger sa gauche contre l'attaque de la 1re armée. Il pouvait craindre à bon droit les éventualités d'une marche sur Verdun en présence d'un ennemi supérieur en cavalerie, en artillerie et dans ces dextérités d'état-major et d'administration qui permettent de marcher vite, de vivre en route, d'arriver ensemble. Il a craint un désastre s'il était attaqué en marche, et a voulu gagner d'abord une bataille défensive. Il l'a pu deux fois, ce semble, à Borny et à Gravelotte, et a laissé échapper la victoire que semblait lui assurer l'erreur de l'ennemi. C'est que la faculté d'intuition qui fait deviner le fort et le faible d'une situation militaire, la volonté rapide et résolue qui permet d'en tirer le meilleur parti ne sont le fait que des plus grands capitaines; là où ne se rencontrent pas ces natures d'élite, le succès appartient à la préparation savante, à l'administration habile, à la supériorité des armes et du nombre.

VII

BATAILLE DE SAINT-PRIVAT.

A peine peut-on rendre raison des dispositions qui amenèrent la bataille de Saint-Privat. Dès le 16, on voit le maréchal renoncer à la marche sur Verdun, bien qu'il annonce cette marche à l'empereur, tout en se disant victorieux à Gravelotte. Mais en même temps il abandonne non-seulement la route de Mars-la-Tour, qu'il n'a pas cherché à s'ouvrir le 16, mais encore la route d'Étain, que l'ennemi n'a pu atteindre. Il fait reculer son armée sur un relèvement de terrain adossé au Saint-Quentin, sa gauche serrée sur Metz et sa droite s'éloignant obliquement des défenses de la ville. On a, à Gravelotte, brûlé les bagages qui avaient gagné le plateau et laissé de nombreux blessés sous la protection des conventions de Genève. Le 2e corps occupera le revers même de la Moselle, de Moulins à Rozerieulles. En ce point la ligne, dirigée jusque-là de l'est à l'ouest, se redresse vers le nord ; elle est formée par le maréchal Lebœuf (3e corps), puis le général Ladmirault (4e), puis le maréchal Canrobert (6e). C'est par une sorte de hasard que ce dernier arrive, à Saint-Privat et à Sainte-Marie-aux-Chênes, jusqu'à la route de Briey, indiquant ainsi une tendance à la marche vers l'ouest. Le maréchal Canrobert avait reçu l'ordre de s'arrêter à Verneville entre les 3e et 4e corps. Il avait fait dire au général en chef qu'il avait devant lui des bois qu'il était impossible d'éclairer et avait obtenu l'autorisation de se porter au delà du général de Ladmirault, sur la crête dont nous avons parlé, et qu'une pente raide et boisée sépare en arrière du Saint-Quentin, tandis qu'elle se prolonge vers l'ouest par un glacis assez régulier. Le maréchal Canrobert était ainsi à douze kilomètres de Metz environ, tout à fait en l'air, ayant à quatre à cinq kilomètres sur sa droite la vallée de l'Orne, qui coule vers la basse Moselle, mais qu'il ne pouvait ni voir ni interdire à l'ennemi. Ajoutons qu'il était faible en artillerie, puisque sa réserve était restée à Châlons et qu'en outre cette artillerie, portée de cinquante-quatre à soixante-dix-huit canons par un détachement de la réserve, n'avait pu se réapprovisionner complétement à raison du temps employé le 17 au double mouvement du 6e corps. Malheureusement enfin, le maréchal Bazaine semble n'avoir donné aucune de ses pensées à cette aile droite, si exposée par sa situation et son infériorité en artillerie. C'est au plus près de sa gauche, entre la place et le Saint-Quentin, que sont les postes de la garde et de la réserve générale d'artillerie ; c'est là que lui-même restera pendant l'action. A quelle pensée stratégique répondent ces dispositions? Cela est difficile à comprendre. L'armée s'était étonnée de reculer ainsi sur Metz au lendemain de Gravelotte. Si le maréchal, en ordonnant ce mouvement de retraite, s'était bien rendu compte du danger toujours plus grand d'une marche en avant, on se demande pourquoi il n'a pas reculé jusque sous la protection des forts ; pourquoi surtout il a si peu paru apprécier le péril que courait sa droite. On a dit qu'il ne voulait point revenir dans le rayon d'action du gouvernement impérial, mais qu'il voulait paraître tout disposer pour rentrer en France. Ce sont là des calculs qui n'ont rien de militaire, et nous n'avons pas à les discuter. Le maréchal semble avoir cru à la présence de toute l'armée ennemie sur sa gauche et à un projet de l'ennemi de le détacher de Metz ;

il ne s'est préparé qu'à résister à cette entreprise.

C'est donc, hélas! dans le camp allemand qu'il faut aller chercher les calculs stratégiques et l'initiative, désormais unie à la connaissance des faits. Le maréchal n'a pas profité de l'erreur persistante qui le mettait aux prises avec la seule aile droite de l'ennemi. Désormais il aura à combattre l'armée tout entière. Le 17 a été employé à ramener au nord et devant Metz tous les corps en marche des deux côtés de la Moselle. C'est avec toutes les forces des Ire et IIe armées, sauf le 1er corps et deux divisions de cavalerie laissés en observation sur la rive droite de la Moselle, c'est-à-dire avec plus de 250,000 hommes, que le roi va aborder l'armée française dans une position qui n'est parfaitement défensive qu'à gauche et au centre. Il admet d'ailleurs encore l'hypothèse d'une marche des Français sur Briey et Montmédy. Aussi est-ce à sa gauche qu'il va accumuler ses forces. Le reste de la ligne française sera combattu seulement par des forces suffisantes pour n'y pas risquer une défaite.

Ainsi les VIIe, VIIIe, IXe corps durent attaquer les 2e, 3e et 4e corps français de Rozerieulles à Amanvillers. La garde devait tourner la droite française et le XIIe saxon la prendre à revers. En seconde ligne marcheraient, en commençant par la droite, les IIIe et X^e corps, qui avaient soutenu la bataille de Gravelotte ; le IIe corps, qui ne pouvait arriver vers Buxières et Vionville que vers midi, formerait la réserve. Cinq divisions de cavalerie suivaient les attaques principales. Sept cent quatorze canons les préparaient.

Dans ce plan d'attaque, il faut remarquer une erreur de détail qui eut une influence très-importante sur le résultat. Les Allemands connurent la présence de l'armée française et sa mise en bataille sur la crête est du plateau de Gravelotte, mais ils ne connurent pas le changement de position du maréchal Canrobert et prirent leurs dispositions comme si la ligne française devait s'arrêter à Amanvillers. Il s'ensuivit que la garde, qui devait tourner le général Ladmirault, heurta de front le 6e corps, et que le XIIe (Saxons) dut allonger le détour nécessaire pour prendre à revers notre extrême droite. On voit combien, malgré toute l'habileté des reconnaissances et du service d'espionnage, il est difficile d'être bien et complétement informé.

Le 18, à neuf heures du matin, le maréchal Lebœuf signalait déjà des mouvements de l'ennemi vers le nord. Mais ce ne fut guère qu'à midi que lui-même fut attaqué au bois de Genivaux. Immédiatement après, les VIIe et VIIIe corps prussiens entrèrent en action, par leur artillerie, contre Frossard et la gauche de Lebœuf.

De ce côté, la bataille fut un combat de front entre les anciens adversaires de Spickeren renforcés des deux parts. Malgré une supériorité d'un tiers en artillerie et l'appui des réserves, les attaques des Allemands échouèrent jusqu'au soir contre les abris bien tracés et vigoureusement défendus qui couvraient les 2e et 3e corps. Après une première tentative sur le Point-du-Jour et le bois de Genivaux, de deux à quatre heures, la 1re armée porta sa réserve contre Sainte-Ruffine, à son extrême droite; elle fut chaudement accueillie par le général Lapasset. Mais cette attaque constitua, aux yeux du maréchal, l'épisode essentiel de la bataille. Elle détourna même des dangers de la droite l'attention du général Bourbaki, auquel le général en chef avait laissé une certaine indépendance. D'ailleurs une batterie de la garde était venue en aide au général Lapasset.

Mais la véritable bataille se trouvait retardée et jusqu'à un certain point compromise par l'er-

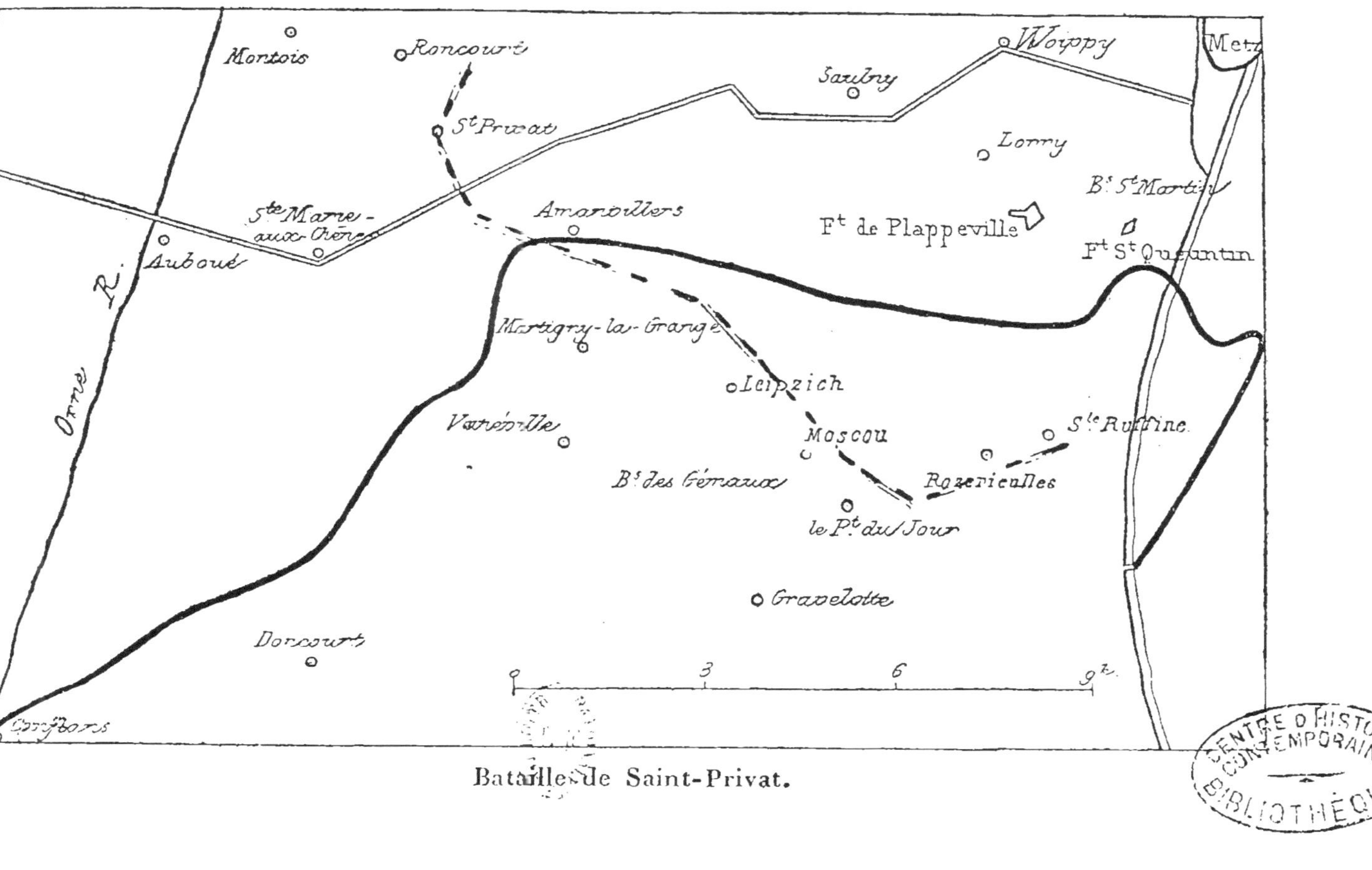

Batailles de Saint-Privat.

reur du quartier général allemand. Le IXe s'était porté contre le 4e corps et l'avait canonné en se plaçant obliquement, comme si lui-même n'avait rien à craindre pour sa gauche. A sa gauche, la garde manœuvrait pour tourner Amanvillers, supposé la droite de l'armée française. Elle trouva en face d'elle le maréchal Canrobert, dont l'artillerie put aussi prendre d'écharpe celle du IXe corps et lui infliger des pertes cruelles.

Mais, vers trois heures et demie, les quatre corps (garde, XIIe, IIIe, X^e^), qui ont dû, s'il y avait lieu, attaquer l'armée française sur la route de Briey, trouvant cette route libre, la suivent où la dépassent en revenant vers Metz; la précaution prise par l'état-major allemand contre la marche possible de l'armée française a eu pour effet d'accumuler des forces énormes contre le 6e corps. Sainte-Marie-aux-Chênes, défendue par le 94e, est criblée d'obus par l'artillerie de la garde et celle de la XXIVe division (saxonne), se prolongeant vers la vallée de l'Orne, et attaquée de front et de revers par la garde et les Saxons. Le 94e se replie sur Saint-Privat; le maréchal fait aussi évacuer Roncourt à sa droite; à cinq heures toutes ses troupes sont rangées autour de Saint-Privat et jusqu'à Amanvillers.

Cependant la nuit approche; les Saxons n'ont pas encore achevé leur mouvement tournant vers l'Orne ; seulement leur cavalerie, descendant la vallée jusqu'à la Moselle, a rompu le chemin de fer de Thionville. Le prince Eugène de Wurtemberg, commandant de la garde, se décide à attaquer à fond le 6e corps, à peu près privé d'artillerie, et qu'il suppose ébranlé par la canonnade furieuse qu'il subit depuis trois heures. Il lance la garde sur le glacis qui monte à Saint-Privat.

L'attaque fut magnifique de vigueur et d'élan. La défense fut plus belle encore ; la garde prussienne couvrit de ses cadavres les abords de Saint-Privat. Mais il fallut reculer et reculer vaincus. L'attaque directe, un contre un, était une témérité ; il fallait attendre. Les quatre corps allaient pouvoir agir, au moins par leurs canons ! A six heures et demie, les Saxons arrivèrent enfin de Roncourt, prenant en flanc et à revers le 6e corps, que déjà leur artillerie a couvert d'obus. La garde remonte de Sainte-Marie-aux-Chênes, soutenue par le xe corps. Cette fois, il faut céder; après un combat désespéré dans les rues du village, la nuit déjà faite, le maréchal se met en retraite à travers le bois de Saulny. Le feu d'une division d'artillerie de la garde (commandant de Contamine) et celui de la réserve du 4e corps (colonel Soleille) appuyent cette retraite que, d'ailleurs, les Allemands épuisés n'inquiètent pas longtemps. A peine quelques bataillons de la garde prussienne gagnent-ils Montigny-la-Grange, quand le 4e corps, qui a maintenu toute la journée sa position contre le IXe, appuyé à gauche par la garde et en arrière par le IIIe, replie son aile droite, découverte à Amanvillers par la retraite du 6e corps, et se rapproche de Metz.

Le maréchal Bazaine était resté de sa personne à la gauche de l'armée; il ne parut pas sentir la gravité des événements de Saint-Privat et continua à annoncer au gouvernement et au maréchal de Mac Mahon la possibilité et l'intention de quitter Metz après s'être ravitaillé et reposé pendant quelques jours. « Sa droite, disait-il, avait dû seulement opérer le soir le mouvement de recul qu'il lui aurait prescrit le lendemain; l'essentiel, c'est que sa gauche s'était maintenue victorieusement. »

On n'en jugeait pas ainsi dans l'armée. « Dieu veuille, disait le général Canu au colonel Salvador en allant prendre, le 19, la position prescrite à la réserve générale d'artillerie, que ceci ne finisse pas par une capitulation d'Ulm ! »

VIII

BLOCUS DE METZ.

Le 19, l'armée fut rangée autour de Metz; les positions définitives furent : pour le 3ᵉ corps (maréchal Lebœuf), en avant des forts de la rive droite; le 2ᵉ se plaça entre Seille et Moselle; le 4ᵉ, le 6ᵉ et la garde sur la rive gauche, où le quartier général occupa le Ban Saint-Martin.

Cependant le maréchal avait annoncé à l'empereur, avec une légèreté de langage dont nous verrons les funestes résultats, l'intention de reprendre sa marche sur Verdun, et il songeait plus ou moins sérieusement à la réaliser. Le 25 au soir, il fit passer sur la rive droite, au pied du fort Saint-Julien, la majeure partie des corps de la rive gauche; l'opération fut lente; l'attaque ensuite fut retardée par un malentendu (un signal convenu oublié par le maréchal), puis interrompue après quelque succès par une pluie torrentielle. Le maréchal réunit alors ses lieutenants au château de Grimont; dans cette réunion, la pensée de rester sous Metz se fit jour pour la première fois. Le général Coffinières, gouverneur de la place, représentait que ses défenses étaient imparfaites et requéraient la protection et le travail de l'armée. Le général Soleille, s'exagérant l'importance de la consommation des munitions, déclarait n'en avoir plus que pour une bataille. Le maréchal, préoccupé des dangers d'une marche hors de la place, se persuadait aisément qu'il rendait un service suffisant à la France en immobilisant devant Metz 200,000 ennemis. C'était mal mesurer les ressources respectives qui restaient en dehors aux deux adversaires.

On rentra à Metz ; l'armée ignorait alors que déjà le maréchal de Mac Mahon entreprenait, à son grand péril, de la secourir. Elle l'apprit le 30, et le maréchal Bazaine se décida à recommencer l'opération du 26, d'autant plus qu'il attendait l'armée de Châlons par la route de Montmédy et Thionville. Le choix de ce point d'attaque, assez mal justifié quand l'armée de Metz opérait seule, était plus rationnel quand elle allait au-devant de Mac Mahon, quoique le chemin de fer soit sur la rive gauche. Malheureusement l'attaque du 26 avait donné l'éveil à l'ennemi, et on allait le trouver préparé sur ce terrain ; il avait d'ailleurs appris que l'armée de Mac Mahon avait, le 30, renoncé à poursuivre son opération offensive et reculait vers le nord ; tranquille sur ses derrières, il avait rappelé deux corps d'armée détachés la veille pour aider l'armée de la Meuse et disposait de toutes ses forces.

Le 30, une dépêche venue par Thionville avait appris au maréchal la présence à Carignan du général Ducrot. Il calcula probablement que l'armée de Châlons ne pourrait dépasser Thionville que dans la journée du 31. Du moins ce calcul peut-il expliquer pourquoi l'attaque ne commença que le soir, à quatre heures. Elle débuta par des succès, et le maréchal Lebœuf s'empara de Noisseville à six heures et demie. Servigny, enlevée à la tombée de la nuit par le concours des 3e et 4e corps, fut reperdue par suite de quelque confusion dans les deux corps qui cherchaient à reprendre leurs positions respectives. Quand parut le jour, le 1er août, on avait donc fait un pas en arrière, tandis que les renforts affluaient du côté des Prussiens. N'entendant pas d'ailleurs le canon de Mac Mahon, le maréchal ordonna la retraite, et l'armée attristée revint prendre ses positions autour de la place.

Une phase nouvelle commençait pour l'armée de Metz. Renonçant à jouer un rôle actif dans la partie suprême engagée en France, son chef attendait des événements politiques ou militaires qui pourraient le ramener sur la scène; il se laissait engager dans un ordre d'idées où devaient périr son honneur et la force que l'empereur avait mise dans ses mains.

Le 12 septembre, des prisonniers échappés ou échangés, des journaux trouvés sur des Allemands avaient appris d'une manière certaine que l'armée de Châlons, enveloppée à Sedan, avait succombé tout entière, que l'empire était tombé sous ce coup et était remplacé par un gouvernement formé des députés de l'opposition, en qui l'ancien commandant de la garde avait pu, dans d'autres temps, voir des adversaires probables et presque des ennemis personnels; enfin que les Allemands considéraient la guerre comme terminée et n'admettaient pas que la France, privée de toute force organisée, pût songer encore à se défendre.

Cependant, à ce premier moment, une proclamation du maréchal annonça ces événements à l'armée, en ajoutant qu'ils ne changeaient rien à ses devoirs envers la France.

Mais en réalité lui apparaissait presque aussitôt un nouveau rôle important pour lui-même, rôle politique auquel il allait subordonner ses projets militaires; il entrait en communication avec l'ennemi, et celui-ci lui laissait comprendre qu'il ne reconnaissait plus en France qu'une situation légitime, celle du maréchal Bazaine, qui tenait seul ses pouvoirs de l'empire; hors de lui, il ne signalait qu'anarchie et désordre. Le maréchal se crut appelé, avec l'aide de son armée, à préserver la France d'une ruine absolue.

Dans cette triste campagne, les mensonges, officiels ou non, se sont produits avec une constance peu honorable pour la dignité humaine. Du côté des Français c'étaient ordinairement des contre-vérités flagrantes, dont les informations du lendemain faisaient tomber tout l'échafaudage; les courages, un moment exaltés, en retombaient plus bas; en sorte que souvent ces mensonges passèrent pour inspirés par la trahison ou par l'ennemi.

Du côté des Allemands, le mensonge n'est guère que l'exagération ou l'atténuation des faits réels, bien plus difficile par suite à contredire et à confondre; cette fois, les communications du prince Frédéric-Charles, confirmées par les journaux allemands, purent tromper complétement le maréchal.

Il ignora l'abnégation patriotique qui mettait toute la France aux mains de Gambetta et de Trochu; il crut, aux troubles de Lyon, de Marseille, aux menaces de troubles à Rouen, une généralité et une portée qui dépassaient de beaucoup la vérité; il pensa qu'il fallait renoncer à la guerre étrangère, obtenir de l'Allemagne réconciliée la liberté d'action de son armée et prendre en main l'autorité et le rôle d'un Monck. La paix faite par l'empereur ou l'impératrice régente était un préliminaire obligé sur lequel il fallait s'entendre avec l'un ou l'autre.

Certes, jamais l'article du Code militaire qui interdit les communications avec l'ennemi n'a reçu des événements une consécration plus complète. Le malheureux maréchal perdit ses jours et ses pensées à la réalisation de ce projet, inspiré par un adversaire habile et qu'aucun scrupule n'eût gêné dans cette occasion, même s'il eût eu souci habituellement de justice et de vérité. M. de Bismarck trouva à point nommé un aventurier du nom de Régnier qui avait rêvé, de son côté, de faire intervenir l'impératrice dans une négociation de paix avec l'Allemagne; celui-ci fut accueilli à Metz sur le vu d'une photographie signée du prince impérial, obtenue à Chislehurst d'une personne de la suite de l'impératrice. Avec cette singulière lettre de créance, il obtint l'envoi à Chislehurst du général Bourbaki, chargé de représenter l'armée de Metz. Mais là tout s'écroula. L'impératrice se refusait absolument à une intervention qui diviserait les forces de la France et diminuerait ses moyens de résistance. La négociation n'était plus qu'une intrigue, et le maréchal y avait consumé les derniers jours de vie de son armée.

Déjà ses chevaux servaient à l'alimentation ; déjà une nourriture insuffisante affaiblissait les hommes ; l'ennemi fortifiait ses lignes, et autour de Metz l'esprit de discipline des chefs de corps contenait à peine la méfiance et la colère qui grandissaient dans tous les cœurs.

Ainsi arriva le mois d'octobre. Le 4, le 7, des tentatives plus ou moins sérieuses furent faites sur les lignes allemandes ; elles étaient sérieuses du moins pour ceux qui les exécutaient ; avec quelle admiration les témoins du combat de Peltre parlent de l'élan et de la fermeté de la brigade Lapasset ! Les témoins du combat de Ladonchamps, amis et ennemis, des voltigeurs de la garde et du 6e corps marchant droit au village sous un feu écrasant d'artillerie et l'enlevant avec 1,600 prisonniers ! Ces héroïques soldats s'élançaient à ces entreprises sans portée avec la plus patriotique ardeur ! Ils avaient senti vivement le besoin d'une discipline plus sévère, et leur esprit s'était amélioré sans cesse depuis le blocus.

Le 15, le maréchal, essayant encore de mêler la politique aux questions militaires, envoya le général Boyer, son aide de camp, au roi de Prusse, à Versailles, puis à Chislehurst; les jours s'écoulaient, les derniers restes de vivres allaient disparaître; il en arriva, le 27, à une reddition pure et simple; il quitta la place, poursuivi par les malédictions des soldats et de la population de Metz, et fut, avec toute l'armée, acheminé vers l'Allemagne.

Un mois auparavant — c'est l'opinion émise par le général Bourbaki, reproduisant évidemment celle du général en chef (procès Bazaine) — on pouvait percer vers Thionville et le Luxembourg ; une moitié de l'armée aurait passé ; l'autre eût péri ou eût été refoulée. Le maréchal s'était refusé à ce grand sacrifice !

Cependant, la veille même de la capitulation.

l'armée acceptait la pensée de se faire jour par troupes de deux à trois mille hommes. La réserve d'artillerie se regardait comme destinée à arrêter l'ennemi en se sacrifiant pour couvrir le passage du reste de l'armée tant qu'elle pourrait tirer un coup de canon ; à être ensuite accablée, ses chevaux n'étant pas d'ailleurs en état d'aller au delà de douze à quinze kilomètres, et elle était décidée à ce dévouement sans réserve. Braves et malheureux soldats qui ne pardonnaient pas à leur chef de n'avoir pas réclamé leur sang jusqu'à la dernière goutte, leur sang si vaillamment prodigué dans toutes les occasions et surtout dans les dernières ! si sincèrement voué, au moment suprême, à l'honneur de l'armée, au salut de la patrie !

Ainsi, au commencement d'octobre, la IIe armée allemande devenait libre d'aller aider, sur tous les points, les forces qui combattaient les armées qu'essayait d'organiser la France, privée de toutes ses troupes régulières, et son intervention, nous le verrons, allait assurer la victoire à l'ennemi !

IX

DE REIMS A SEDAN.

Que se passait-il cependant dans le reste de la France? Nous avons dit que le ministère formé sous la présidence du général Montauban avait développé avec énergie et activité les moyens de défense du pays. Tous les gardes mobiles, tous les anciens militaires au-dessous de trente-cinq ans avaient été appelés au service actif. Sur la proposition de l'amiral Rigault, la marine avait envoyé à Paris une forte artillerie, des marins intrépides, d'excellents officiers. Plusieurs forts sur les deux rives furent solidement occupés par les marins, qui s'y tinrent et y combattirent comme sous le pavillon d'un de leurs navires; ils constituèrent un des meilleurs éléments de la défense.

Le 17, l'empereur, arrivé le matin au camp de Châlons sous l'escorte de la brigade de cavalerie Margueritte, envoya à Paris, comme gouverneur, le général Trochu, et, sur l'avis du général et du prince Napoléon, fit aussi partir pour Paris les gardes mobiles de la Seine.

Sans doute, dans la pensée de l'empereur, Paris devait être dès lors considéré comme une place menacée d'un siége et abandonnée au commandement de son gouverneur. La conséquence naturelle eût été le transport dans une autre ville des assemblées et du gouvernement. On comprend bien les motifs d'ordres divers qui empêchèrent le gouvernement de se dérober au péril immédiat. Il en fut ainsi plus tard du gouvernement de la défense nationale. Dans les deux cas, la détermination prise fut funeste. Une ville en état de guerre ne convient point comme centre d'administration et séjour d'un gouvernement régulier. Elle ne peut appartenir utilement qu'à la dictature du commandement. Le ministre de la guerre paralysa le général Trochu, dont il n'avait pas vu volontiers la venue, et celui-ci, mécontent de la défiance qu'il rencontrait et des obstacles mis à l'exercice de son mandat, se désintéressa de la partie militaire et surtout de la partie politique de sa mission.

Alors s'établit, entre Paris et le quartier général, un antagonisme d'opinions et de projets dont les suites furent très-graves et qui n'a été connu que beaucoup plus tard. Au quartier général, on regardait comme sage la résolution de couvrir directement Paris et de reculer au besoin jusqu'à ses forts, à l'aide desquels on pourrait livrer bataille ou consolider l'organisation de l'armée. L'empereur lui-même devait suivre immédiatement à Paris le général Trochu. La régence rêvait de plus hautes combinaisons; elle pensait surtout que l'empereur ne pouvait, sans grands périls pour son trône et sa dynastie, rentrer à Paris sous le coup de défaites subies et acceptées. L'empereur, passif entre ces deux influences, jugeait militairement comme le maréchal, politiquement comme le conseil privé. Le 21 août, l'armée se retirait à Reims, traînant après elle, au moyen de nombreuses voitures de réquisition, une partie des immenses approvisionnements accumulés depuis dix ans au camp de Châlons et l'équipage de siége qui avait dû servir à l'instruction du prince impérial; elle laissa en arrière beaucoup d'objets encore qui furent brûlés ou abandonnés à l'ennemi.

A Reims, on trouvait le 7e corps arrivant de Belfort par Paris en chemin de fer; on trouva aussi M. Rouher, venant plaider en faveur d'une offensive brillamment reprise pour une revanche des défaites passées. Le général Palikao appuyait vivement cette tentative et prescrivait, de toute son autorité de ministre de la guerre, un mouvement vers la Meuse, qui eût été au moins très-hardi pour la plus leste et la plus manœuvrière des armées, mais que lui-même eût jugé peu praticable s'il eût vu de ses yeux l'incohérence et la faiblesse d'organisation des troupes réunies à Reims.

Le comte de Palikao a, depuis la guerre, exposé ses projets dans une brochure livrée à la publicité; il n'y est question, bien entendu, que de conceptions militaires; il voulait, dit-il, que l'armée se portât en trois colonnes de Mourmelon sur Verdun et attaquât résolûment l'armée d'observation que le roi avait formée, sous les ordres du prince de Saxe, de corps empruntés aux Ire et IIe armées et portée vers la Meuse en lui donnant le nom d'armée de la Meuse. Si l'opération pouvait réussir, ce n'était que par une grande vigueur d'exécution, puisqu'il s'agissait d'arriver à l'armée de la Meuse et de la mettre hors de combat avant qu'elle pût être secourue de Metz par le prince Frédéric-Charles ou de la vallée de la Marne par le prince royal. Pour obtenir ce résultat, il eût fallu avant tout la confiance du général français dans le plan formé ; or, ni l'empereur ni le maréchal ne semblaient compter sur le succès. A ce point de vue, la pensée de remplacer Mac Mahon par Palikao lui-même, pensée qui traversa, dit-on, l'esprit de quelques-uns des membres du conseil, pouvait se justifier ; un succès sur l'armée de la Meuse, appuyée à sa gauche et en arrière, n'eût pu sans doute être poussé bien loin ; mais il était important et pas absolument impossible.

Entre les deux tendances qui partageaient les chefs de l'armée et du gouvernement, les nouvelles de Metz exercèrent une influence décisive. Nous avons vu qu'à la date du 19 août, le maréchal Bazaine annonçait l'intention de se reposer quelques jours après la bataille de Saint-Privat, qu'il présentait comme indécise ou avantageuse pour ses armes, puis de se mettre en route par le nord-est (Montmédy). Laisserait-on l'armée de Metz quitter la place qui la protégeait et courir seule, entre des armées ennemies supérieures en forces, les hasards d'une longue marche tentée pour se réunir sous Paris à l'armée de Reims? Le maréchal Mac Mahon n'hésita plus à se jeter en avant, et le caractère des deux généraux en chef apparaît bien dans la conduite que tint chacun d'eux dans cette circonstance. L'un dévoue au secours de son collègue une armée peu solide qui courra tous les hasards pour remplir ses devoirs de solidarité militaire. L'autre renoncera froidement, malgré la vigueur supérieure de ses troupes, au dessein qu'il avait annoncé, sans prendre souci du danger où son abstention va jeter son collègue, sans croire peut-être à l'abnégation absolue de celui-ci et aux périls qu'il va braver.

C'était la Meuse que Bazaine devait rejoindre : ce fleuve barre l'espèce d'impasse au fond de laquelle il se trouvait et que forment au nord la frontière du Luxembourg, et, au sud, la route de Strasbourg à Paris, qu'occupait le prince royal. A partir de Montmédy, il suit la frontière et se dirige vers les places du Nord. Si les deux armées pouvaient, sans être défaites, se réunir à Montmédy, ces places leur assuraient des communications bien abritées avec Paris et, au besoin, une retraite sans périls trop grands.

Le 23 au matin, l'armée quitta Reims, tournant le dos à Paris et se dirigeant au nord-est; elle allait passer au nord de l'Argonne, tandis que le prince royal arrivait au sud de cette région

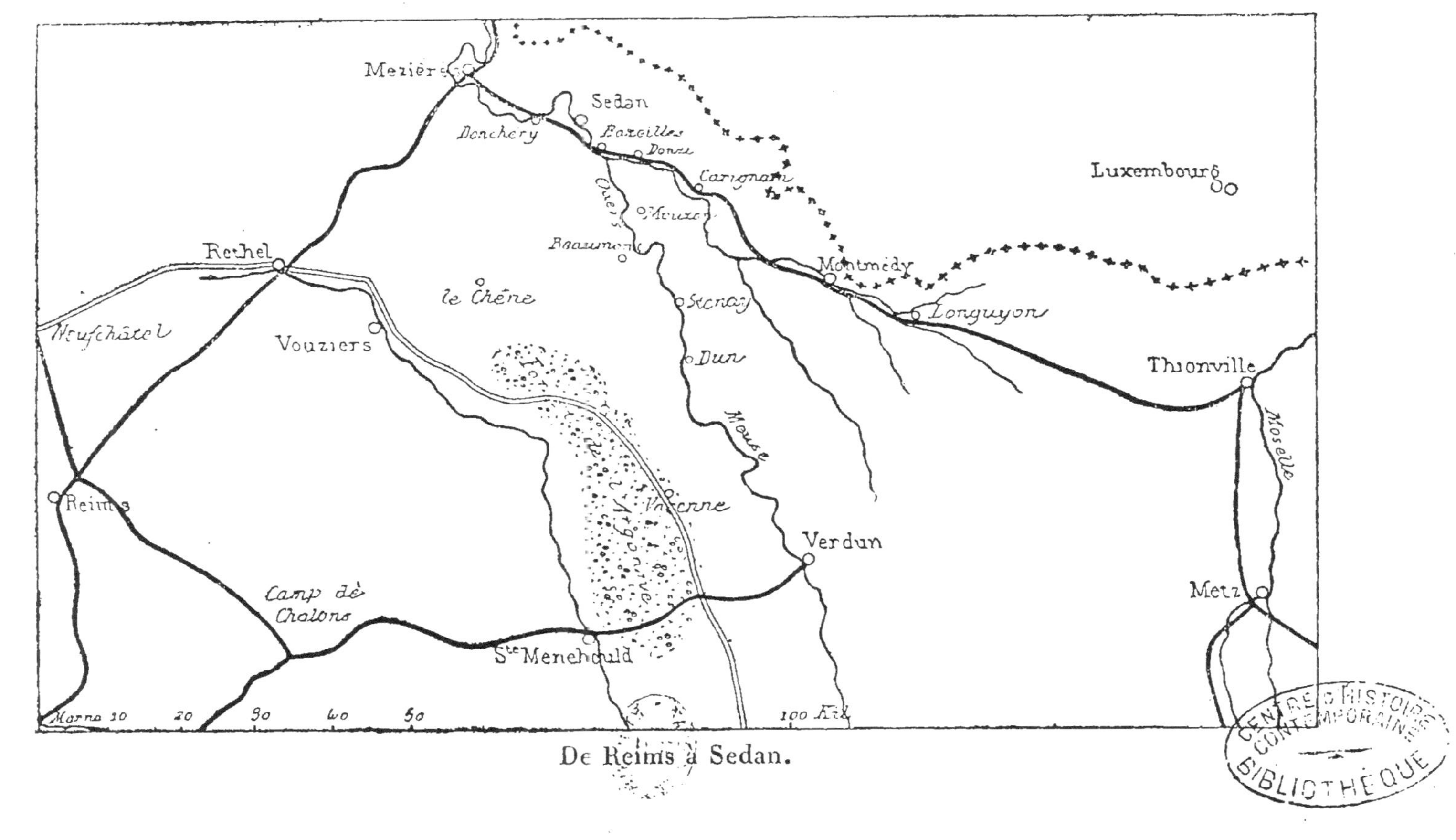

De Reims à Sedan.

boisée; elle pourrait ainsi se diriger entre Mézières et Montmédy, puis appuyer à droite pour secourir Bazaine contre les armées de siége et d'observation, ou à gauche pour se dérober à un ennemi trop supérieur.

Le roi, trompé par le mouvement opéré du camp sur Reims, ignora jusqu'au 25 la nouvelle évolution de l'armée française. A ce moment le prince royal suivait, avec l'armée de Wœrth, la vallée de la Marne, envoyant ses coureurs à sa gauche jusqu'à la Seine et croyant avoir à poursuivre jusqu'à Paris les troupes vaincues en Alsace. Il marchait d'ailleurs presque en bataille, sa cavalerie le précédant d'une journée, de façon à lui permettre au besoin la concentration de ses forces. Le reste de l'armée allemande, déjà reposée des grands efforts de Gravelotte et de Saint-Privat, accrue de renforts venus d'Allemagne, déjà consolidée dans ses positions autour de Metz, avait pu détacher, sous les ordres du prince de Saxe, les IVe et VIIe corps et la garde, qui formèrent avec le IIe bavarois, cédé par la IIIe armée, une nouvelle armée portée jusqu'à la Meuse et qui en prit le nom. Cette armée couvrait la droite du prince royal et le reliait à l'armée de siége. Elle pouvait aider ou le prince royal contre Mac Mahon ou le prince Frédéric-Charles contre Bazaine. Le roi marchait avec elle.

Quoi qu'il en soit, la IIIe armée allemande pouvait être quelque temps hors de cause, et si l'armée de Reims marchait plus vite ou aussi vite qu'elle, elle aurait le temps de frapper un grand coup sur les armées de Metz et de la Meuse, à peu près égales en nombre aux deux armées françaises réunies, avant que le prince royal eût le temps d'intervenir.

Marcher vite, plus vite que l'ennemi, c'était donc là le problème à résoudre, et ce problème ne se résout que par une organisation savante, une précision supérieure, le concours de toutes les intelligences et de toutes les volontés, la science parfaite et longtemps préparée de tous les rôles. — Les Allemands avaient appris à marcher vite; les Français ne savaient ni user de tous les moyens de transport, ni calculer les vitesses des diverses sortes de troupes, ni les approvisionner en marche.

Enfin et surtout la résolution n'était pas ferme et précise dans l'esprit de leurs chefs. « Kléber, disait le premier consul en 1800, fût venu en neuf jours du Caire à Alexandrie. Sous mon commandement, l'armée eût parcouru cette distance en sept jours. » Ainsi on eût marché plus vite avec Kléber qu'on ne le fit avec Menou, plus vite avec Bonaparte qu'avec Kléber.

Le 23 au matin, l'armée prit la direction de la Meuse par Rethel. Le 25, elle dépassait l'Argonne et s'élevait au nord, laissant à sa droite, au delà de l'Argonne, l'armée du prince royal, et essayant de tourner l'armée de la Meuse pour aborder la Meuse même au-dessous de Verdun; mais déjà le maréchal, n'ayant pas de nouvelles de Bazaine, hésite dans sa marche; on le comprend à la lenteur de ses mouvements, bien qu'il se soit éloigné du chemin de fer de Reims à Mézières pour se rapprocher de la route directe de Metz. Son armée souffre de privations, tandis qu'à moins de vingt kilomètres au nord d'elle le chemin de fer est chargé de provisions; en outre, de mauvaises combinaisons, des marches et contremarches fatiguent beaucoup les troupes, qui semblent souvent s'agiter sur place.

On assure que, le 28 août, au Chêne-Populeux, où la marche en avant fut contremandée pendant quelques heures, un télégramme du ministre Palikao *sommait* le maréchal de se porter au secours de Bazaine, non par des raisons militaires, mais « parce que la dynastie est perdue et nous avec elle si l'on ne donne pas cette satisfaction à l'opinion de Paris! » On renonça à la retraite déjà commencée; mais l'ennemi en avait connu le projet et dirigea ses opérations en conséquence.

A ce moment, il est certain que Bazaine n'a pas fait un mouvement dont on serait instruit au moins par la Belgique; il est certain aussi que la IIIe armée arrive, et touche déjà notre flanc droit. L'insistance du ministre devient presque désastreuse; il s'agit de jeter seule, au milieu de trois armées dont chacune lui est égale ou supérieure, l'armée mal cimentée de Châlons dans des conditions qui exigeraient les troupes les plus lestes et les plus aguerries!

L'obéissance du maréchal et de l'empereur ne se comprendrait pas s'il ne fallait pas faire la part à des illusions que dissipa seule la catastrophe finale. Le maréchal ne crut pas à l'arrivée du gros de l'armée du prince royal sur sa ligne de communication; il appréciait assurément trop bas la force des IIIe et IVe armées, qu'il évaluait, on ne sait sur quels documents, à 50,000 hommes chacune; il serait en sûreté, pensait-il, dès qu'il atteindrait les places des Ardennes,

Dès le 25, les IIIe et IVe armées allemandes

s'étaient repliées à droite; le prince royal passant des deux côtés de l'Argonne, arrivait sur les derrières et dans le flanc droit de Mac Mahon. La IVe armée, dont la fonction spéciale était de couvrir le siége de Metz, remontait au nord pour barrer la Meuse vers Dun et Stenay; elle était assez près de l'armée de Metz pour que celle-ci pût détacher à son aide des troupes qui comptaient sur l'inaction de Bazaine. Ainsi elle en reçut deux corps du 30 au 31 sans que Bazaine eût connaissance ou sût profiter de l'affaiblissement de ses adversaires.

Ces grands mouvements des armées sont si souvent semés d'incidents inattendus que plus d'une fois, dans cette marche de huit jours, l'armée française put, avantageusement pour elle, prendre l'offensive contre des corps ennemis mal soutenus, notamment contre les avant-gardes de la IIIe armée. Mais c'était se détourner de l'opération imposée, qu'on suivait avec la ponctualité d'une obéissance forcée. Le plan général était d'ailleurs de laisser hors de cause la IIIe armée, qu'on espérait distancer.

L'apparition sur la droite de ces avant-gardes, formées surtout de cavalerie, causa seulement jusqu'au 30 des alertes vaines, des fatigues de plus.

L'armée de la Meuse avait repassé cette rivière pour en garnir la rive droite et en interdire le passage. Les 28 et 29, elle se trouva donc à une certaine distance de l'armée française, et celle-ci eût pu encore en ce moment se jeter par un à-droite sur la tête de l'armée du prince royal. Ce fut une des rares occasions où fut possible une action que ne suivrait pas un inévitable désastre. Mac Mahon continua sa marche de façon à se remettre en contact avec l'armée de la Meuse : c'était aller au secours de Bazaine, qu'on supposait aux prises avec les armées que couvrait la IVe; mais c'était terriblement négliger les périls qu'on courait soi-même de la part de la IIIe, et qui allaient se manifester sans retard.

Le 30, la tête de l'armée atteignait Stenay, y trouvait gardé le passage de la Meuse et allait franchir ce fleuve un peu plus bas, à Mouzon ; elle était formée des 1er et 12e corps, qui passaient même la Chiers à Carignan. Mais les 7e et 5e corps étaient encore sur la rive gauche, gardant l'armée en arrière et à droite, et déjà atteints par le prince royal. Le 5e, évitant de se commettre avec la IIIe armée, avait reculé, pendant la nuit, de Nouart à Beaumont, remontant ainsi vers le nord ; mais, après avoir évité ainsi le choc du prince royal, il allait être atteint par le prince de Saxe, revenu sur la rive gauche. Désormais le roi et le prince se touchaient et combinaient leurs mouvements; ils crurent, à ce moment, les Français en retraite vers le nord. Pour les y poursuivre, les deux armées se portèrent ensemble en avant, le roi de l'est à l'ouest, le prince du sud au nord. Les deux corps détachés de l'armée de siége reçurent l'ordre de retourner devant Metz, où ils arrivèrent le lendemain.

X

BATAILLE DE BEAUMONT.

Cependant les soldats du 5ᵉ corps, fatigués des privations et des marches des jours précédents, épuisés par la marche de nuit qu'ils venaient d'achever de Nouart à Beaumont, avaient prolongé la halte de la nuit. Vers onze heures, deux divisions, de Lespart et d'Aydren (diminuée de la brigade Lapasset), se mettaient en marche vers Mouzon. La troisième, Goze, en attendant que la route fût dégagée, occupait le camp en avant de Beaumont. — Les soldats se reposaient, préparant le repas, nettoyant les armes, ne s'attendant nullement à une attaque.

En effet, la IIIᵉ armée ne les menaçait plus immédiatement : les deux armées allemandes, ramenées à la fois vers la gauche, allaient laisser la rive droite presque dégarnie et portaient toutes leurs forces sur la ligne de Tourteron à Mouzon. Leurs coups portèrent, à gauche, dans le vide, à droite, sur l'arrière-garde française.

Ce furent les IVe et XIIe corps, de la IVe armée, soutenus par la garde, qui durent attaquer le long de la rive gauche de la Meuse. Fatigués des marches précédentes, ils partirent assez tard, le matin du 30 août, et combinant bien leurs mouvements d'ailleurs, arrivèrent, à une heure environ, en vue de Beaumont et du 5e corps, le XIIe, à droite, par la ferme de Bellecour; le IVe, à gauche, par les chemins de la forêt; ce dernier corps n'est qu'à deux mille cinq cents mètres du camp français, au moment où il apparaît à celui-ci, qui, rassuré du côté de l'ouest, ne s'éclairait même pas du côté du sud.

Ce fut une surprise complète et désastreuse. Les obus prussiens et saxons signalèrent tout d'abord la présence de l'ennemi : avant qu'on eût pu prendre des dispositions pour le repousser, le campement se trouva envahi, et les restes de la division s'enfuirent en abandonnant l'artillerie et les bagages et se rallièrent en arrière sur les deux autres divisions.

Celles-ci s'arrêtent et prennent position sur les hauteurs de la Sartelle, la gauche appuyée à un repli de la Meuse, la droite vers Yoncq, et occupent fortement le bois Givodeau. Mais les IVe et XIIe corps l'attaquent de front, tandis que le 1er bavarois menace de tourner le corps français par sa droite. Un feu écrasant d'artillerie réduit au silence les canons français : il faut céder. Le général de Failly laisse une arrière-garde dans le Givodeau, et recule, poursuivi par l'artillerie ennemie. L'arrière-garde laissée dans le bois résiste héroïquement jusqu'au soir, appuyée par l'artillerie de la division de cavalerie Margueritte, accourue sur la rive droite de la Meuse, et sauve, ce jour-là, le reste du corps. L'armée allemande semblait avoir surtout pour but de tourner le corps français et de le couper de Mouzon : entre le bois de Givodeau et Mouzon, le général de Failly fut secouru par une brigade d'infanterie du 12e corps et la brigade de cavalerie de Béville. Le 5e cuirassiers (colonel de Contenson) couvrit bravement le passage, sur Mouzon, du 5e corps en retraite. Il subit des pertes énormes et dut franchir la Meuse à la nage. — Le 12e corps avait surtout agi par son artillerie, à droite, pour contrebattre la nombreuse artillerie allemande, qui tirait sur les ponts ; et à gauche, pour arrêter la cavalerie saxonne qui franchissait de nouveau la Meuse en amont.

Tandis que le général de Failly supportait

ainsi le poids de la IVe armée prussienne, le 7e corps s'était trouvé, de son côté, en présence de la IIIe armée formant la gauche de l'armée allemande. Heureusement, celle-ci était un peu plus éloignée et, d'ailleurs, sa présence était connue depuis la veille. Le général Douay n'essaya pas d'une lutte inégale, et recula vers le nord, atteint seulement par la cavalerie allemande qui lui enleva ses bagages et mit en déroute l'escorte qui les protégeait ; celle-ci se réfugia en partie à Sedan ; quelques-uns même à Mézieres, où ils firent connaître l'échauffourée à laquelle ils échappaient. Le général Douay gagna Remilly, au nord, avec ses 2e et 3e divisions et y passa la Meuse, se retrouvant ainsi dans sa position d'arrière-garde, l'armée faisant face vers la haute Meuse. Quant à sa 1re division (Conseil-Duménil), elle descendait l'Yoncq vers Mouzon, quand, au bruit du canon de Beaumont, sa 2e brigade (commandant Maire) se jeta bravement sur les Bavarois du corps de Tann, qui se formaient pour prendre en flanc le 5e corps, les arrêta, préserva ainsi le 5e corps, et fit respecter sa retraite. Cette opportune dérogation à l'ordre de marche fut trop rare dans cette guerre et mérite d'être remarquée.

Qu'allait faire l'armée française? Elle était sur la rive droite de la Meuse, et la dernière manœuvre de l'armée allemande l'y laissait sans adversaires. Le soir du 30, le maréchal, entouré du 1er corps peu fatigué par une courte marche qui l'avait amené à Carignan; du 12e, qui n'avait agi, ce jour-là, que par son artillerie; du 5e, qui s'était réfugié, tout haletant, entre les deux autres, se trouva pour quelques heures libre de ses mouvements. L'armée allemande était tout entière en marche du sud au nord, croyant prendre en flanc l'armée française. Irait-on au nord, protégé par la Meuse, mais côtoyé par un ennemi supérieur, et risquant d'être coupé et forcé à une bataille, dont la perte jetterait l'armée vaincue en Belgique? Poursuivrait-on l'exécution du projet conçu au départ de Châlons, d'essayer d'atteindre l'armée de siége de Metz, au risque d'être pris entre elle et les deux autres armées allemandes? — C'était là la suite naturelle de la campagne; et quoique les dangers qu'on avait ainsi cherchés apparussent, à ce moment, imminents et redoutables, quoique la coopération de Bazaine, qu'on avait pour but essentiel de rechercher, fît absolument défaut, cependant toutes les chances n'étaient pas contraires. On était sur le chemin de fer du Nord à Metz par Thionville, qui pouvait aider et hâter les mouvements de l'armée : on pouvait atteindre Montmédy le 31 (on en était aussi près que de Sedan), et il y avait quelque chance de gagner une marche sur l'ennemi, engagé dans une fausse manœuvre et probablement disposé à poursuivre le 7e corps et à persister quelque temps dans la pensée que toute l'armée s'enfuyait au nord. Si l'on pouvait ainsi gagner une marche ou deux et arriver sous Metz, on faisait courir un risque sérieux à l'armée du prince Frédéric-Charles, et l'on débloquait très-probablement l'armée de Bazaine. On aurait eu ensuite à combattre les trois armées allemandes, ou à se retirer par les Vosges devant elles. Pendant ce temps, le général Douay eût couru à Mézières, y eût trouvé l'avant-garde du général Vinoy et se fût réfugié, avec lui, soit vers les places du Nord, soit vers Paris ou Verdun, si l'ennemi cessait de le poursuivre. — Les chances de ce plan étaient redoutables, je le répète, elles n'étaient pas toutes contraires.

Mais on savait qu'il ne fallait plus attendre la coopération de Bazaine, sur la marche duquel on avait compté en quittant Reims. L'armée, déjà fatiguée de ses marches et de ses privations, ne semblait pas capable de la marche forcée qu'il fallait lui imposer pour arriver à Metz avant l'ennemi. Elle ne comptait plus que trois corps, dont un venait de subir une perte de 1,800 tués ou blessés et 3,000 prisonniers. Depuis trois jours, on songeait à une retraite vers le nord comme à la seule détermination raisonnable, en présence de l'inaction de Bazaine. La retraite était résolûment recommandée par le chef du 1er corps, le général Ducrot. Enfin elle réunissait le 7e corps à l'armée. — Le maréchal s'y détermina et télégraphia au ministre qu'il renonçait à l'opération projetée et se décidait à descendre la Meuse.

A agir ainsi, il eût été sage de précipiter sa marche et de ne pas perdre un instant; on avait perdu deux jours depuis le moment où l'on aurait pu se retirer par la rive gauche et, dès lors, l'ennemi se croyait en mesure d'atteindre l'armée française et de la mettre en déroute. Les chances d'échapper étaient donc bien réduites. Maintenant que nous savons exactement la position et la direction des armées allemandes, nous ne pouvons qu'approuver le général Ducrot,

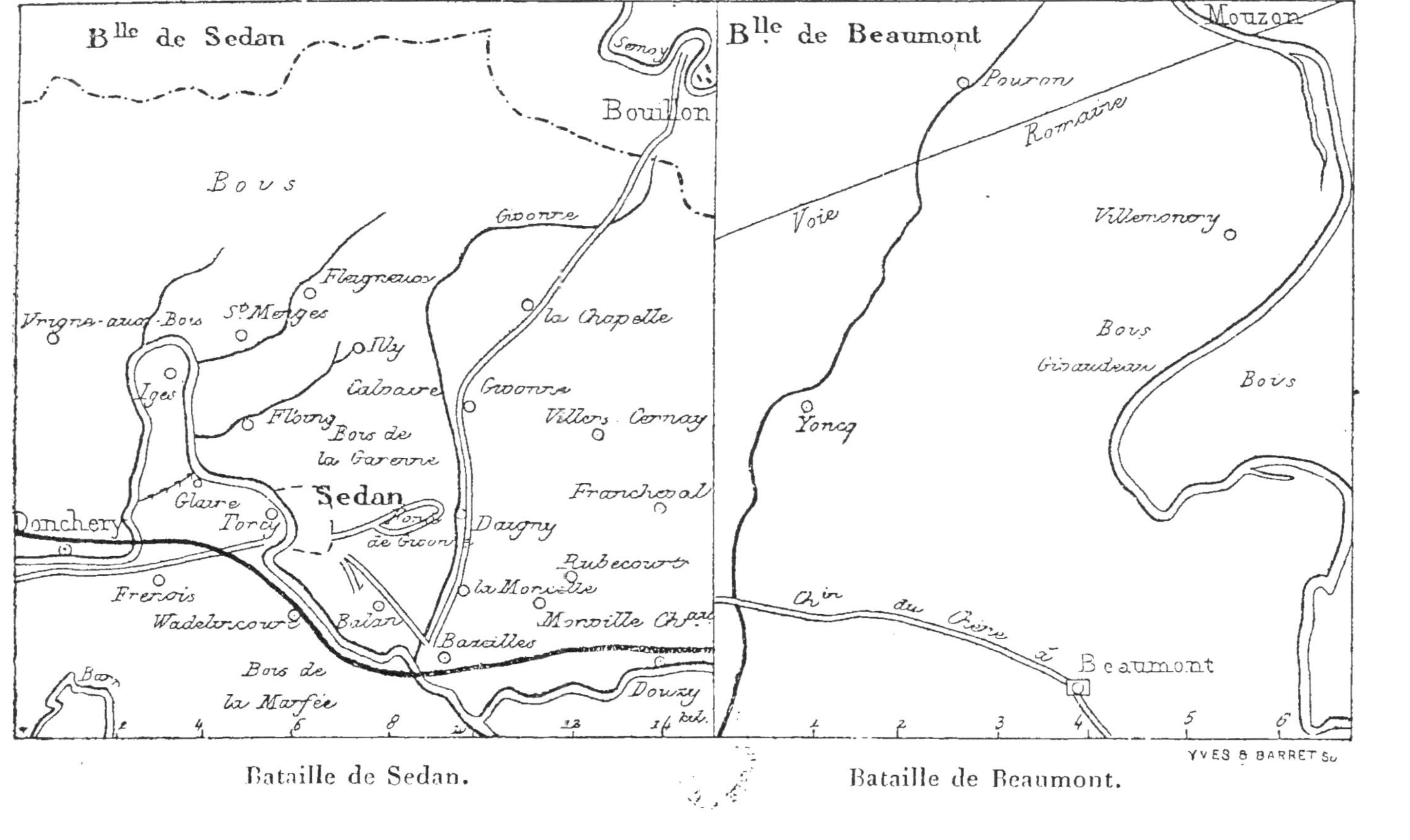

Bataille de Sedan.

Bataille de Beaumont.

donnant ses ordres pour dépasser Sedan dans l'étape du 31.

Le maréchal n'en jugea pas ainsi. Il crut avoir assez pourvu à la sûreté de l'armée en se reportant au nord et n'attacha pas une suffisante importance à la marche des troupes qui avaient agi contre le général Douay. La IVe armée, bien renseignée maintenant sur la position de l'armée française, repassait la Meuse à la hâte : le maréchal crut qu'elle était suivie de toutes les forces allemandes, et se prépara à lui barrer le passage devant Sedan. Le 31, l'armée française reprit la direction du nord dont elle s'était, à la surprise de l'ennemi, détournée depuis le 28. Elle la reprenait après un échec, tandis qu'il eût été possible de se jeter sur l'extrême droite de l'ennemi à Beaumont, et de se dérober ensuite au nord ou au sud, sur la rive droite de la Meuse.

Dès le 30 au soir, le chemin de fer ramena l'empereur de Carignan à Sedan. Le 31, l'armée se trouva réunie sous les murs de cette ville ; le 12e couvrant la marche du côté de la Meuse ; le 1er, puis le 5e, descendant la Chiers par Carignan. Le 7e les avait devancés, et s'était rangé en aval de la place sur les hauteurs de Floing.

— L'opinion publique avait imposé le changement du général de Failly qu'elle accusait des malheurs de Reichshoffen et qui venait encore d'être malheureux à Beaumont. — Elle est toujours trop disposée ainsi à charger un seul homme des fautes de tous. Le général de Wimpffen, chargé de prendre le commandement du 5e corps, arriva le 30 à Sedan, l'esprit plein des idées qui prévalaient à Paris, et des plans du général Palikao ; il rejoignit l'armée le 31. — Il trouvait son corps réduit à deux divisions et demie d'infanterie, sans cavalerie, le général Brahaut s'étant égaré dans la retraite. Les ordres du maréchal le placèrent en réserve au nord-est de Sedan, appuyant la droite du général Douay, et la gauche de Ducrot.

Il n'y avait plus alors à espérer de compenser par des manœuvres la supériorité de l'ennemi.

Il fallait combattre de pied ferme, avec certitude d'un désastre si l'on était refoulé.

XI

BATAILLE DE SEDAN.

Le roi avait compris que la route sur Montmédy devait être fermée de nouveau à l'armée française et, dès le 30 au soir, il avait reporté sur la rive droite, à la suite de la cavalerie saxonne, toute l'armée de la Meuse : la garde, prenant la droite, s'était portée jusqu'à Carignan. Puis venait le XIIe corps (Saxons) et le IVe. La IIIe armée, XIe, Ve corps (Wurtembergeois), marchait sur la basse Meuse pour fermer l'issue sur Mézières : elle franchit, le 31 et le 1er septembre au matin, le pont de Donchery, doublé d'un pont de bateaux et gagna la route départementale de la rive droite. La route impériale de la rive gauche était occupée par les Ier et IIe bavarois chargés de fermer le débouché de Torcy, faubourg de Sedan, placé sur la rive gauche, dans un repli de la Meuse, et distant de la gare du chemin de fer d'un kilomètre environ. Les Bavarois occupèrent le 31 Wadelincourt et Frénois et les hauteurs en arrière, et le pont du chemin de fer à Bazeilles, en amont de la place, qu'ils disputèrent à la brigade d'infanterie de marine de Martin des Pallières.

Celle-ci resta maîtresse de Bazeilles et s'y fortifia, mais on put voir les crêtes de Wadelincourt se découper en embrasures ; les canons y dominaient Sedan et surtout Torcy, à dix-huit cents mètres à peine.

L'armée était lasse : des milliers d'hommes débandés erraient dans Sedan, d'autres avaient gagné Mézières. L'effectif combattant était donc très-notablement réduit. Mais, surtout, une offensive rapide et vigoureuse, pendant la nuit, sur quelqu'un des points de la circonférence menaçante qui se resserrait autour de l'armée, devenait impossible par suite de l'état de fatigue des soldats. Il fallait attendre, attendre ! en laissant l'ennemi choisir ses positions, amener toutes ses forces, fermer toutes les issues !

Les corps français se rangèrent dos à dos, formant un angle aigu appuyé à la Meuse et dont le sommet fut au bois de la Garenne, vers le calvaire d'Illy. Leur position était couverte, au sud, par la Givonne, le long de laquelle on trouve successivement Bazeilles, la Moncelle, le

Fond de Givonne, Givonne et enfin le bois de la Garenne : au nord, par l'Illy qui passe à Floing. Elle avait pour réduit Sedan même entre ces deux lignes.

Autrefois, quand la bonne portée de l'artillerie de campagne ne dépassait pas douze cents mètres, cette position eût été très-forte, en supposant Sedan en état de défense. Les Allemands eussent pu envelopper l'armée française, mais il leur eût fallu l'assiéger, comme ils assiégeaient en ce moment l'armée de Bazaine. Avec la portée actuelle des pièces, les obus de Wadelincourt dépassaient de beaucoup la ville, prenaient à revers le 5e et le 7e corps, et cette batterie croiserait bientôt ses feux avec celles que l'assaillant établirait sur la rive gauche de la Givonne et la rive droite de l'Illy.

Et maintenant, c'est l'agonie de l'armée qu'il nous faut raconter ! ! !

Ce n'était plus qu'une question d'heures. L'armée française renonçant à l'offensive, il était certain que l'ennemi garnirait, vers midi, toutes les hauteurs opposées à celles qu'il occupait. Dès lors, son énorme supériorité en artillerie défierait toute résistance. Un essai d'offensive sur un point quelconque deviendrait à chaque instant plus difficile. — On avait pu le 30 manœuvrer et combattre. On avait pu fuir dans la nuit du 31 au 1er septembre; tout devenait bientôt impossible, et la destinée s'accomplissait!

La IIIe armée, ayant à sa droite le IIe corps bavarois, à sa gauche les Wurtembergeois, s'étendait sur la rive gauche, de Bazeilles au-dessous de Donchery. Elle tenait, aux deux extrémités, le passage de la Meuse. Le Ier bavarois, à Bazeilles, la reliait à l'armée de la Meuse, portée savoir : le IVe corps à Mouzon, sur la Meuse (rive gauche); le XIIe corps, entre la Meuse et la Chiers, tenant le pont de Douzy sur cette dernière rivière; la garde en avant de Carignan, au delà de la Chiers, et ayant forcé sa marche pour fermer et couvrir la route de Montmédy.

L'armée de la Meuse était destinée à attaquer par la Givonne et, par conséquent, à rencontrer les 12e et 1er corps. Le gros ne pouvait arriver à l'aide des Bavarois, formant l'aile gauche, que successivement. La garde avait dix à douze kilomètres à parcourir. — En aval, les Wurtembergeois gardaient la gauche contre Mézières et formaient réserve pour les XIe et Ve corps de l'armée du prince royal, chargés de franchir la Meuse à Donchery, au delà du repli de dix kilomètres de tour, cinq de profondeur, qui forme la presqu'île d'Iges, et de couper la route de Sedan à Mézières par la rive droite. La grande route entre ces deux places, plus courte et plus large, est sur la rive gauche ainsi que le chemin de fer. Ces deux voies étaient entre les mains des Prussiens. Le IIe bavarois gardait les débouchés du faubourg de Torcy et la grande batterie de Wadelincourt, que les Français, d'ailleurs, n'auraient pu aborder que par l'étroit défilé de la porte de France.

Avant le jour, le Ier bavarois, seul en contact avec l'armée française, se portait en avant pour arrêter au besoin, comme à Borny, la retraite de l'adversaire; une partie renouvelant l'attaque de la veille par le pont du chemin de fer ; la plus grande partie du corps, soutenue par le IVe corps, passant la Meuse à Remilly et se portant par la droite sur Bazeilles. Le brouillard cacha ce mouvement, et les Bavarois étaient très-près de Bazeilles quand les deux armées se découvrirent. Le général Lebrun, en prenant ses dispositions pour repousser les Bavarois, prévint le maréchal, que d'autres masses marchaient sur la haute Givonne, à sa gauche. C'étaient les Saxons et la garde.

Le maréchal sortit de la place et se porta vers la Givonne. La canonnade était déjà dans toute son intensité. Les cent huit pièces de la rive gauche battaient la ville et Bazeilles ; soixante autres pièces marchaient avec le 1er bavarois ; quatre-vingt-seize avec les Saxons. Le maréchal fut atteint, vers sept heures du matin, d'un éclat d'obus à la cuisse, et mis hors de combat. C'était une fatalité de plus qui ajoutait aux chances contraires de son armée. Il remit le commandement au général Ducrot, qui, reprenant immédiatement son projet de retraite, ordonna le départ pour Mézières des parcs et la mise en route des corps. Lartigue (4e division) couvrit la retraite à Daigny (rive gauche de la Givonne), tandis que Pellé et Lhérillier remontaient au bois de la Garenne. Il était bien tard : à neuf heures la division wurtembergeoise, bientôt soutenue par la 1re de cavalerie, coupait à Viviers la route départementale de Mézières par la rive droite, et la IIIe armée y accourait. Mais les dangers de ce mouvement frappaient particulièrement le général de Wimpffen, à qui sa position permettait de mesurer les forces qui menaçaient cette retraite à l'ouest de la place. Il réclama le commandement, en raison tant de son ancienneté, que de sa lettre de service, par laquelle le ministre le lui attribuait au défaut du maréchal. La pensée du général de Wimpffen était de s'ouvrir un passage vers le sud, en passant sur le corps des Bavarois et des Saxons ; c'était ne pas compter avec le mouvement opéré de gauche à droite par l'armée de la Meuse, depuis la rencontre de Beaumont. Le commencement d'exécution des projets du général Ducrot avait encore ôté beaucoup de chances à ce projet devenu si hasardeux. Le général Lebrun, renonçant à regret à des progrès qui inquiétaient les Allemands et hâtaient la marche de leurs renforts, avait abandonné, avec le 12e corps, le village de Bazeilles, héroïquement défendu depuis la veille et que les Bavarois furieux incendièrent après avoir fait périr, d'une manière atroce, les habitants qui avaient pris les armes pour défendre leurs foyers.

Il était plus de neuf heures quand le général de Wimpffen donna l'ordre aux généraux Lebrun et Ducrot de reprendre leurs positions de la Givonne. Lebrun se trouvait en face du Ier bavarois, soutenus par le IIe bavarois et le IVe prussien, d'une part, et, de l'autre, du XIIe corps

(Saxons). Celui-ci canonnait à la fois la gauche du 12e et la droite du 1er. Il avait amené soixante-dix-huit pièces à la Moncelle. Deux batteries bavaroises s'y portent encore; enfin, au moment même où le mouvement de retraite s'était prononcé sur l'ordre du général Ducrot, la garde prussienne, partie le matin du camp qu'elle avait occupé la veille, à Carignan et hâtant sa marche au bruit redoublé de la canonnade qui retentissait dans la vallée, arrivait vers le fond de Givonne, enlevait ce centre de la vallée aux arrière-gardes du 1er corps, et couvrait des feux de son artillerie les bagages et la cavalerie déjà en marche vers Mézières; le désordre se mit dans cette colonne : une grande partie gagna la Belgique et put, du reste, rentrer en France avant que la Belgique eût pourvu à la garde de sa frontière.

Ainsi, au moment où le 12e et le 1er corps reprenaient leurs positions à l'ordre du général de Wimpffen, ils les trouvaient affaiblies et découvertes, menacées par une force double, battues par plus de deux cents pièces d'artillerie. Ils s'arrêtèrent sur les crêtes de la rive droite, diminués par la fatigue, l'incertitude des mouvements, le sentiment de leur impuissance contre le feu terrible qu'ils subissaient. — L'empereur rentra à Sedan après être resté deux heures sous les obus.

Ainsi, non-seulement la route vers la haute Meuse est gardée par une force supérieure, mais, de ce côté, l'ennemi se porte en avant, en prononçant d'heure en heure une offensive plus menaçante, battant déjà la route de Bouillon et rendant difficile la fuite en Belgique. La route vers la France et le sud-est par la rive gauche de la Meuse est fortement gardée et, d'ailleurs, à peu près inabordable par l'étroit passage qui s'ouvre entre Fresnois et Wadelincourt.

Que se passait-il sur la basse Meuse? Dès le 31 au soir, une brigade d'infanterie, une division de cavalerie allemandes avaient été jetées sur la droite, à Donchery, dont le pont subsistait; deux autres ponts y furent jetés la nuit et, à minuit, la IIIe armée avait reçu l'ordre d'aller fermer la trouée entre la Meuse et la frontière; la retraite eût donc été bien hasardeuse pour le 1er corps, s'il eût obéi, en arrivant de Carignan, à la pensée de son général. Mais quand le général Ducrot reprenait, après la blessure du maréchal, le projet de reculer sur Mézières, il était déjà certain qu'il serait attaqué en flanc pendant la route, qu'il la trouverait barrée, d'ailleurs, à Viviers par les Wurtembergeois, appuyés par la IIe de cavalerie, et n'arriverait probablement qu'en débris. Plût à Dieu, cependant, qu'on eût couru cette redoutable fortune !

A six heures du matin, le XIe corps était tout entier sur la rive droite, marchant vers le nord ; la droite à la presqu'île d'Iges, qui la séparait de l'armée française, et se dirigeant vers Vrigne-aux-Bois, où il devancerait l'armée française, supposée en retraite par le chemin départemental. Mais, bientôt, on sait que l'armée française est en position devant Sedan et, à sept heures, le XIe converse à droite vers Saint-Menges, au sommet de la presqu'île. Le Ve corps le suit.

A huit heures un quart, les deux armées se heurtent entre Saint-Menges, Floing et Feigneux. Le 7e corps (Douay), qui entend derrière lui, à six mille mètres de distance, le canon de Bazeilles, tandis que l'artillerie du 5e corps combat, par-dessus la place, la grande batterie de Wadelincourt, se voit en face d'une autre armée ennemie. L'étroit défilé de Saint-Albert, entre la Meuse et les collines boisées qui dominent sa rive droite, est aux mains de l'adversaire. Il faudrait pouvoir y écraser celui-ci et, pour cela, disposer, sur ce point, de toute l'armée française. Or Douay est seul, contenu par les feux de 180 pièces rangées sur la rive droite du ruisseau de Floing, puis attaqué par les ve et xie corps. Le 5e corps s'est partagé à la hâte, entre la droite et la gauche de Douay et la gauche de Ducrot. Nous n'avons plus de réserve et nous ne sommes pas parvenus à prendre la supériorité sur un seul point.

« Ils sont trop ! » et surtout ils ont une artillerie trop supérieure en nombre, en portée, en justesse, en position ! Ce qui caractérise cette bataille, en effet, c'est le rôle prépondérant qu'y joua l'artillerie. Les Allemands avaient six cents quatre-vingt-dix pièces. Trois batteries principales établies à Wadelincourt, au fond de Givonne, sur la rive droite de l'Illy, couvraient de feux le triangle de six mille mètres de côté environ qu'occupait l'armée française. Chacun de nos corps était contre-battu en face, et puis, en outre, en flanc et en arrière.

Le 1er et, surtout, le 12e corps malgré leur vaillance, étaient moins en mesure que le matin de prendre l'offensive et de franchir le ravin de la Givonne. Le 7e, inférieur des deux tiers aux forces qu'il avait devant lui, pouvait à peine résister depuis l'arrivée du gros de la IIIe armée. Il avait, aux premières attaques, opposé une héroïque énergie. A une heure et demie les Prussiens, dont les cadavres couvraient les pentes de Floing et qui avaient perdu le lieutenant général de Gersdorf, réunissaient tous leurs renforts pour un dernier assaut. A ce moment, le général Ducrot, accouru avec deux de ses divisions, Pellé et Lhérillier, à l'appui du 7e, avait reçu du général de Wimpfen le commandement de toute cette partie de la bataille. Il lança contre l'ennemi les deux divisions de cavalerie, Margueritte et Bonnemains, en même temps que le général Forgeot réunissait tous ses canons entre Floing et Feigneux. — Trois fois la cavalerie chargea vaillamment, malgré la perte du brave général Margueritte atteint des premiers ; trois fois elle fut ramenée. L'artillerie battue de face et en flanc succombait dans ce combat inégal, en perdant le général Liédot. La cavalerie revint, décimée [1].

Au même moment, les corps s'effondrant sous

[1] Les bataillons allemands l'avaient accueillie, chacun ayant au centre deux compagnies en bataille, les deux autres compagnies en carrés sur les ailes.

la pluie des projectiles, se brisaient et reculaient vers Sedan. De ce côté, tout était épuisé! tout était fini!

L'agonie de cette brave armée se prolongeait encore sur la Givonne. Mais vainement les Français s'élancent à plusieurs reprises des positions extrêmes du bois de la Garenne : chaque fois leurs colonnes sont écrasées par les feux de l'artillerie. Une nouvelle tentative rencontre, en outre, des feux meurtriers d'infanterie. Les chasseurs de la garde prussienne ont franchi la Givonne, tandis que la cavalerie s'élève au nord pour clore le cercle de feux qui enveloppe l'armée française. La division de Pappe, de la garde, aborde le bois de la Garenne, fouillé de toutes parts par les obus. Repoussée, elle appuie à droite, et vient toucher le XIe corps. Il est trois heures; le cercle est fermé!

Le 12e corps, appuyé par la brigade Carteret du 1er, avait recommencé, pour la défense du faubourg de Balan, les héroïques efforts faits le matin et la veille à Bazeilles. Les Bavarois, victorieusement repoussés, avaient été soutenus par les Saxons du XIIe, et les Prussiens du IVe corps : le général de Wimpfen, essayant en ce moment de s'ouvrir un passage vers le fond de

Givonne, ramena à lui les braves qui tenaient encore. Balan ainsi abandonné de ses défenseurs, est enfin occupé par l'ennemi, tandis que la colonne Wimpfen, écrasée par le feu d'une artillerie et d'une infanterie très-supérieures, est rejetée vers Sedan. A quatre heures le champ de bataille est abandonné. L'armée allemande entoure Sedan et l'enveloppe de ses pièces à longue portée qui battent tout l'espace intérieur, tandis que les obus français, avec leurs fusées éclatant avant deux mille cinq cents mètres, peuvent à peine atteindre les avant-postes ennemis. Il fallait dès lors parcourir plusieurs kilomètres sous le feu, avant même de pouvoir combattre ; et le jour devait encore durer trois heures !

L'Empereur, sorti de Sedan vers sept heures du matin, avait rencontré le maréchal blessé, n'était pas intervenu dans le débat pour le commandement entre Ducrot et de Wimpfen, et était rentré en ville vers midi, après être resté passivement sous le feu qui tua ou blessa plusieurs de ses officiers [1]. Il avait désespéré de la fortune depuis les premiers jours de la campagne, et sentait, plus vivement que personne dans l'armée, l'impossibilité

[1] Il était très-souffrant du mal qui l'emporta en 1872.

de prolonger la lutte. Il prescrivit d'arborer le drapeau blanc sur un point élevé du rempart de la citadelle. Pendant deux heures, tantôt maintenu, tantôt retiré, ce malheureux signal n'arrêta même pas les hostilités, qui cessèrent plutôt par la retraite des Français et les dispositions prises par l'ennemi sur toutes les hauteurs dominantes.

On finit par s'entendre pourtant, et après des échanges de parlementaires, des angoisses, des illusions, qu'il est inutile de rappeler ici, l'Empereur se rendit de sa personne au roi de Prusse, et sur son ordre, le général de Wimpfen traita de la reddition de l'armée. M. de Moltke, représentant le roi de Prusse, était à la fois un ennemi plein de haine et un chef très-clairvoyant, très-sûr de son triomphe, et absolument disposé à en tirer tout le profit possible. Il offrait aux généraux français de constater que le désespoir même ne leur offrait plus aucune chance; que, partout sur ce champ de bataille, battu par six cent quatre-vingt-dix pièces de canons et cent quatre-vingt mille fusils, il serait impossible d'atteindre les lignes allemandes sans succomber avant d'arriver. La place, d'ailleurs, vue de toutes parts et dominée à bonne portée, n'offrait aucun refuge. Déjà elle brûlait sur plusieurs points, et l'armée française, serrée dans son étroite enceinte, y serait tuée en détail si le feu reprenait. Il aurait fallu des jours pour se remettre ensemble, prendre une résolution exécutable qui n'apparaît pas même après coup. A peine le manque de vivres, réel pourtant, a-t-il quelque importance. A ce moment terrible, tout était fini. Rien n'était plus possible!

A titre d'atténuation, et en raison du courage montré par l'armée — elle s'était héroïquement battue, en effet, à Bazeilles et à Floing — on obtint les conditions accordées par Murat au prince de Hohenlohe, à Prentzlow, en octobre 1806. Les officiers gardaient leurs armes et pouvaient rentrer en France en donnant leur parole de ne plus servir pendant la durée de la guerre. Cinq cents environ acceptèrent cette condition.

Le 3 septembre, l'armée laissant ses armes dans Sedan, sortit par le faubourg de Torcy, descendit la Meuse jusqu'au pont de Glaires, sur le canal qui ferme l'ouverture de la presqu'île d'Iges, et se trouva tout entière emprisonnée par la ligne d'eau continue que forment ce canal et le repli de la Meuse. Quoique la capitulation enlevât expressément toute autorité aux officiers, la discipline n'eut pas à souffrir des quelques jours d'extrême misère pendant lesquels s'organisa et s'effectua le départ. Les officiers s'efforçaient de diminuer les souffrances de tous : les bons sentiments de déférence et d'affection se retrouvaient au cœur des soldats, en dépit des semences de révolte et de désobéissance qu'avaient multipliées, dans les derniers temps, les passions politiques et les théories socialistes. L'armée fut gardée par le Ier bavarois et le XIe prussien, tandis que les IIIe et IVe armées allemandes prenaient le chemin de Paris. Après quelques jours de cruelles souffrances, aggravées par la faim et le mauvais temps, cette armée fut internée dans les places de l'Allemagne et y resta jusqu'à la fin de la guerre.

XII

APRÈS SEDAN.

Le contre-coup de la bataille de Sedan fit tomber l'Empire. Outre les fautes que nous avons fait ressortir, il portait la peine d'une infériorité d'organisation datant de loin et que n'avait corrigée que très-imparfaitement la loi édictée par le maréchal Niel. Le pays lui retira sa confiance dans le moment où il eût été désirable que cette confiance pût être donnée absolument et universellement. Avec la régence disparurent quelques-uns des moyens de résistance qui restaient à la France. La nation ne désespéra pas, cependant, et jugea, en tous cas, que son honneur ne lui permettait pas de subir sa défaite et la mutilation dont la menaçait l'ennemi, sans avoir fait les derniers efforts pour sauver l'Alsace et la Lorraine, pour sauver aussi sa renommée de courage et de patriotisme !

Il ne fallait pas moins que ce sentiment de noble orgueil pour décider la continuation de la lutte. La France n'avait plus d'armée. Au moment où celle de Reims succombait tout entière, en rendant aux IIIe et IVe armées allemandes toute leur liberté d'action, celle de Metz, nous l'avons vu, renonçait à la lutte. Nous avons fait, hélas! ce triste récit de l'agonie d'une armée qui, retirée sous ses remparts, en venait peu à peu, jour à jour, à cette impossibilité de lutter qui avait, en quelques heures, saisi et brisé l'armée de Sedan.

Ainsi, l'armée allemande n'avait plus à se préoccuper de combattre des troupes capables de tenir la campagne. Elle allait se diriger sur Paris, certaine d'y arriver sans avoir à vaincre de résistance sérieuse. Elle avait pour but, à ce moment, 1° de s'établir solidement dans l'Alsace et là Lorraine, qu'elle entendait garder; 2° de conquérir, dans Paris, une paix qui lui assurât ces conquêtes, outre toutes les satisfactions d'orgueil et d'argent que n'avaient pas assouvies les invasions de 1814 et 1815.

Cette armée était assez nombreuse pour poursuivre sa marche en masquant les places qu'elle laissait derrière elle. Cela suffisait pour Bitche et Phalsbourg, par exemple. Marsal, à la source de la Seille, dont l'inondation couvre Metz, était tombée, faute de défenseurs, dans les mains des troupes qui se rendaient de Sarreguemines à

Nancy, et ses canons devaient servir, plus tard, à assiéger d'autres places. Mais, parmi ces places, quelques-unes, comme Toul, Vitry-le-François, sur la route de Saverne à Paris, gênaient singulièrement les communications de l'armée allemande. D'autres, comme Longwy, Thionville, Montmédy, Mézières, Laon, barraient une autre route commode à ses convois et menaçaient sa ligne d'opérations principale. Enfin, Metz, Strasbourg avaient, par elles-mêmes, une valeur de premier ordre, et leur prise devait rendre à peu près définitive la conquête de la Lorraine et de l'Alsace. Nous avons vu que Metz était bloquée par l'armée du prince Frédéric-Charles. Les Allemands comptaient faire tomber Metz et annuler l'armée de Bazaine en consacrant absolument, pendant quelques semaines, les Ire et IIe armées à poursuivre ce double but. — Il fallait que les IIIe et IVe armées pussent suffire, jusque là, au blocus de Paris et à la garde de la ligne d'opérations. Quant à Strasbourg, on avait hâte de la faire tomber, et l'on y employait, outre tous les moyens, en matériel et en personnel, préparés pour un grand siége, des troupes nouvelles tirées de l'Allemagne et la division badoise. Ce fut un des principaux épisodes de cette guerre.

XIII

SIÉGE DE STRASBOURG.

Dès le lendemain de la bataille de Wœrth, les Allemands avaient songé à s'assurer l'Alsace que leur livrait la retraite précipitée des 1er, 5e et 7e corps. La division badoise fut immédiatement dirigée sur Strasbourg. — Elle trouvait la place hors de défense comme toutes les places françaises ; point d'ouvrages avancés ; point de batteries casematées ; l'armement des remparts même incomplet. A plus forte raison, la garnison n'était-elle pas constituée. Le général Uhrich, rappelé du cadre de réserve au commandement de la 6e division militaire, disposa du 87e de ligne, appartenant à la 4e division du 1er corps et laissé par hasard dans la place : des dépôts de deux régiments d'infanterie, de deux régiments d'artillerie, de deux bataillons de chasseurs ; de cinq mille isolés, échappés de Wœrth, de quatre bataillons de mobiles ; deux escadrons de lanciers formaient sa cavalerie ; 500 pontonniers et 120 marins, commandés, sous l'amiral Ecelmans, par le capitaine de vaisseau Dupetit-Thouars, s'ajoutaient à ces forces peu consistantes. Ces derniers avaient été envoyés à Strasbourg pour former les équipages d'une flottille destinée à garder ou à conquérir le Rhin.

La division badoise était, sous les ordres du général Beyer, tout entière réunie à Haguenau dans la soirée du 6 août. Dès le 9, le général Beyer adressait, au général Uhrich, une sommation qui fut énergiquement repoussée. La division badoise commençait de loin l'investissement de la place; mais, en connaissant mieux le chiffre de la garnison, elle dut demander du secours : le général de Werder fut détaché de la IIIe armée avec la 1re division de réserve; la landwehr de la garde arriva d'Allemagne, une brigade d'infanterie (de Boswell), une brigade de cavalerie (Krugg), un régiment d'artillerie de place (33 compagnies, colonel Meissener), 200 pionniers (colonel Kloth) et tout l'état-major nécessaire à une armée de siége de 60,000 hommes se réunirent du 4 au 31 août. Cette armée reçut 200 canons rayés prussiens, 100 mortiers lisses; 52 bouches à feu badoises furent, en outre, rassemblées à Kehl. L'armée allemande se bornant à bloquer Metz et Paris, pouvait réunir ainsi devant Strasbourg des moyens écrasants.

Le défaut d'organisation et de cohésion de la garnison ne permit pas de disputer les abords de la place; la défense s'activa peu à peu.

Les Allemands appliquèrent ici, pour la première fois, un genre d'attaque qui semblait proscrit par la répulsion universelle des peuples chrétiens. Ils envoyèrent des obus dans la ville, dès le 15 août; les Français ripostèrent, le 17, en tirant sur Kehl; le 23, le général de Werder commença le bombardement régulier, impitoyable, des maisons de la ville. La cathédrale fut fortement endommagée; la riche bibliothèque de la ville fut entièrement brûlée : beaucoup de femmes, d'enfants, de citoyens inoffensifs furent atteints, et tous condamnés à de cruelles souffrances.

Cette barbarie fut inutile au succès de l'attaque, comme plus tard à Paris; le courage des assiégés n'en souffrit nulle atteinte et il n'en resta qu'une flétrissure pour les assaillants!

Le 26 août, commença le siége régulier après une sommation repoussée : le bombardement continuait cependant, mais non plus avec la dépense de cent coups par pièce et par jour, qu'avait, depuis le 23 au soir, prescrite le général de Decker, commandant de l'artillerie.

Le défaut d'organisation de la garnison, en paralysant la défense, permit aux Allemands d'appliquer, dans leur intégrité, leurs études d'école sur l'artillerie et la conduite d'un siége. Malgré des actes remarquables de courage individuel des deux côtés, on retrouve surtout, dans le siége de Strasbourg, du côté des Français, l'insuffisance de tous les préparatifs : des magasins encombrés d'objets sans utilité, des remparts hors de défense, un matériel d'artillerie très-nombreux et de valeur médiocre; un personnel tout à fait insuffisant d'artillerie et de génie, une garnison formée d'éléments incohérents, où les réfugiés de Wœrth entrent pour une grande part; des chefs inconnus à leurs hommes; un général enfin, plein d'honneur, mais rappelé la veille de la réserve et ne connaissant de longue main, ni la place, ni aucun de ses lieutenants, aucun de ses auxiliaires.

Les Allemands ouvrirent la première parallèle le 29 août, à 800 mètres des glacis et conduisirent le siége pas à pas, entre les deux inondations, à l'issue même des routes qui leur amenaient leur matériel. Celui-ci était très-perfectionné et ils essayèrent, au siége même, leur 24 court et leurs mortiers rayés. Les distances purent être calculées avec toute la précision possible. Les projectiles accablèrent de feux les ouvrages avancés et battirent les murailles à distance au moyen de feux courbes bien calculés. C'est ainsi que la lunette 44, en avant de la porte de Saverne, et qui flanquait, à l'ouest, le terrain des attaques, dut être abandonnée, dès le 9 septembre, sans avoir été attaquée de près. — Dès la même époque, l'artillerie du front d'attaque était démontée, et ne combattait plus que par ses mortiers. — L'ennemi avait en batterie 138 pièces et 52 mortiers.

Grâce à son artillerie, il trouva encore, le 22 septembre, les lunettes 52 et 53 évacuées; en même temps, il fit prévenir le général Uhrich que le bombardement allait recommencer. On était bien loin des ménagements que les Français avaient gardés à Rome!

Le 26 septembre, 119 canons rayés, 42 gros mortiers (dont 2 de 21 centimètres, lançant des projectiles de 80 kilos), et 40 petits étaient en mesure de jeter dans la place 6,000 projectiles explosifs par jour. Les remparts du front d'attaque étaient complétement ruinés. La brèche du bastion 11 était praticable sur vingt-sept mètres de largeur : les ouvrages latéraux mêmes, y compris la citadelle, battue, depuis le commencement du siége, par des batteries établies sur la rive droite du Rhin, étaient hors de combat. Le 28 septembre au matin la place ouvrit ses portes.

Les 60,000 hommes réunis devant Strasbourg devenaient disponibles pour l'invasion; nous retrouverons le général de Werder à leur tête dans la suite de la guerre.

XIV

TOUL — VERDUN — LAON.

Achevons, avant d'aller plus loin, ce qui concerne les places fortes que les Allemands durent assiéger pour assurer la disponibilité de toutes leurs troupes et la liberté de leurs mouvements.

La plus essentielle était Toul, qui commande, à proximité de Metz et de Nancy, le chemin de fer de l'Est. Phalsbourg en est à six kilomètres, et il suffisait de l'observer.

Toul, assise sur la Moselle et dominée de tous côtés à bonne portée, n'avait pour défenseurs que la gendarmerie de l'arrondissement, un dépôt de cuirassiers et un d'infanterie, et 2,000 mobiles auxquels les troupes du grand parc d'artillerie de l'armée, réunies dans la place, du 29 juillet au 14 août, avaient pu donner une instruction sommaire. Le major de cavalerie Huck, commandait la place et dut diriger la défense. Les premières reconnaissances allemandes, très-brusquement repoussées par le capitaine de gendarmerie, à la tête de quelques cavaliers que fournissait le dépôt, furent bientôt suivies de troupes nombreuses qui essayèrent d'enlever Toul de vive force. Le 16 août, tandis que l'artillerie de la division Fransecky couvrait la place d'obus, l'infanterie se présentait partout à l'assaut des murailles; elle fut partout repoussée par le feu des défenseurs : il fallut se résigner à tourner Toul par de pénibles détours, et s'interdire la grande route et le chemin de fer. Il y eut encore des bombardements de campagne et des sommations multipliées de se rendre; mais les Allemands durent se résoudre à un siége et ils amenèrent, le 7 septembre, devant la place, l'artillerie de siége trouvée à Marsal; puis, d'Allemagne, un équipage de siége. Ils s'en servirent d'abord pour accabler d'obus la partie inoffensive de la ville, en même temps qu'ils démontaient l'artillerie des remparts. Le 23 septembre, le grand-duc de Mecklembourg, gouverneur général de la Champagne, arrivait devant Toul avec 15,000 hommes et 104 pièces, dont 93 de gros calibre. L'artillerie française était écrasée, les maisons de la ville en partie détruites. La place se rendit. Elle avait, pendant quarante jours, arrêté les Allemands.

Soissons, aussi mal placée que Toul, capitula le 15 septembre.

Verdun était commandée par un officier général, Guérin de Waldersbach, et avait une garnison plus nombreuse. Attaquée le 24 août par le prince Georges de Saxe, sans attirail de siége, elle le repoussa avec des pertes sensibles. — Après le désastre de Sedan, elle recevait encore 2,000 réfugiés de l'armée, et travaillait vigoureusement aux défenses de ses remparts. Dans les premiers jours d'octobre, le blocus se resserra, puis les batteries ennemies ouvrirent, comme à Toul et à Strasbourg, un feu destructeur sur la ville. En cinquante-six heures, elle reçut 22,000 obus. Une sommation, qui suivit ce barbare essai d'intimidation, fut repoussée. Les 17 et 27 octobre, deux sorties heureuses portèrent le désordre et la terreur dans les lignes ennemies Mais, après la réduction de Metz, il était certain que les Allemands allaient accumuler contre Verdun d'irrésistibles moyens de destruction. Le général Guérin crut devoir traiter, en stipulant que le matériel de la place serait, à la paix, rendu à la France.

Laon, où la citadelle seule est restée classée depuis 1851, et ne peut se défendre qu'en écrasant la ville, avait été rendue dès le 9 septembre. Dans son désespoir patriotique, un garde d'artillerie avait fait sauter le magasin à poudre, et l'explosion avait tué 300 mobiles français avec quelques prussiens. En résumé, la route directe de Sedan à Paris, par Rethel et Reims, était ouverte dès la mi-septembre. A la fin d'octobre, les Allemands étaient maîtres de toute la bande du territoire comprise entre la Lorraine et Paris. — Ils s'emparaient de Thionville le 24 novembre; Montmédy succombait le 14 décembre; Mézières le 31.

XV

ORGANISATION DU TERRITOIRE CONQUIS.

Dès le 14 août, la Prusse, regardant comme assurée la réalisation des projets de conquête qu'elle avait manifestés depuis 1814, avait établi des gouverneurs généraux d'Alsace et de Lorraine, combinant leur action avec celle des inspections générales d'étapes, installées dès le commencement de la guerre. Elle avait mis à leur disposition trente bataillons, dix escadrons, une compagnie du génie (tirées des troupes de garnison mobilisées en Allemagne) et des détachements pour la réparation et l'exploitation des chemins de fer et des télégraphes sur les derrières de l'armée; les chemins de fer français, de la frontière à Courcelles-lez-Metz, de Wissembourg à Strasbourg d'une part, de Strasbourg à Toul de l'autre, étaient, dès le 12 août, à la disposition des armées allemandes : le 23 août, les Allemands achevaient une voie contournant, de Courcelles à Pont-à-Mousson, le blocus de Metz, et fournissant une voie nouvelle de l'Allemagne vers Paris. La mise en exploitation et la garde de ces chemins, l'organisation des trains et de la poste, furent constamment l'objet de soins tout particuliers. La chute de Toul (23 septembre) et de Vitry-le-François (15 septembre) étendit jusqu'à Nanteuil d'abord, puis, à partir de novembre, jusqu'aux lignes devant Paris, l'usage de la grande ligne de l'Est. Dès le 16 septembre, un nouveau gouvernement général avait été créé à Reims pour les pays conquis autres que la Lorraine et l'Alsace. Il fut confié d'abord au grand-duc de Mecklembourg. Des mesures d'une rigueur impitoyable furent prises pour garantir la sécurité de ces derrières de l'armée allemande, souvent menacés par des francs-tireurs. Non-seulement ceux-ci furent exclus des lois de la guerre, mais les villes ou villages sur le territoire desquels avaient eu lieu des attaques de la part des Français furent rançonnés avec la plus cruelle âpreté. Des otages furent pris dans la population civile au gré des craintes que pouvaient concevoir les autorités allemandes et envoyés au delà du Rhin ; d'autres, magistrats ou propriétaires importants du pays, furent contraints de monter sur la locomotive des trains que les Français auraient pu faire dérailler.

L'utilité militaire était toujours, pour la Prusse, la loi suprême devant laquelle devaient céder toutes les lois de la Justice ou de l'Humanité. Tout belligérant qui n'appartenait pas à l'armée régulière était traité comme un pirate, pendu ou fusillé. Ce sont là des pratiques qui semblaient devoir être flétries comme indignes de la civilisation moderne et de la fraternité chrétienne qui doit subsister, autant que possible, même dans les luttes armées. La France fut surprise et indignée d'avoir à constater qu'elles étaient prescrites par l'autorité supérieure prussienne !

Quoi qu'il en soit, ce dédain du droit des gens s'allia à une habileté administrative réelle, à l'emploi judicieux de forces considérables; les dernières armées allemandes furent à l'abri de toute attaque, à moins d'agression de forces très-sérieuses.

XVI

COMMENCEMENTS DU SIÉGE DE PARIS.

Après la bataille de Sedan, le XIe corps prussien et le 1er corps bavarois, sous le commandement du général Von der Tann, avaient été laissés à la garde des prisonniers.

Tout le reste de l'armée allemande reprit, dès le 4, la direction de Paris. Les Allemands ne croyaient plus, d'ailleurs, à aucune résistance et comptaient bien obtenir, par une simple marche en avant, la soumission absolue de cette nation dont ils venaient d'anéantir les dernières troupes organisées. Ce qui ajoutait à leur confiance, c'est que le gouvernement français venait d'être changé par une révolution. Au moment même où ils se mettaient en marche, l'impératrice quittait Paris, et la direction des affaires tombait dans les mains des députés de la Seine.

Il n'entre pas dans le plan de ce travail d'apprécier les causes qui amenèrent la chute de la dynastie impériale ; toutefois, les esprits y étaient préparés. Dès le milieu d'août, le sentiment très-vif des fautes qui avaient signalé cette guerre si courte et déjà si féconde en malheurs, avait aliéné le cœur de la nation.

Quelle que fût l'activité actuelle de l'administration impériale, on ne lui pardonnait pas d'avoir si peu armé le pays contre des éventualités qu'elle eût dû prévoir : on espéra davantage du pouvoir nouveau, et il se fit accepter sous le nom de : Gouvernement de la défense nationale.

Le président de ce gouvernement était le général Trochu, très-apprécié alors par l'opinion et même par l'Empereur, en raison de l'opposition constante qu'il lui avait faite. Orateur facile, écrivain abondant, estimé comme officier et comme homme de probité et de désintéressement, il avait paru pouvoir être le « Sauveur » qu'on cherche dans les grandes crises. L'Empereur l'avait envoyé à Paris le 17 août comme gouverneur. Il avait été accueilli avec peu de confiance et de bon vouloir par le ministre de la guerre, et sa position militaire semblait assez équivoque, quand les députés de Paris, après avoir fait dissoudre l'Assemblée par l'émeute, le sommèrent de donner à l'ordre public la garantie de son nom. Il céda : aisément on se croit utile, indispensable même. Quel que pût être l'inconnu auquel le refus du général Trochu eût livré le pays, il faut regretter qu'il ait accepté la tâche surhumaine de le sauver : il acceptait cette tâche sans confiance, et elle se trouva dépasser ses forces.

Le vice-président fut M. Jules Favre, qui se chargea des affaires étrangères et entama, dès l'abord, une négociation qui ne pouvait aboutir. Reçu à Ferrières le 19 septembre par M. de Bismarck, il put comprendre que son gouvernement n'inspirait pas de confiance et qu'on n'était pas certain qu'il pût parler au nom du pays. Toutefois, M. de Bismarck énonça dès lors les dures conditions que son maître comptait imposer, et M. J. Favre, surpris et désespéré, déclara qu'on ne céderait « ni un pouce de notre territoire, ni une pierre de nos forteresses ». Le programme était bien absolu et la croyance à la proclamation du prince royal « qu'on ne faisait la guerre qu'à l'empereur » était bien naïve. Mais le pays était avec M. J. Favre quand il refusait de mettre bas les armes, et de livrer Strasbourg et Metz avant d'avoir essayé de continuer encore la lutte et épuisé tout moyen de résistance.

Paris était désormais le point essentiel de la résistance à l'ennemi.

Vinoy, instruit à Mézières du désastre de Sedan par les fuyards du 30, du 31, enfin du 1er septembre, avait immédiatement commencé sa retraite. Heureusement pour lui, les Prussiens avaient réuni toutes leurs forces contre l'armée de Reims. Le VIe corps prussien restait seul entre Paris et Mézières : Vinoy, trouvant les avant-postes de ce corps à Rethel, s'éleva au nord pour lui échapper et gagna Paris par Laon et Compiègne. Il n'avait eu affaire qu'à quelque cavalerie. Mais, n'ayant de vieux régiments que le 35e et le 42e qui revenaient de Rome; presque sans munitions, avec des troupes sans cohésion, il se sentait incapable de résister à un choc sérieux. On fut heureux de son retour et l'on exalta fort cette retraite.

Les Prussiens arrivèrent au nord de Paris dès le 16; puis ils franchirent la Seine à Villeneuve-Saint-Georges et Juvisy, et jetèrent sur la rive gauche leurs forces principales, Ve corps, IIe bavarois, VIe corps, Ve et VIIe de cavalerie, ces dernières arrivant par Chatou. Le 19, un ensemble de corps de nouvelle formation [1], commandé par

[1] Le général Ducrot s'était échappé à Pont-à-Mousson et avait pu gagner Paris. Il inspirait au général Trochu la plus haute confiance.

le général Ducrot, céda au ve prussien et au IIe bavarois les ouvrages avancés commencés au plateau de Châtillon : une panique de l'aile droite avait amené cet échec.

Le général Trochu renonça à disputer les dehors, malgré l'honorable conduite des divisions d'Hugues et de Maussion, et de l'artillerie à l'affaire du 19, et Paris se trouva réduit à l'enceinte de ses forts. Toutefois, le 23, le général Vinoy put ramener la division de Maud'huy dans les redoutes des Hautes-Bruyères et du Moulin Saquet, que les Allemands défendirent faiblement, parce qu'elles se trouvaient en dehors de leurs lignes.

Quels étaient, des deux parts, les moyens d'attaque et de défense pour cette colossale opération du siége de Paris?

Du côté des Allemands, une armée de 160,000 hommes environ, bien organisés, aguerris par six semaines de combats et de succès continuels, et bientôt renforcés d'ailleurs par les hommes venus des dépôts de l'Allemagne, était répartie en six corps d'armée et une division d'infanterie, et trois divisions de cavalerie. Ces corps devaient s'accroître rapidement. Au 21 octobre, quand on eut appelé devant Paris toutes les troupes disponibles, l'armée prussienne compta huit corps d'armée, trois divisions séparées et quatre divisions de cavalerie; environ 250,000 hommes, dont 34,000 cavaliers et 15,000 canonniers. Ce qui donnait une sécurité à peu près entière à l'audacieuse entreprise du roi, c'était, indépendamment de la non-organisation des forces parisiennes, la prépondérance énorme de son artillerie et de sa cavalerie. Il avait 25,000 cavaliers et 622 canons dès son arrivée devant Paris : ces moyens rendaient difficile tout mouvement des Parisiens en terrain découvert. En se tenant sur la défensive, les Allemands étaient, pour un certain temps du moins, hors d'attaque.

L'évaluation des forces parisiennes est bien moins positive, et ces forces elles-mêmes pouvaient singulièrement varier.

Les corps de Vinoy et de Renault (13e et 14e) formaient environ 60,000 hommes, la plupart de nouvelle formation : ils avaient beaucoup à acquérir en fait d'ensemble et de solidité, sauf les deux vieux corps que nous avons déjà nommés.

15 à 20,000 hommes de marine avaient été appelés à Paris; un certain nombre de forts leur furent confiés et ils s'y maintinrent comme sur

leurs navires, avec la plus solide discipline. Au point de vue de la défense, ils offraient une sécurité presque absolue. En fait d'opérations offensives, ils furent employés deux ou trois fois à des coups de main; ils ne comptaient point pour de grandes manœuvres.

Les gardes mobiles de vingt-cinq départements avaient été appelés à Paris au nombre de 100,000 hommes environ. Ils étaient à peu près organisés, mais la valeur de leurs chefs était très-inégale; ils avaient tout à apprendre comme instruction militaire. On avait réuni en régiments les gendarmes, les douaniers, les gardes forestiers, les anciens sergents de ville : il y avait là des éléments sérieux de défense et une pépinière de sous-officiers.

Le nouvel esprit était tout à l'affaiblissement du pouvoir central, au remplacement de l'armée proprement dite par les citoyens armés. Ainsi, tout ce qui se présenta fut admis dans la garde nationale. Ainsi, encore, les officiers de la garde mobile nommés par le gouvernement impérial furent remplacés par des officiers élus, et même avant que l'expérience des combats eût pu éclairer quelque peu les soldats sur la valeur des chefs qu'ils se donnaient!

Paris avait une garde nationale de 200,000 hommes de valeur très-diverse. On avait cédé à des entraînements politiques en les armant tous, et l'on eut plus d'une fois à regretter de n'avoir pas exclu beaucoup d'indignes et un certain nombre de traîtres ou d'esprits pervertis, incapables du dévouement à la patrie qu'exigeaient les circonstances.

L'armement était insuffisant : sur 600,000 fusils environ, un tiers à peine étaient des chassepots. La cavalerie, l'artillerie, faisaient presque absolument défaut.

En résumé, Paris avait des hommes ; il offrait, en outre, des ressources presque indéfinies en moyens industriels, en chevaux de luxe et de commerce (130,000 environ). Surtout il était plein d'ardeur et de patriotisme. C'est d'en bas, c'est de la population même que vint continuellement l'impulsion et l'élan. La foi manquait aux chefs qui furent toujours paralysés par la pensée des difficultés presque insurmontables qu'il fallait vaincre, et qui ne tirèrent qu'un parti très-insuffisant des éléments qu'ils avaient sous la main pour organiser une offensive indispensable au salut de Paris et de la France. Ils ne surent que se maintenir sur la défensive, qui devait les perdre à la longue. Ils attendirent les armées de province, moins bien placées que l'armée de Paris pour se former promptement et devenir capables de lutter avec l'ennemi.

En 1793, une garnison formée d'éléments analogues à ceux que renfermait Paris, eut à défendre Mayence contre les armées allemandes. Pendant deux mois elle fut conduite tous les jours à de nouvelles attaques par ses chefs, les Meunier, les Kléber, les Aubert Dubayet, etc. Elle sortit de ce siége transformée et devenue, sous le nom de Mayençais, une des meilleures armées de la France. — C'est que, des soldats toujours assurés de leur retraite, pouvant préparer en sécurité toutes leurs entreprises, sont en bonne situation pour s'instruire vite, à condition que les chefs combineront sans cesse des opérations nouvelles, que les soldats se battront sans cesse avec un but déterminé et des dispositions prises pour utiliser leur courage le mieux possible.

A Paris, suivant nous, une certaine latitude eût dû être donnée aux chefs de chaque fraction de l'enceinte, avec injonction de tenir sans cesse en haleine leurs soldats et l'ennemi, et d'instruire sans cesse l'état-major général de leurs entreprises et de leurs progrès. Une réserve toujours prête sous la main du général en chef eût paré aux revers ou poussé les succès. On eût au besoin procédé contre les positions allemandes par des travaux de contre-approche, s'avançant pas à pas, toujours couverts des coups de l'artillerie et des charges de la cavalerie. Ces entreprises se produisant d'ailleurs sur plusieurs points à la fois, les soldats, les officiers se seraient habitués à la guerre. Quelques-uns des officiers supérieurs de la garde mobile promettaient des chefs de valeur. La garde nationale était pleine d'une bonne volonté qu'on utilisa trop tard. Les femmes, les enfants, les vieillards eussent concouru volontiers à la défense immédiate des remparts et eussent pu y suffire. Les ingénieurs des ponts et chaussées, les architectes, les entrepreneurs de constructions et de terrassements abondaient à Paris et offraient un concours de lumières et de bon vouloir qui aurait satisfait à toutes les nécessités matérielles du siége. Une artillerie complète fut construite en quelques mois et pourvue de munitions par l'industrie parisienne, travaillant surtout sur des modèles laissés à Meudon par le lieutenant-colonel de Reffye, et sur les indications du commandant

Pothier. Paris avait donc tous les éléments moraux et matériels d'une armée. Il y manqua la flamme qui devait faire vivre ces éléments.

Le général Trochu se montra préoccupé surtout de la crainte de compromettre la vie de ses hommes et la sécurité de ses postes ; l'attente et l'inaction, la misère et l'ennui diminuèrent le moral de ses soldats. Il laissa la garde nationale s'arrêter, pendant quatre mois, à l'école du soldat et de peloton, et perdre son temps, sa moralité, dans les loisirs, sans danger et sans honneur, du service sur les remparts. Une somme de 1 fr. 50 par jour (2 fr. 25 aux hommes mariés) fut assurée à chaque garde national, non pour les jours de service seulement, mais pour tous les jours. On y perdit l'habitude du travail et le désir de le reprendre. Presque rien d'ailleurs ne se fit pour former une véritable armée.

A ne pas considérer Paris comme l'école de guerre où devaient se refaire les forces militaires principales de la France, sa garnison était évidemment trop forte, et pouvait avec avantage être affaiblie au profit de la province. Le plan du général Trochu consista donc à faire évader de Paris 40 ou 50,000 hommes. Il voulait les envoyer, par la rive droite de la Seine, vers la Normandie ou le Nord : puis, à partir de novembre et à la demande de Gambetta, par la haute Seine, sur Orléans. De tels projets étaient dangereux pour une armée peu solide, sans base possible d'opérations ou d'approvisionnement et qui n'aurait pas tenté, sans les plus graves périls, la chance devant laquelle Bazaine avait reculé avec l'armée de Metz, la chance d'être promptement atteinte et probablement entourée et détruite.

Ces plans mêmes ne donnèrent lieu qu'à des tentatives rares et médiocrement énergiques. Faute d'avoir sans cesse en cours d'exécution des entreprises plus ou moins importantes, on mettait à chaque essai l'ennemi en éveil, et on le trouvait prêt à réunir toutes ses forces sur le point menacé. Rien n'était fait d'avance, au reste, pour diminuer les périls, les fatigues et les mauvaises chances de l'attaque. Il y avait toujours de longs espaces découverts à parcourir sous le feu de l'ennemi : les troupes françaises, défilant à travers les obstacles que la défense avait multipliés outre mesure au plus près des remparts, n'arrivaient que successivement, et toujours en nombre insuffisant, à l'appui d'une première attaque et étaient aisément repoussées.

Ainsi, le 30 septembre, une attaque du 13e corps sur Chevilly, à travers la plaine de Longboyau, fut repoussée après d'honorables efforts et avec de grandes pertes. Le général Guilhem y périt glorieusement. Le 42e, très-affaibli, ouvrit ses rangs à de jeunes soldats qui, promptement, y devinrent excellents, prouvant ainsi que le soldat français peut, en quelques semaines, acquérir les qualités militaires essentielles à côté de bons cadres, de braves camarades et devant l'ennemi. Le 13 octobre, nouvelle tentative sur Châtillon et Bagneux, qu'on occupe en partie et d'où l'on est repoussé par les renforts prussiens. On avait, dans ces deux tentatives, engagé 15 à 20,000 hommes, sans s'occuper des moyens de relier en arrière leurs conquêtes de premier élan. Le 21 octobre, nouvelle sortie d'une douzaine de mille hommes vers Bougival et la Jonchère; on recule sans avoir dépassé les premières pentes, mais on a détourné l'ennemi du terrain sur lequel on prépare la sortie sur la Normandie.

La sortie du 28 octobre, au nord de la place, eut de plus graves conséquences.

Quelques troupes enlevèrent le Bourget, séparé

des secours directs de l'armée assiégeante par l'inondation dont elle avait couvert son front en déversant les eaux du canal de l'Ourcq dans la vallée de la Morée. Par une inconcevable négligence, quand tout le monde à Paris comprenait que les assiégeants préparaient la reprise de cette position, rien ne fut fait pour mettre du côté de l'assiégé les chances du combat que chacun prévoyait. Le 29 au soir, le quartier général fit demander par le télégraphe au général Ducrot, campé vers Neuilly, s'il pouvait disposer d'une batterie de douze. Il répondit immédiatement qu'il pouvait disposer de sept batteries de douze, puis les communications s'arrêtèrent là : le lendemain matin seulement, on envoya l'ordre de mettre *une* batterie de douze en mouvement.

A cette heure-là même, le lieutenant général de Budrictzky, après avoir fait canonner le Bourget par cinq batteries, l'enveloppait avec trois colonnes, et pouvait y enlever, ou mettre en déroute, une garnison abandonnée de l'armée principale et se gardant elle-même assez mal.

Que fût-il arrivé si, à ce moment, quarante-deux pièces de douze et 15,000 hommes eussent été en avant de Saint-Denis, comme cela pouvait et devait être?

Cette reprise du Bourget eut des résultats funestes. La nouvelle de la perte de Metz arrivant en même temps à Paris, la confiance dans les chances de succès du Gouvernement en fut singulièrement ébranlée. La partie turbulente de la population y trouva une occasion favorable de s'emparer du pouvoir. Les membres du Gouvernement, réunis le 31 à l'Hôtel de ville, y furent cernés par l'émeute et demeurèrent prisonniers quelques heures. Mais les hommes qui prétendaient les remplacer n'avaient jamais donné de gages qu'au désordre, et il n'y avait pas à hésiter entre eux et ceux qu'avait amenés le 4 septembre. C'était Blanqui, c'était Flourens, ayant alors un commandement à peu près indépendant de 5 à 6,000 gardes nationaux qu'il n'avait jamais conduits contre les Prussiens. Quelques troupes de Ducrot, des mobiles de Bretagne, des gardes nationaux amis de l'ordre, mirent fin à cette échauffourée en arrêtant les meneurs de l'émeute. Mais ceux-ci ne furent pas réprimés : le prestige extérieur du Gouvernement fut perdu. A Paris même, malgré la sanction qu'il obtint, le 2 novembre, des suffrages de la ville, on commença à douter que le général Trochu pût dominer les chances contraires, on douta chaque jour davantage de sa foi dans le succès. A partir de ce moment, on ne se rallie guère au Gouvernement que par la crainte de ce qu'on aurait à sa place, et l'irritation contre lui grandit à chaque jour d'oisiveté, à chaque entreprise avortée.

Cependant, malgré l'extrême vigilance des assiégeants, on parvenait à entretenir quelques relations avec l'extérieur. On perfectionna l'envoi régulier de ballons, déjà essayés à Metz; plus de cinquante aérostats furent envoyés de Paris et la plupart arrivèrent à destination. L'un d'eux aborda en Norvége, ayant accompli une traversée qui comptera dans l'histoire de l'aérostatique. Quelques-uns tombèrent dans les mains des Prussiens. D'autres, poussés jusqu'à la mer, s'y perdirent sans laisser de traces. — Puis, on songea à y embarquer des pigeons, qui revenaient ensuite à Paris, rapportant sous leur aile des nouvelles de province. Enfin on arriva, à l'aide de la photographie, à faire tenir jusqu'à deux mille dépêches, privées ou officielles, sur un papier très-petit et très-fin roulé autour d'une plume de l'oiseau voyageur. On eut ainsi des communications avec la province, et ce fut pour les Parisiens un soulagement important.

A peine, toutefois, peut-on affirmer que ces communications, si appréciées, aient été très-utiles au salut du pays. Elles comportaient trop de lacunes pour permettre une certaine unité dans la direction de la guerre ; les essais d'opérations combinées qui furent tentés aboutirent à l'insuccès de Champigny et au désastre d'Orléans.

XVII

ORGANISATION DE LA GUERRE EN PROVINCE.

L'un des premiers ballons avait emporté le ministre de l'intérieur, Gambetta, le plus jeune, le plus ardent, le plus audacieux des membres du Gouvernement. Il retrouvait en province, installée à Tours, une délégation gouvernementale composée de MM. Glais-Bizoin et Crémieux, qui s'étaient adjoint l'amiral Fourichon, rappelé de l'escadre qu'il commandait dans la mer du Nord. Malheureusement, les antécédents parlementaires, l'ambition et la popularité qui permirent à Gambetta de s'emparer d'une sorte de dictature, manquaient à l'amiral; son rôle, qu'il restreignit d'ailleurs volontairement, se borna à empêcher bien des fautes et à rapprocher de la pratique les conceptions de ses collègues.

Gambetta donna une impulsion énergique à tous les services, sans pouvoir, en administrateur et en homme d'État, coordonner et proportionner toutes les ressources, faire concourir tous les efforts. — L'Impératrice, dont tous les actes, à partir du moment où se manifesta le danger du pays, furent empreints de grandeur et de patriotisme, acceptait les services des princes d'Orléans, services précieux, quand manquaient à la France les généraux ayant à la fois l'activité physique et l'autorité morale : Gambetta les repoussa obstinément et chercha, presque au hasard, des chefs militaires dans tous les rangs de l'armée et même dans la population civile. Ainsi avait agi la révolution de 1792. Mais les commissaires de la Convention étaient présents à toutes les opérations de guerre et pouvaient apprécier de leurs yeux les chefs qu'ils désignaient. Gambetta retint toute initiative et n'assista pas aux opérations militaires. Il les jugea de loin après les avoir insuffisamment préparées, après avoir établi ses combinaisons hors de la vue des faits, et sans une connaissance théorique suffisante des conditions de la guerre.

Il y a, sous ce rapport, un rapprochement à faire entre ses conceptions et celles du ministre impérial Montauban. L'un et l'autre visèrent au grand dans les opérations militaires et arrivèrent à l'impraticable, ce qui est moins excusable chez le général que chez l'avocat.

Il y en a, malheureusement, un autre à faire

aussi. Le général Palikao avait compromis, presque sciemment, l'armée du Rhin pour obtenir à la dynastie et à l'ordre de choses existant, une chance de salut. Gambetta se montra préoccupé, quelquefois au détriment de notre fortune militaire, du désir de donner des chances à l'établissement de la République, repoussant ainsi ou refroidissant bien des hommes prêts à se dévouer pour la patrie. Ce ne fut qu'à la fin de la guerre que Gambetta sembla donner, sans restriction, toutes ses pensées à la défense du pays, et tout son concours aux hommes de toute opinion qui venaient s'y dévouer.

Revenons aux faits, aux résultats des efforts sincères et méritoires que fit Gambetta pour préparer la résistance du pays. Ces moyens furent tout autres que ceux de 1792. Une majorité d'une voix dans le Gouvernement empêcha l'appel d'une assemblée, résolu d'abord pour le 8 octobre, et dont l'autorité eût été acceptée en France en remplacement de celle du 4 septembre. Ç'a été là, malgré les obstacles qui auraient empêché la réunion de beaucoup d'électeurs, la grande faute et le grand malheur du temps. Toujours est-il que Gambetta, seul, avec des aides sans autorité personnelle, dut nommer des généraux, lever des armées, pourvoir à leur administration, et, en outre, gouverner le pays. Les généraux commandant les départements durent, avec l'aide des autorités civiles locales, préparer les éléments des armées nouvelles, former en bataillons les anciens soldats, les gardes mobiles, les gardes nationaux mobilisés, les armer, les équiper. Les départements, les villes, rivalisèrent de zèle pour acheter des canons, des armes et se procurer les fournitures nécessaires. Malgré d'inévitables inconvénients, on obtint ainsi des résultats sérieux avec une promptitude que n'eurent jamais les opérations normales du ministère; mais cette initiative ne fut pas toujours utile. Le ministre exigea des opérations militaires sans apprécier leurs chances de succès, sans pourvoir à l'imprévu qui se produit toujours pendant l'exécution; sans s'être assuré que les instructions envoyées aux autorités subalternes étaient suivies et pouvaient être suivies. Le roi de Prusse dirigeait ainsi ses diverses armées : mais non-seulement il était présent à l'action principale; il faut ajouter que lui et M. de Moltke connaissaient de longue date les chefs auxquels ils se confiaient.

Grâce au bon vouloir de tous, à l'activité des

agents ministériels emmenés de Paris, un quinzième corps se forma promptement avec les éléments constitués qui restaient en France et en Algérie et une partie des levées nouvelles. Heureusement, la supériorité de notre marine nous conservait le moyen de recevoir par mer les hommes appelés et les armes achetées de toutes parts. Mais toute l'activité que déploya l'artillerie, pour utiliser les moyens de l'industrie, ne suffit pas à pourvoir les armées nouvelles d'une force suffisante en canons et en munitions.

XVIII

PREMIÈRES RENCONTRES AUTOUR DE PARIS.

En marchant sur Paris, la IIIe armée allemande avait détaché, à sa gauche, dans le pays entre Seine et Loire, la IVe division de cavalerie, soutenue par trois bataillons et deux batteries (8,000 hommes environ), sous les ordres du prince Albrecht (fils). Ce petit corps franchit la Seine à Melun, le 18 septembre, et arriva, vers le 26, à Toury, ayant à livrer d'incessants combats, soit à des francs-tireurs, soit à de faibles détachements de troupes réglées. Cet état de choses dura jusqu'au 5 octobre. A la même époque, la VIe division de cavalerie allemande, appuyée aussi d'infanterie, était détachée vers Rambouillet et observait l'ouest de Paris. A ce moment, sous l'effort d'une attaque plus sérieuse, la IVe division fut repoussée jusqu'à Étampes.

C'était la première manifestation de l'existence du 15e corps.

Un décret du 21 septembre avait donné au général de la Motterouge le commandement du

15e corps, formé des trois divisions d'infanterie commandées par Martin des Pallières, relâché, après Sedan, comme blessé; et par les généraux Martineau Deschenez et Peitavin : de la division de cavalerie Reyau, et des brigades Michel et Nansouty, échappées de Sedan; d'une division mixte des deux armes, et seulement de neuf batteries divisionnaires de quatre, formant cinquante-quatre pièces, et huit batteries de réserve, deux de quatre et six de huit. Ces trente-six dernières pièces étaient seules au moins égales aux pièces prussiennes. Pour les autres, l'infériorité du calibre devait ajouter encore, dans la plupart des circonstances, à l'inconvénient de l'infériorité du nombre. Malgré des adjonctions successives, l'artillerie de ce corps de 60,000 hommes ne dépassa pas deux pièces par mille hommes; tandis que la proportion de l'artillerie allemande, qui était de trois par mille hommes au commencement de la guerre, s'était accrue par suite des pertes en hommes que n'avait suivies aucune perte en canons. Le général de Blois, rappelé de la réserve au commandement de cette artillerie, tâcha de compenser cette infériorité en remplaçant, pour le canon de 4, la plupart des fusées fusantes par des fusées percutantes; en se portant assez près de l'ennemi pour rendre le feu efficace; enfin, en inspirant à l'artillerie et aux détachements d'infanterie permanents qui durent la protéger un excellent esprit de bravoure et de discipline qui fut remarqué à bon droit. Avec 18 mitrailleuses reçues ultérieurement, il n'eut encore que cent vingt-huit bouches à feu.

L'affaire de Toury n'avait été, de la part du 15e corps, qu'une reconnaissance de cavalerie appuyée de trois demi-batteries et de quelques compagnies de turcos et de chasseurs. Toutefois, il était évident que quelques troupes françaises tenaient la campagne. Le roi de Prusse détacha contre elles, de son armée de siége, le Ier corps bavarois et la XXIIe division prussienne, qui allèrent appuyer, entre Chartres et Étampes, les IVe et VIe division de cavalerie. La IIe division de cavalerie couvrit, sur l'Orge, la gauche du général de Tann. Celui-ci s'avança, le 9, jusqu'à Angerville, et apprit, de quelques francs-tireurs faits prisonniers, qu'une masse française était concentrée à Orléans, avec un détachement à Pithiviers et un à Châteaudun.

XIX

PREMIER COMBAT D'ORLÉANS.

Le principe de l'état-major prussien était de se ruer sur tout corps français qui s'organisait, avant qu'il eût acquis une solidité que les troupes ne peuvent tenir que du temps et de la pratique de la guerre. Nous reverrons, du reste, et jusqu'à la fin, chez les Allemands, un dédain exagéré des forces qu'improvisait la France. Le 1er corps bavarois, précédé d'une forte artillerie, et appuyé des deux parts par les IIe et IVe divisions de cavalerie, se jeta donc sur les Français: ceux-ci, attaqués de front, pris de flanc par la IVe division de cavalerie et une artillerie supérieure, reculèrent ; leurs pièces de huit couvraient la retraite, mal défendues elles-mêmes. Le 15e corps perdit trois canons et un millier de prisonniers, et fut ramené à quelques kilomètres d'Orléans. Le lendemain, l'attaque se poursuivit dans le même ordre; la XXIIe division prussienne et une division bavaroise en première ligne; la IIe division bavaroise en deuxième ligne, la cavalerie sur les ailes. Les Français, et, notamment l'artillerie, résistèrent vigoureusement dans les terrains accidentés qui couvrent les abords de la ville. Le soir seulement ils durent repasser la Loire, ayant encore perdu deux mille prisonniers. Les Allemands avaient soixante officiers et douze cents hommes hors de combat. — Ainsi, l'armée de la Loire existait, peu capable encore de se présenter en ligne et de soutenir le choc de l'ennemi ; mais pouvant, avec l'aptitude spéciale aux soldats français, acquérir promptement une valeur avec laquelle il faudrait compter.

Le général d'Aurelle de Paladines remplaça le 31 octobre le général de la Motterouge, auquel on reprochait de n'avoir engagé, en avant d'Orléans, qu'une partie de ses forces. Son premier soin fut de fortifier la discipline dans son armée : une proclamation énergique, la création de cours martiales qu'institua, dans les divisions et dans le corps de l'artillerie, un décret du 16 octobre, préparèrent un nouvel ordre de choses ; l'aspect des troupes en marche, la tenue générale s'améliorèrent sensiblement ; l'armée se formait. En reculant sur Salbris, on établit un camp bien gardé, avec des piquets toujours prêts à courir aux armes ; à droite, la 1re division gardait la Loire vers Argent. — Les 2e et 3e divisions, la cavalerie, la réserve d'artillerie campaient vers Salbris. Le corps était d'ailleurs porté à soixante mille hommes.

Le général de Tann s'arrêta à Orléans et s'y établit : il ne pouvait s'enfoncer en Sologne sans laisser des troupes pour observer l'Ouest et la basse Loire, et craignait dès lors de ne pas arriver en force suffisante devant l'armée française. Il ne garda qu'une division bavaroise dans la ville, une autre division fut campée sur la rive droite, à l'ouest d'Orléans ; les IIe et VIe divisions de cavalerie éclairèrent les environs; la XXIIe division d'infanterie et la IVe de cavalerie durent rejoindre le blocus de Paris en passant par Chartres et Dreux.

Un grave incident marqua la marche de ces corps : ils trouvèrent Châteaudun barricadé et défendu, tant par la population que par des gardes mobiles et les francs-tireurs Lipowsky. Un combat de rues meurtrier s'engagea le 18 à midi, et la XXIIe division ne fut que le 19 maîtresse de la ville à moitié détruite. Ce glorieux sacrifice d'une cité ouverte fut célébré à bon droit par le Gouvernement français.

Les Allemands s'appliquèrent à rendre impossible des résistances analogues, en punissant avec une implacable cruauté tout essai de lutte des populations civiles et désarmant tous les pays qu'ils pouvaient occuper.

La division Wittich et la cavalerie reçurent l'ordre de s'arrêter à Chartres le 21. La ve division de cavalerie restait en observation le long de l'Eure et jusqu'à la Seine à Vernon.

L'armée de siége se couvrait également, au nord, de cavalerie soutenue par de l'artillerie et par quelques fantassins; elle avait à Chantilly ses dépôts de cavalerie et occupait, en avant, Creil, Beauvais, Clermont, Compiègne : des reconnaissances poussées jusqu'aux environs d'Amiens, empêchaient dans cette zone la formation de corps français et l'interdisaient aux forces françaises en formation au Nord. A côté et à gauche du comte de Lippe, l'armée de siége avait détaché le prince Albrecht (fils) avec un bataillon et une brigade de cavalerie. Deux autres bataillons et deux batteries rejoignirent ce prince quand il occupa Gisors et Gournay (10 octobre).

Au sud-est, un bataillon wurtembergeois avec un escadron et deux pièces occupa Montereau le 24 octobre, Nogent le 25. A la fin d'octobre, les avant-postes allemands couvraient donc une circonférence de trente lieues de rayon autour de Paris, l'armée allemande comptait alors de 240,000 à 250,000 hommes. Malheureusement, l'attitude, presque absolument défensive, de Paris permettait à l'assiégeant de détacher contre les armées de secours des forces importantes, en attendant que la chute de Metz lui donnât une armée nouvelle.

Je ne reviens pas, sans une émotion profonde, sur ces quelques semaines pendant lesquelles la disproportion des forces n'interdisait pas l'espérance; il semble qu'à ce moment une meilleure fortune eût pu couronner l'effort de la France, si le général Trochu eût montré la fiévreuse activité de Gambetta, et si celui-ci eût pu s'aider des talents militaires, des connaissances et des qualités spéciales qui distinguaient le général Trochu.

Malheureusement, les jours furent bien courts pendant lesquels Paris et l'armée de la Loire n'eurent à se défendre que contre les deux armées du roi. Le prince Frédéric Charles accourait vers l'Ouest, mais il ne devait arriver sur la Loire que du 10 au 15 novembre, et, cependant, les armées françaises de l'extérieur devenaient plus nombreuses et plus capables d'agir.

XX

PROGRÈS DE L'ORGANISATION DES ARMÉES DE PROVINCE.

Le 28 octobre, un détachement du comte de Lippe était repoussé à Formerie et reculait sur Beauvais. Une armée française se formait dans le Nord avec les ressources du pays et des débris de l'armée de Sedan. Elle fut commandée d'abord par le général Bourbaki, sorti de Metz à la suite d'une intrigue que nous avons racontée, puis par le général Faidherbe, qui avait appris, dans l'exercice prolongé du commandement au Sénégal, le métier de général en chef.

En même temps une *armée de l'Ouest* se formait au Mans, commandée successivement par le général Fiereck et par M. de Kératry, et, plus tard, par M. de Marivault, officier de marine.

La Normandie armait quelques bataillons de gardes mobiles, de garde nationale mobilisée, de francs-tireurs, placés à Rouen, puis au Havre, sous le général Briant, et, plus tard, sous le général Loysel.

Une armée de l'Est autour de Besançon et dans les Vosges, obéissait successivement aux généraux de Bressolles, Cambriels, Crémer ; avec elle agissait une troupe irrégulière commandée par Garibaldi, entre Autun et Dijon.

La principale armée était l'armée de la Loire, bien plus nombreuse et plus solide que les autres. Le 15ᵉ corps en avait été le noyau ; il s'y ajoutait un 16ᵉ corps dans la deuxième quinzaine d'octobre (général Pourcet, puis Chanzy) ; puis, en novembre, un 17ᵉ (général de Sonis), un 18ᵉ (commandant provisoire Billot), un 19ᵉ (général Crouzat), de moins en moins consistants, en raison de leur formation plus récente.

Quels étaient les éléments qui avaient concouru à la formation de ces corps? C'est là, ce me semble, une des questions capitales qui, dans cette guerre, présentent le plus d'intérêt.

Le ministère Lebœuf avait appelé une partie des gardes mobiles ; le ministère Palikao les avait tous appelés, et avait continué à remplir les quatrièmes bataillons des hommes de réserve, puis des anciens militaires rappelés jusqu'à trente-cinq ans. Enfin, le Gouvernement de la défense avait mobilisé, dans la garde nationale, les célibataires et veufs sans enfants, au-dessous de quarante ans, et, le 17 octobre, les hommes mariés eux-mêmes jusqu'à cette limite d'âge.

Ces appels n'avaient pas donné toutes leurs conséquences; cependant, en octobre, 39 régiments de marche avaient été formés; 23 étaient enfermés à Paris; 6 avaient été pris à Sedan et à Strasbourg. Restaient 10 régiments, puis 7 bataillons isolés et 9 bataillons de chasseurs de marche; 3 régiments de zouaves, 1 de turcos, 1 régiment étranger, 12 vieux régiments dont 4 venus d'Algérie; les autres complétés comme les régiments de marche; enfin, 3 bataillons d'infanterie de marine; en tout, pour les armées nouvelles, 101 bataillons d'infanterie, quelques-uns solidement constitués; la plupart, commandés par des officiers trop vieux ou trop jeunes et formés de soldats rappelés à l'activité ou peu instruits.

Les bataillons de gardes mobiles étaient au nombre de 200 à 220, dont 83 à Paris, 5 en Algérie, plusieurs dans les diverses places de l'Est. Le ministère de Tours avait embrigadé la plupart des autres avec les troupes de ligne; c'étaient donc environ 240,000 hommes d'infanterie répartis dans les diverses armées.

La cavalerie était faible en nombre et en organisation, elle comportait pour le 16ᵉ corps, par exemple, un ancien régiment, le 6ᵉ lanciers, puis 6 régiments de marche et quelques éclaireurs ou francs-tireurs à cheval. Un certain nombre de cavaliers s'étaient échappés de Sedan avant que le cercle des armées prussiennes se fût refermé autour de l'armée française; la gendarmerie à cheval avait formé 4 régiments, dont deux dans Paris.

L'artillerie faisait défaut : malgré l'activité avec laquelle elle travailla à remonter son matériel, une cinquantaine de batteries au plus, soit 300 pièces, dont un quart à peine égalaient ou surpassaient en puissance le canon de 6 prussien, vinrent appuyer nos jeunes soldats dont l'inexpérience eût réclamé une proportion d'artillerie plus forte que d'habitude. Il fallut presque renoncer aux réserves; mettre en première ligne pour l'attaque ou à la suite des retraites, tout ce qu'on avait d'artillerie, et, par conséquent, l'exposer et l'user vite.

La garde nationale mobilisée parut surtout dans les petits corps de défense locale; elle fournit cependant des appoints importants à l'armée du Nord et à celle de Paris.

Le mois d'octobre fut employé à former, avec ces troupes, six corps d'armée numérotés de 15 à 20, dont quatre, les 15ᵉ, 16ᵉ, 17ᵉ et 18ᵉ, entre

Bourges, Blois et le Mans. Ces corps, en nombre suffisant, faibles en cavalerie et en artillerie, étaient, pour l'infanterie, de valeur très-inégale; leurs chefs étaient peu connus pour la plupart, ou revenaient de la retraite et de la réserve.

Une telle armée était peu capable de manœuvres savantes, d'agressions suivies avec ensemble et ténacité, de patience et de solidité dans les revers. Il devait arriver souvent que l'attaque de l'ennemi, rencontrant des points faibles dans la ligne française, pût l'ouvrir et la faire reculer tout entière, malgré la valeur des autres parties. Ce n'est qu'à la longue que s'acquièrent les qualités d'ensemble, qu'on apprend « à sentir les coudes » à compter les uns sur les autres pour la résistance ou pour l'attaque.

Quelle que fût la qualité de ces troupes, il fallait cependant les employer promptement et leur imposer de grandes manœuvres et de vastes entreprises. Paris restait passif et Metz avait succombé le 27 octobre. Du 15 au 30 novembre, l'armée du prince Frédéric-Charles, la meilleure des troupes allemandes, allait arriver sur le champ de bataille.

L'ennemi, de son côté, s'inquiétait de la rapide organisation des forces françaises, et sans estimer bien haut leur valeur stratégique, cherchait à préserver son armée de siége, en attendant le prince Frédéric-Charles. Il réduisait ses troupes sous Paris, au profit de ses détachements d'observation : la landwehr de la garde, arrivée à l'armée, permettait d'en distraire une brigade du IVe corps et quelques bataillons de cette landwehr pour appuyer, entre Mantes et Épernon, la Ve division de cavalerie. Les IVe et VIe divisions de cavalerie et la XXIIe d'infanterie formaient à Chartres une armée de 20,000 hommes qui fut commandée par le grand-duc de Mecklembourg.

Le général de Tann en conservait une autre, un peu plus forte, à l'ouest d'Orléans, formée du Ier corps bavarois et de la IIe division de cavalerie. C'étaient 50 à 60,000 hommes répartis entre la Seine à Mantes et la Loire à Orléans. Les Allemands croyaient volontiers à une attaque par Chartres, c'est à-dire le plus loin possible du prince Frédéric-Charles.

Ce fut leur gauche que le général d'Aurelle résolut d'attaquer, et son plan fut combiné pour enlever le général de Tann.

XXI

BATAILLE DE COULMIERS.

Il s'agissait de franchir la Loire entre Orléans et Blois avec le gros de ses forces, de se jeter entre la gauche et le centre ennemis vers la forêt de Marchenoir; pendant ce temps, le général Martin des Pallières, parti de Gien, s'élèverait au nord pour couper les Bavarois de Paris et de l'armée du grand-duc.

Les mouvements de l'armée française furent assez lents; toutefois, leur transport de la droite à la gauche, laissa jusqu'au 8 novembre le général de Tann dans l'incertitude du point d'attaque. Mais sa supériorité en cavalerie le garantissait d'une surprise complète. Il sut, le 8, que de grandes forces se montraient dans la direction de Blois à Coulmiers; il ne laissa qu'un régiment à Orléans et concentra vers Coulmiers le 1er corps bavarois. Le grand-duc se dirigea vers le même point.

Comment s'était effectué le mouvement de l'armée française?

Dès le 27 octobre, on avait reculé de Salbris

sur Vierzon pour prendre le chemin de fer et gagner Mer par Tours. L'embarquement fut long et difficile et fit perdre un temps précieux : l'armée, dont les avant-gardes s'étaient montrées dès le 4, entre Blois, Tours et Chartres, ne fut en mesure, que le 8, de prendre l'offensive. Cette lenteur inévitable se retrouvait toujours et était mortelle. Les Prussiens, très-exercés à se servir des chemins de fer, et habilement dirigés, étaient notablement plus rapides dans les grands mouvements.

Enfin le 9, les 15ᵉ et 16ᵉ corps étaient rangés en bataille sur la limite des départements de Loir-et-Cher et du Loiret ; le 15ᵉ, plus près de la Loire, le 16ᵉ, commandé depuis le 2 novembre par le général Chanzy, à 28 kilomètres au nord-nord-est de Blois ; on marcha en avant parallèlement à la Loire ; la droite n'avait point d'ennemis devant elle ; le centre (gauche du 15ᵉ corps, général Peitavin) rencontra une vive résistance au village de la Rivière et au parc de la Renardière. La réserve de l'artillerie vint appuyer l'attaque et cette position fut vigoureusement enlevée.

Le 15ᵉ corps se trouva ainsi à portée d'aider le 16ᵉ dans l'attaque de Coulmiers. Toute l'artillerie française se porta au soutien de cette attaque, et, à quatre heures du soir, les Bavarois évacuèrent Coulmiers, envoyant l'ordre d'évacuation d'Orléans, et de recul de toute leur armée vers Toury. Malheureusement, l'aile gauche française (cavalerie Reyau), maltraitée le matin par l'artillerie ennemie, inquiétée plus tard par l'apparition des francs-tireurs Lipowsky qu'elle prit pour la cavalerie de l'armée du grand-duc, s'était repliée dès deux heures, et ne fut pas en mesure de profiter du désordre de la retraite de l'ennemi pour lui enlever des canons et des prisonniers. D'autre part, le général Martin des Pallières, destiné à tourner l'ennemi par l'est, ne parvint le 9 au soir que jusqu'à Chevilly. Ce contre-temps résultait de ce que le général de Tann s'était dès la veille, concentré sur sa droite, obligeant ainsi la droite française à une marche plus longue. Aussi ce général put-il se retirer sur Toury et même ramener à lui le régiment d'Orléans; il perdit cependant 2,000 prisonniers, les blessés et les malades laissés à Orléans, 2 canons et un convoi d'approvisionnement d'artillerie, enlevés à Lignerolles par le chef d'état-major de Lambilly, à la tête des deux pelotons d'escorte de l'amiral Jauréguiberry, commandant la première division du 16e corps. Les deux armées allemandes se réunirent, le 10, augmentées de la XVIIe division détachée de Paris et mise, par ordre du 8, avec tout ce qui opérait dans cette région, sous le commandement du grand-duc de Mecklembourg-Schwerin.

Tout incomplet qu'il fût, le succès de Coulmiers rompait la longue série des malheurs de l'armée française. Il fut accueilli dans tout le pays avec une joie extrême ; on espéra que la fortune se lassait de nous accabler.

Mais 70,000 Allemands arrivaient de Metz, et, bien que l'armée française s'accrût en nombre et en valeur, les avantages de vieux soldats bien organisés, bien commandés, allaient s'affirmer d'autant plus qu'on agirait en plus grandes masses.

Avant d'entreprendre l'exposé de cette phase suprême de la guerre, rappelons les dispositions qui l'avaient préparée soit autour de Paris, soit au sud et au nord de la grande ligne d'opérations du Rhin à la Seine.

XXII

SITUATION DES DEUX ARMÉES AU 1er NOVEMBRE.

Pendant et après le siége de Strasbourg (28 septembre), lorsque les circonstances mirent fin à toutes craintes pour l'intérieur de la Prusse, les troupes conservées pour la sûreté du pays furent appelées en France avec de nouvelles levées.

Ces levées, indépendamment de la garnison de Strasbourg, fournirent au général de Werder un XIVe corps de 30,000 hommes environ, qui dut se rapprocher de la Seine par Troyes et Châtillon, en détruisant sur son passage tous les moyens de résistance qu'il trouverait dans les Vosges; le général de Schmelling, avec la XVe division de réserve, fut chargé d'occuper le Haut-Rhin, d'investir Schelestadt et Brisach et d'observer Béfort.

Les événements changèrent promptement la destination de ces deux corps. Le général de Werder trouva, dans les Vosges et dans la trouée de Béfort des forces inattendues. Garibaldi arrivait vers Dijon ; une armée de l'Est, se formant sous le général Cambriels, avait pris position sur la rive gauche de la Meurthe, entre Saint-Dié et Raon-l'Étape ; elle soutint contre l'aile gauche de Werder (général Degenfeld) un assez rude combat, à la suite duquel elle se retira vers Besançon ; le XIVe corps n'atteignit Épinal qu'après une série de petites luttes ; dès le 14 octobre, on jugea, au quartier général allemand, que la partie était trop forte pour la division Schmelling, et le général de Werder fut maintenu provisoirement sur ce théâtre d'opérations qu'il ne quitta plus jusqu'à la fin de la guerre.

Le XIVe corps se remit donc à la poursuite du général Cambriels, et s'avança jusque vers Besançon, jugea la position du général français entre cette place et Châtillon-le-Duc trop forte pour être attaquée, tandis que la haute Alsace n'était pas encore conquise, et revint dans la vallée de la Saône pour couvrir ses communications avec le Nord contre un nouveau corps en formation à Dijon.

Le mois d'octobre s'écoula dans ces allées et venues, et l'armée de siége de Metz devint disponible ; la IIe armée dut porter sur la Loire le secours qu'on avait demandé d'abord au XIVe corps. La Ire put fournir au Nord une armée capable de garantir la droite de la ligne d'opérations allemande : elle était passée sous le commandement du général de Manteuffel, le général Steinmetz ayant été renvoyé, le 13 septembre, au gouvernement général de Posen ; elle laissa à Châtillon-sur-Seine, sur la route de Metz à Orléans, le VIIe corps, destiné à servir de réserve.

XXIII

LES ALLEMANDS EN NORMANDIE ET DANS LES VOSGES.

Dès la fin de septembre, le roi avait envoyé le comte de Lippe avec une division de cavalerie à Beauvais, Clermont, Senlis, touchant, par sa gauche, le prince Albrecht, qui étendait jusqu'à la Seine, vers Conflans, une brigade mixte de 6 à 7,000 hommes. Bientôt les Allemands voulurent s'aider de ces troupes pour s'approvisionner devant Paris ; ils s'occupèrent donc de les renforcer d'autant plus que le gouvernement français faisait grand bruit des forces considérables qui se réunissaient en Normandie sous l'impulsion et le commandement de M. Estancelin : celui-ci avait appelé toutes les gardes nationales de la province et tâchait de combiner ses efforts avec ceux de l'autorité militaire pour préserver la Normandie, soit en imposant à l'ennemi, soit en préparant une résistance sérieuse sur les deux ruisseaux, l'Epte et l'Andelle, qui coulent entre Rouen et Paris.

Jusqu'au commencement d'octobre, l'armée de la Meuse, chargée de garder le nord de Paris, ne dépassa guère la ligne de Beaumont-Pontoise par laquelle s'était faite l'invasion. Les postes établis sur l'Oise envoyaient seulement des reconnaissances le long de la Seine jusqu'à Mantes : elle occupa Clermont le 27 septembre, Beauvais le 30.

A ce moment, M. Estancelin fit, avec ses gardes nationaux, une pointe sur Mantes et Meulan; mais déjà le général de Tann envoyait dans l'Eure-et-Loir des forces qui menaçaient la rive gauche de la Seine jusqu'à Vernon ; d'autre part, le prince Albrecht, renforcé d'un bataillon d'infanterie et de deux régiments de cavalerie, poussait vers Gisors qu'il occupa le 9, et Gournay qu'il prit le 10. A ce moment, les deux petites armées détachées entre la Seine et la Somme formaient 6,000 fantassins, 6,000 cavaliers, 30 bouches à feu. Elles refoulaient aisément une pointe essayée d'Amiens sur Breteuil par quelques gardes nationaux.

Jusqu'au 22 octobre, le Nord avait eu pour commandant supérieur le docteur Testelin, qui s'aidait, pour ses essais d'organisation, des lumières du colonel du génie Farre, élevé au grade de général et qui resta près du général Bourbaki, quand celui-ci prit, à cette date, la direction de la défense au Nord. Les mobiles, les gardes nationaux mobilisés, les prisonniers échappés de Metz et de Sedan, qu'on commença alors à retenir au lieu de les diriger sur Paris ou sur la Loire, enfin, quelques marins, formaient les éléments d'une armée nouvelle. Cette armée fut pourvue d'artillerie par les soins d'un artilleur aussi compétent qu'énergique, le général Treuille de Beaulieu, qui organisa en même temps un personnel pour son arme et la prépara au rôle très-honorable qu'elle remplit sous le lieutenant-colonel Charon. Le corps formé au Nord fut le 22e.

Malheureusement, ce corps ne fut en état de combattre que vers la mi-novembre, et encore sa disponibilité fut-elle ajournée par suite de suspicions politiques qui disputèrent à l'ancien général de la garde le droit de se dévouer au pays.

Le général Bourbaki fut rappelé par le gouvernement de Tours, qui, après la perte d'Orléans, lui confia, comme nous le verrons, le soin de réorganiser la 1re armée de la Loire.

Le général Farre resta provisoirement le chef du 22e corps.

XXIV

SITUATION GÉNÉRALE AU 1er NOVEMBRE.

En résumé, une armée très-nombreuse (700,000 hommes environ) occupait le sol français. 200,000 avaient rejoint depuis le commencement de la guerre. Le reste se composait des troupes qu'avaient aguerries les batailles et les marches si heureuses des premières semaines, les siéges de Metz, de Strasbourg, de Paris. La ligne d'opérations était longue, de Mayence à Paris, et eût présenté plus d'un moyen d'attaque à l'adversaire, si celui-ci eût eu une armée bien organisée et vigoureusement commandée. Toutefois, cette ligne était appuyée, à gauche, par le général de Werder (XIVe corps) avec les 50,000 hommes qui avaient occupé l'Alsace. Des landwehr, des troupes de réserve, des détachements de l'armée de Metz, allaient la couvrir en se répandant dans les hautes vallées de la Seine, de la Marne, en occupant les Vosges, et marchant vers le Nord. La Ire armée (Ier, VIIe, VIIIe corps, IIIe division de réserve, IIIe de cavalerie) occupait la Lorraine et s'avançait au nord en faisant le siége des places. La IIe armée (prince Frédéric-Charles — IIe, IIIe, IXe, Xe corps, Ire de cavalerie) s'avançait à grandes journées vers la Loire. L'armée de siége de Paris (IIIe et IVe armées), bien établie dans ses positions, détachait tout autour d'elle divers corps, surtout en cavalerie, pour s'éclairer, se ravitailler, et, au besoin, aider à quelque opération décisive des autres corps. Grâce à cette répartition de ses forces, l'armée allemande se croyait en sûreté contre toutes les entreprises que pourraient tenter les Français. Ce dédain, trop souvent justifié, lui avait valu l'échec de Coulmiers et lui préparerait quelques chances contraires.

Du côté des Français, les forces n'étaient point de cette nature positive qui permet des évaluations exactes. La France ne manquait point d'hommes, ni d'ardeur patriotique, ni de courages individuels, ni probablement d'hommes de valeur et de génie militaire. Il lui manquait, hélas! le temps : le temps, pour les soldats et pour les chefs de tout ordre, d'acquérir les qualités et les talents qu'exigeaient les circonstances. A Paris, une prudence exagérée empêchait la formation d'une véritable armée et annulait presque totalement l'action extérieure et l'influence active sur l'ensemble de la guerre. A Tours, on trouvait quelque chose des qualités et des défauts contraires : une ardeur à laquelle répondait l'ardeur de la nation ; une audace de conceptions et de mouvements qui ne tenait pas toujours compte des difficultés et de la proportion des forces ; des préjugés qui s'opposaient à l'emploi judicieux de tous les moyens dont on eût pu disposer. Mais, l'ignorance des conditions de la guerre et de la partie *métier* amenait sans cesse des illusions et, par suite, des mécomptes dont les conséquences étaient funestes.

C'est du 1er au 15 novembre que furent formés les 17e, 18e, 19e et 20e corps, imparfaitement pourvus d'artillerie, de cavalerie, d'armes, de munitions, de vivres, de vêtements, d'objets d'équipement. Fallait-il se mouvoir? Les chemins de fer, mal administrés pour la guerre, se trouvaient partout encombrés de trains inutiles, n'avaient rien de prêt pour les embarquements et débarquements rapides, et transportaient, en définitive, les troupes, moins vite et avec plus de souffrances que si l'on se fût passé de leur concours, ou si on les eût réservés, comme faisaient alors les Allemands, pour les blessés et le matériel. Pour la marche, les chaussures et l'habitude de marcher ensemble faisaient défaut. Pour camper, on n'avait ni abris, ni vêtements, et beaucoup de jeunes soldats périssaient ou tombaient malades de froid ou de privations. Fallait-il combattre? l'artillerie, trop peu nombreuse, ne pouvait protéger nos soldats contre la pluie de projectiles que lançait l'artillerie ennemie, et qui mettait leur jeune courage à la plus rude des épreuves. Les fusils étaient souvent de modèles arriérés : les munitions, malgré des prodiges d'activité, — car on pouvait tout demander à l'industrie française, — laissaient à désirer. Ce qui manquait surtout, c'était la cohésion qui fait que chacun veille sur son voisin, s'appuie sur lui, et compte sur son aide ; c'était la confiance dans les chefs, d'où naît la vigueur dans l'offensive, la résistance dans les retraites, le refus de désespérer jamais ! Certains corps acquirent cette qualité essentielle. Dans la plupart, les courages individuels n'empêchèrent pas les effondrements en masse, sur lesquels comptaient les généraux allemands quand ils pouvaient appuyer très-vigoureusement sur un point de nos lignes.

On comprenait parmi les forces françaises,

un grand nombre de compagnies franches sous divers noms, agissant pour leur compte et échappant à toute action supérieure, sauf dans la 2e armée de la Loire, où elles firent régulièrement partie des divisions et couvrirent habituellement l'armée. Dans les Vosges, plusieurs de ces compagnies se firent un juste renom de vaillance. Mais elles devinrent aussi le refuge des esprits ingouvernables, des voleurs sans principes, des lâches même qui échappaient au service régulier. Plus tard on essaya de les embrigader et cette tentative n'aboutit qu'à la perte des bons services qu'elles avaient pu rendre.

XXV

OPÉRATIONS DANS LES VOSGES.

C'est parmi les compagnies franches qu'il faut ranger le corps de Garibaldi. Ce célèbre chef de partisans était venu offrir son épée à la France. Par ordre de Crémieux, on l'avait accueilli avec tout le bruit, tout l'éclat possible ; puis, embarrassé de cette renommée de bravoure, de probité, de fanatisme anticatholique, de tolérance pour le mal, qui repoussait beaucoup d'honnêtes gens, n'osant pas mettre sous les ordres de Garibaldi des corps constitués, on l'avait chargé de défendre les Vosges, avec un titre assez vague, qui ne lui donnait guère à commander que des volontaires. Il dut s'entendre avec les généraux voisins, Cambriels, Pélissier, surtout Crémer, jeune capitaine d'état-major reprenant du service malgré sa parole engagée à Metz, et dont Gambetta fit un général en chef. L'armée de Garibaldi, qui varia entre 10 et 30,000 hommes, présentait les qualités et les défauts de l'armée française, en exagérant ces derniers. Elle avait quelques parties très-braves, très-peu de solidité, et des habitudes d'immoralité de toute sorte. On compte, pendant ses dix semaines d'activité, un coup de main de Ricciotti Garibaldi sur Châtillon-sur-Seine, dont il détruisit la garnison allemande; puis, un mouvement d'ensemble qui, partant d'Autun, refoule ou enlève tous les petits postes allemands jusqu'à Dijon, et arrive, le 26 novembre au soir, aux portes de cette dernière ville; une attaque de nuit essayée contre cette position défendue par de l'artillerie, et une déroute affreuse qui entraîne jusqu'à Autun toute cette armée dans un indescriptible désordre. Puis, devant Autun même, une revanche le 1er décembre, sur les Allemands arrivés devant cette ville à grande vitesse et avec la négligence qu'ils mettaient volontiers dans leurs poursuites. Les Allemands semblaient se croire assurés de ne trouver aucune résistance. Ce jour-là, malgré le retard de deux de leurs colonnes, arrêtées, l'une par les fondrières de la voie romaine indiquée sur les cartes; l'autre, par le voisinage de Crémer, les Bavarois attaquèrent Autun, battirent la ville avec leur artillerie disposée en demi-cercle, et essayèrent de l'enlever d'assaut. L'artillerie française se mit en batterie en avant de l'hôpital, et trouvant là une position dominante, entama la lutte avec une rapidité et une vigueur qui firent honneur aux jeunes mobiles de la Charente qui la servaient, et donna ainsi aux autres troupes le temps et les moyens d'accourir au combat. Les Bavarois, arrêtés par cette résistance imprévue, débordés sur leurs flancs par les tirailleurs, reculèrent peu à peu, puis, après un semblant de retour offensif à huit heures du soir, se mirent décidément en retraite; le surlendemain au soir, ils défilèrent, à Châteauneuf, devant les feux de Crémer; on regretta que ce dernier n'eût pas eu la pensée de se jeter sur eux par une attaque à fond qui les eût probablement détruits. Le général Keller put les ramener à Dijon après avoir subi des pertes assez fortes, et en laissant les jeunes soldats de Crémer très-exaltés par le spectacle de sa défaite.

Ce fut là le grand succès des armées de l'Est. Il contribua à décider de nouveaux appels de troupes allemandes. Déjà, depuis le mouvement vers l'ouest de la IIe armée, 60 bataillons d'étape ou de garnison étaient affectés à la garde de l'Alsace, de la Lorraine et de la Champagne; 25 autres gardaient les lignes d'étapes de Reims à Paris et de Paris à Orléans; 33 escadrons, 9 demi-batteries appuyaient ce service. Ces forces étaient sous les ordres des gouverneurs généraux d'Alsace, de Lorraine et de Reims ; le premier, chargé de l'Alsace et de la Lorraine jusqu'aux Vosges ; le deuxième, de la Meuse, de Meurthe-et-Moselle en deçà des Vosges ; des Vosges, de la Haute-Saône et de la Haute-Marne ; le dernier, de l'Aisne, des Ardennes, de la Marne, Seine-et-Marne, Aube et Seine-et-Oise. Ainsi, quatorze départements étaient régulièrement gardés. Douze autres étaient le théâtre de la guerre. Tous les départements occupés étaient désarmés, et, après la chute des places, les Allemands n'y étaient presque plus inquiétés. Mais le va-et-vient des opérations de guerre s'étendait autour de la région conquise, en passant par Saône-et-Loire, Nièvre, Cher et Loiret, Eure-et-Loir, Sarthe et Seine-Inférieure, Somme et Pas-de-Calais. De plus, il fallait assiéger Béfort, bloquer Langres, se rendre maître de la ligne de fer parallèle à la frontière, entre Thionville à Mézières ; enfin, réparer les chemins de fer et y assurer le service. Les Allemands surent pourvoir à tous ces besoins en appelant d'Allemagne 33 bataillons, bientôt suivis de 18 autres. Les sections de chemins de fer qui entrent dans les cadres de leur armée, étaient partout à l'œuvre. Le chemin de l'Est, amenait leurs convois jusqu'à Nanteuil d'abord, puis, à partir du 23 novembre, jusqu'aux lignes de l'armée de siége. Ils avaient alors organisé 16 trains par jour : 3 pour la Ire armée, 3 pour l'armée de la Meuse, 4 pour la IIe armée, 6 pour la IIIe (63 wagons, soit deux trains, amènent des vivres pour 200,000 rations). Le ravitaillement en vivres, munitions, et l'apport du matériel de siége se faisaient donc, dès lors, régulièrement : dans le courant de décembre, les Allemands purent ouvrir les sections accessoires des chemins de l'Est et du Nord ; mais ils n'eurent que le 21 janvier la disposition de la ligne Thionville, Mézières, Reims, Paris, qui soulagea la ligne de l'Est.

J'ai cru devoir entrer dans ce détail, pour faire sentir l'importance que nos adversaires attachent, avec toute raison, au service régulier des chemins de fer. Cette attribution, à chaque armée en particulier, d'un certain nombre de trains journaliers qu'elle utilise selon ses besoins et qu'elle doit charger et décharger sans perte de temps; la constante organisation, pour chaque corps, de colonnes permanentes de ravitaillement intermédiaires entre le corps et les chemins de fer, sont excellentes et évitent habituellement les encombrements qui nous furent si funestes.

L'organisation très-soignée des lignes d'étape, caractérise aussi la tactique prussienne et laisse aux armées actives tous leurs moyens d'action.

Ainsi, au moment où le prince Frédéric-Charles intervenait avec 70,000 hommes formés au siége de Metz, dans la lutte engagée entre la Loire et Paris, le reste des Ire et IIe armées étendaient l'action de l'ennemi sur ses deux flancs : cette action, la chute des places, l'appel de nouvelles forces d'Allemagne, le rétablissement des chemins de fer au profit des armées prussiennes, compensaient amplement nos levées de conscrits et ce qu'une administration inexpérimentée, essayait, avec l'aide des passions les plus généreuses, pour mettre en œuvre ce qui restait de moyens à la France.

XXVI

SUITE DES OPÉRATIONS AUTOUR D'ORLÉANS.

L'armée de la Loire s'était arrêtée après le succès de Coulmiers. Malgré l'urgence d'entreprises incessantes, les temps d'arrêt ne s'expliquent que trop. Elle avait fortifié Orléans, jeté sur la Loire un pont de bateaux du commerce, fait venir de l'artillerie de marine pour armer les fortifications de campagne élevées dans un rayon de quatre à dix kilomètres autour de la ville. On voulait faire d'Orléans un point d'appui solide pour l'offensive ou la défensive; l'une ou l'autre, on pouvait le prévoir, serait difficile en présence de l'armée allemande de Metz.

De jeunes troupes peuvent suffire à la défense de positions fortifiées; mais, quand les fortifications sont discontinues, les chances d'un combat sérieux sont en faveur de l'assaillant si les défenseurs ne sont pas dirigés avec prudence et énergie. Les deux lignes de redoutes françaises étaient bien armées, la première de cinquante-quatre pièces de marine, la seconde de quarante-deux. Cette puissante artillerie était servie par de solides marins. Toutefois, l'artillerie française n'avait pas casematé ses pièces, et les redoutes étaient sans défenses contre des attaques dirigées par côté ou en arrière.

Il fallait donc absolument que les intervalles de ces redoutes, pour qu'elles pussent résister, fussent tenus par des troupes en aussi bon état moral que possible ; avec les flancs bien appuyés, l'attaque de l'ennemi divisée par les redoutes, l'armée pouvait combattre avantageusement un ennemi beaucoup mieux organisé et discipliné qu'elle-même.

Mais si, après avoir quitté l'abri de cette position pour se porter en avant, elle y rentrait vaincue et poursuivie, tous ces intervalles seraient des points faibles où se jetterait l'ennemi pour entourer et attaquer les points fortifiés; il faudrait alors que ceux-ci fussent construits comme des forts permanents, protégeant leurs défenseurs de toutes parts. Les fortifications d'Orléans ne satisfaisaient pas à cette condition.

Attendre l'ennemi devant Orléans était donc possible et une bataille défensive offrait des chances heureuses. C'était probablement là le plan du général d'Aurelle. C'était aussi ce que redoutaient les Allemands, qui croyaient à une offensive venant de l'Ouest et à une défense solide devant Orléans.

Ici commençait, du reste, ce conflit entre le Gouvernement et les chefs militaires qui a duré jusqu'à la fin de la lutte, et dont il serait puéril de blâmer trop amèrement les uns ou les autres. Gambetta sentait vivement l'urgence des circonstances et poussait les généraux à l'action. Ceux-ci hésitaient à mettre en mouvement des armées dont l'imperfection les frappait plus que personne. Alors le Gouvernement en venait à les encourager, à les menacer, à leur imposer non-seulement l'action en général, mais même des plans pour lesquels il avait mal mesuré les moyens. Il venait même à diriger une partie des opérations de détail. Il aurait fallu là un Napoléon, à la fois grand capitaine et chef d'empire, sachant exiger tout ce qu'on pouvait utilement demander à l'armée, rien au delà.

Cependant, on apprenait à la fois que le prince Frédéric-Charles arrivait vers Pithiviers, et que le grand-duc de Mecklembourg revenait du Mans vers la forêt d'Orléans. (Celui-ci avait été mis, par le quartier général allemand, le 25 novembre, aux ordres du prince.)

XXVII

BATAILLE D'ORLÉANS.

On pouvait deviner aisément que les Allemands préparaient une attaque avec leurs deux armées réunies : De son côté le ministère voulut, tandis que le 15e corps résisterait de front en avant d'Orléans et en s'y appuyant, porter les deux ailes sur les flancs de l'ennemi et l'accabler ainsi par un effort simultané. On sait, malheureusement, combien il est difficile de faire concourir les efforts de corps hors de portée.

Dès le 23 novembre, l'armée du grand-duc, sur l'ordre du quartier général, et après avoir constaté, par des reconnaissances multipliées, que l'armée française n'était pas sur la route du Mans à Versailles, avait renoncé à la pointe vers l'ouest et s'était repliée au sud-est. Le 28, elle arrivait sur le Loir, le quartier général à Bonneval, la cavalerie à Vendôme. Le prince Frédéric-Charles avait, dès le 24, concentré toute son armée à Beaune-la-Rolande. A cette date, il

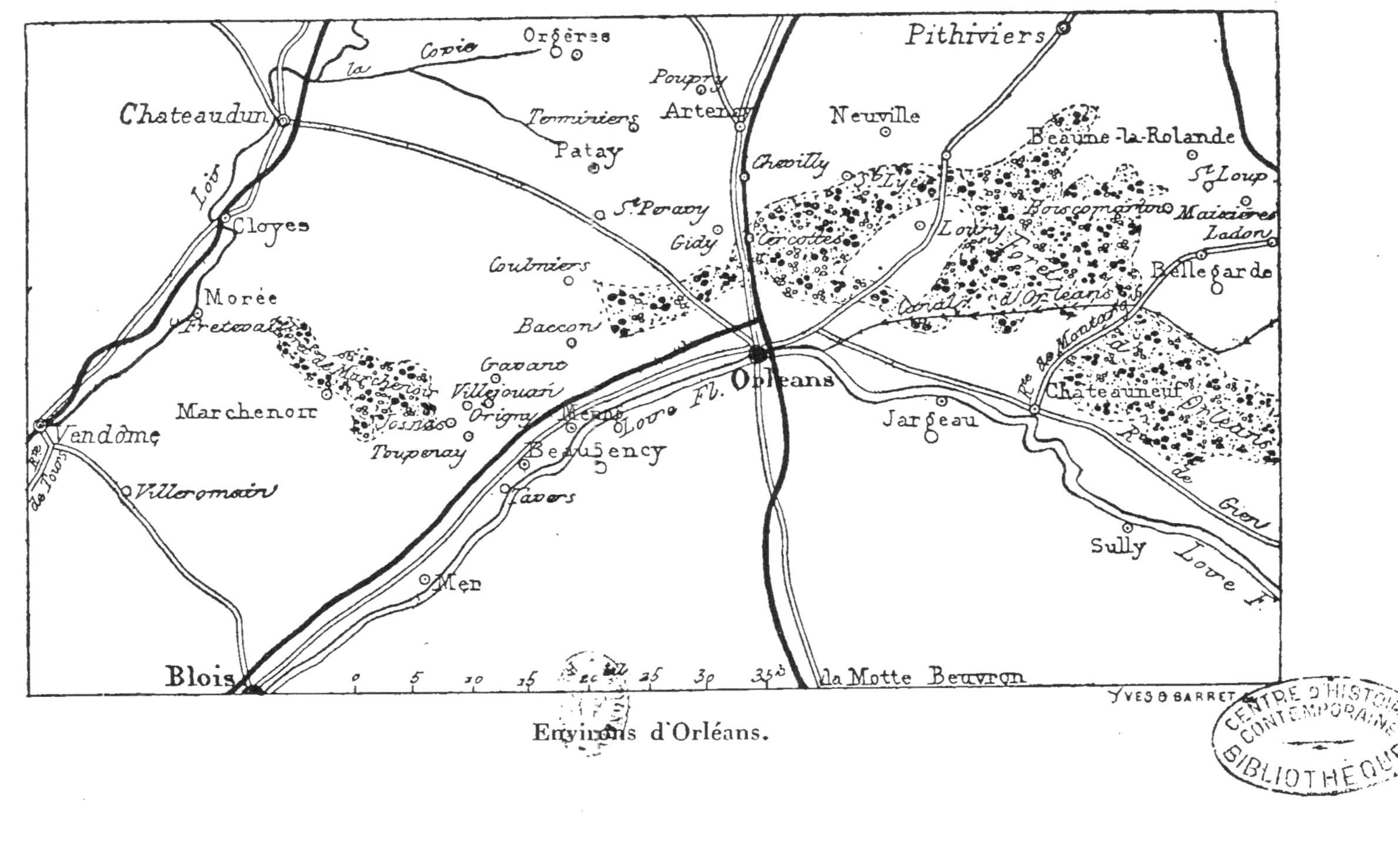

Environs d'Orléans.

était encore à trente-cinq lieues du grand-duc. Il avait 68,000 hommes.

Le Gouvernement français s'attachait depuis un mois à réunir toutes ses forces autour d'Orléans, pour s'ouvrir par là le chemin sur Paris : il avait, en conséquence, appelé de l'est le 20e corps (général Crouzat) et l'avait joint au 18e (commandant provisoire, le colonel Billot). Ces corps, formant l'extrême droite, devaient s'élever sur le flanc gauche du prince Frédéric-Charles et l'attaquer par Montargis et Beaune-la-Rolande, tandis qu'il serait assailli de front par le reste de l'armée. Le tort essentiel de ce plan était de séparer les deux parties de l'armée française par la forêt d'Orléans, impraticable dans cette saison. Il faisait naître chez l'ennemi la pensée de se concentrer successivement aux deux extrémités de la forêt pour battre, l'une après l'autre, les deux ailes françaises.

En outre, le mouvement du grand-duc vers l'Ouest avait jeté un certain désarroi dans ces plans du ministre. On avait cru le voir courir jusqu'à Tours, et l'on avait jeté vers le Loir et la route du Mans le 17e corps, dirigé sur Brou, où il était arrivé le 25. Mais comme, à ce moment même, le grand-duc revenait sur ses pas, le 17e corps avait été replié sans combattre et était rentré, après d'inutiles fatigues, dans la forêt de Marchenoir.

Cependant, le 24, le prince avait lancé des reconnaissances sur toutes les routes d'Artenay à Montargis : il avait pu ainsi constater l'arrivée de forces importantes sur sa gauche. Il s'était donc reporté à quelques lieues à l'est de Pithiviers, appelant en même temps le grand-duc à venir se ranger à sa droite au lieu d'aller barrer, conformément à un premier projet, la Loire à Beaugency. C'était sagement renoncer, cette fois, à la manœuvre presque constamment exécutée par les Allemands et qui consistait à prendre l'ennemi entre deux armées, manœuvre qui suppose chacune de ces deux armées assez forte pour le battre.

Ainsi, l'aile droite française n'avait pu arriver à temps pour surprendre le prince en marche, et, le 28, elle le trouvait prêt à lui faire face : les 18e et 20e corps se heurtaient, vers Beaune-la-Rolande, au xe corps prussien, successivement soutenu par toute l'armée du prince. Après un combat très-honorable, ils étaient rejetés, assez désorganisés, sur Bellegarde, dans la direction de Gien.

Il était arrivé à Beaune, comme à Coulmiers, qu'un mouvement latéral des Allemands avait précipité l'action avec l'aile française dont ils s'étaient rapprochés, en laissant l'autre aile trop éloignée pour prendre part à la bataille. Pour la seconde fois, les opérations conçues à Tours avaient échoué.

Sur l'instante recommandation du général Trochu, qui avait, en Italie, commandé une brigade sous les ordres du général Bourbaki et à côté du général Ducrot, le général Bourbaki, rappelé de l'armée du Nord, reçut le commandement de l'aile droite française, et, quelques jours plus tard, celui de toutes les forces réunies au sud d'Orléans.

Dès le 29, les deux armées allemandes s'étaient rapprochées et pouvaient concourir. Le prince regagnait Pithiviers et le grand-duc arrivait à Orgères, à douze lieues de là.

Ainsi, le plan du Gouvernement était fortement compromis. Malheureusement, une conception encore plus grande et plus dangereuse naissait à ce moment dans la tête de Gambetta. Il s'agissait de tirer parti de la sortie qui fut exécutée le 30 novembre à Paris. Il ne suffisait pas de faire manœuvrer nos jeunes troupes sur vingt lieues d'étendue, on voulait combiner les opérations de l'armée de la Loire avec la sortie du général Ducrot, ce qui exposait les armées françaises à de bien plus graves aventures. Non-seulement les prévisions de part et d'autre devaient être trompées, mais l'erreur portait même sur les faits accomplis, et l'on sait que Gambetta annonça à la France que l'armée parisienne avait gagné Épinay-sur-Orge et de là tendait la main à l'armée d'Orléans; tandis qu'en réalité on avait seulement enlevé Épinay-sur-Seine, dans l'intérieur des lignes allemandes. Nous avons signalé plus haut la témérité de ces entreprises, qui tendaient à franchir les lignes allemandes avec une armée relativement faible, au lieu de poursuivre un premier avantage en prenant corps à corps l'armée de siége avec toutes les forces dont on pouvait disposer. L'insuccès de Ducrot l'empêchait de se perdre lui-même, mais amenait la perte d'Orléans. Le 30, en effet, M. l'ingénieur de Freycinet, chargé du détail du ministère de la guerre, et son adjoint, M. de Serre, apportaient aux généraux réunis l'ordre formel de marcher en avant sur Pithiviers : le ministère conservant d'ailleurs sous ses ordres directs les 17e, 18e et 20e corps, c'est-à-dire l'aile gauche et l'aile droite de l'armée ; dans cette marche, une division du 15e, placée à Chilleurs-au-Bois, reliait de trop loin le centre à l'aile droite : celle-ci, à Bellegarde, était à douze ou quinze lieues des colonnes du centre. Le 16e corps, à Saint-Péravy, était à cinq lieues de l'autre côté. On espérait encore faire marcher ces deux ailes, l'une à droite, l'autre à gauche de l'ennemi attaqué de front par le 15e corps. C'était compter sans la désorganisation laissée à droite par le combat de Beaune, et sans la présence du grand-duc faisant face à l'aile gauche.

Le 16e corps (Chanzy) dut commencer son mouvement le 1er décembre, suivi par le 17e, qui revenait de Châteaudun. Il enleva Gommiers, Terminiers, Guillonville, et l'amiral Jauréguiberry acheva la journée par la prise du château et du parc de Villepion. Chanzy avait gagné trois lieues vers le nord, dans la direction même où arrivaient les troupes du grand-duc.

Le lendemain, les 16e et 15e corps (ce dernier incomplet), marchant à peu près à la même hauteur, s'avançaient dans la direction de Fontainebleau. Mais nous avons dit que le prince avait ramené son armée à sa droite, ne laissant guère que de la cavalerie devant les corps qui avaient combattu à Beaune. En réalité, les 15e et 16e corps avaient devant eux toute l'armée du grand-duc, que pouvait appuyer toute l'armée du prince.

Le 16e, malgré d'héroïques efforts, se voyait absolument arrêté devant Loigny, à mi-chemin d'Orgères. Vainement appelait-il à lui le 17e. Le général de Sonis arrivait de sa personne avec ses premières troupes et se jetait sur Loigny avec les zouaves pontificaux de Charette dans un magnifique élan qui coûta les cinq sixièmes de son effectif à cette brillante troupe; les deux chefs étaient gravement blessés et le brave commandant du 17e corps restait aux mains de l'ennemi.

Ainsi l'aile gauche, rencontrant toutes les forces du grand-duc, adossé au prince (les deux quartiers généraux étaient à Janville et à Bazoches, à quatre lieues l'un de l'autre), était arrêtée et rejetée sur Terminiers et Gommiers.

Le centre avait également marché au nord, longeant à l'est la route de Paris ; il franchissait cette route vers Artenay et se heurtait, à Poupry, à la division Wittich, du grand-duc, qui le repoussait jusqu'à Artenay.

La division de Chilleurs-au-Bois avait jeté des reconnaissances jusqu'à Spuy, au nord d'Artenay, mais elle avait dû reculer en même temps que le reste du centre. Les 18e et 20e corps étaient restés immobiles en face de la cavalerie du prince, tandis que le grand-duc repoussait les attaques des 15e et 16e corps.

Le 3 décembre, le prince entrait à son tour en action : il faisait observer les 18e et 20e corps par sa cavalerie, qui, soutenue du détachement de Kraatz, arrivé du Mans, suffit à les contenir, et marchait concentriquement avec le reste de l'armée sur Orléans, le IXe corps par Artenay et l'est de la route de Paris, le IIIe corps par Chilleurs-au-Bois et Loury, où il ne devait trouver que la division détachée de des Pallières; le Xe corps à la gauche du IIIe.

Ces dispositions, qui jetaient toute la IIe armée sur le 15e corps, devaient réussir : le troisième corps, après un combat à Santau, gagnait Chilleurs-au-Bois, puis Loury. Le gros du 15e corps, résistant vigoureusement à Artenay, à Chevilly, recule cependant sur cette dernière ligne; vainement les fermes de Saint-Germain-le-Grand, énergiquement défendues, arrêtent jusqu'au lendemain les Hessois du IXe corps à la hauteur d'Aschères, et la fraction du 15e corps qui les défend ne cède que coupée sur ses deux flancs. La XXIIe division (corps du grand-duc), partant de Poupry et appuyant à sa gauche, est parvenue à entrer à Chevilly.

Les deux armées allemandes sont concentrées à trois lieues d'Orléans, de Chevilly à Loury, entre les routes de Paris et de Pithiviers.

Le 15e corps français, épuisé par la lutte, couvre seul les environs d'Orléans : les 16e et 17e, à gauche, se rallient sous la main du général Chanzy à la suite de leur infructueuse attaque sur Loigny. Les 18e et 20e, désorganisés, ne songent qu'à la retraite. C'est qu'il faut pour continuer à combattre, pour revenir sur l'ennemi, soit quand il s'est dérobé après une lutte énergique, soit, surtout, quand on a été repoussé, une élasticité qu'il est impossible d'attendre de jeunes troupes, et une administration assez habile pour assurer le ravitaillement complet, toujours difficile après un grand mouvement. Nos attaques assez décousues des 28 novembre et 1er décembre avaient eu pour effet de mettre hors de combat l'aile droite qui avait lutté à Beaune-la-Rolande, puis l'aile gauche, qui avait donné la bataille de Poupry. Le centre, attaqué à fond après un combat malheureux, se voyait isolé devant des forces écrasantes et reculait tout à fait désorganisé. Dès le 4 décembre, le IIIe corps prussien arrive devant Orléans, à Saint-Loup. Le IXe, attaquant directement à Cercottes et Gidy, sur la route de Paris, le 15e français, que la XVIIe division prussienne prend par sa gauche, le rejette sur la ville en faisant tomber la première ligne de redoutes établies à cette hauteur, et atteint la gare non sans pertes. La XXe division arrive sur Orléans par Saran : le Xe corps et une fraction du XIe sont en seconde ligne de Chevilly à Saint-Lyé. Les Bavarois de l'armée du grand-duc, appuyés de toute sa cavalerie, font face à l'aile gauche française et la suivent de Saint-Péravy et de Coinces dans sa retraite vers le sud-ouest; cette retraite s'opère par d'affreux chemins de forêt, et est encore retardée par un contre-ordre donné le 4 qui ramène cette aile vers Orléans. Les 2e et 3e divisions du 16e corps, les plus rapprochées d'Orléans, se repliaient sur Mer et Blois, absolument en désordre et hors de combat. La 1re division (amiral Jauréguiberry) se maintenait à l'extrême gauche avec une admirable fermeté. Le 17e corps, commandant Guépratte, couvrait la ligne jusqu'à la Loire. Il était mis sous les ordres du général Chanzy, qu'une décision ministérielle du 5 appela en outre à commander le 21e (amiral Jaurès), qui arrivait dans la forêt de Marchenoir, laissant une division en arrière, mais postant aux abords de la forêt cinq régiments de ligne, un de mobiles, trois légions de mobilisés.

La nuit, l'armée allemande entra dans Orléans. Le général des Pallières rendait la ville, moyennant une suspension d'armes qui lui permettait de franchir la Loire sans être inquiété. Malheureusement, le désordre ou la pénurie étaient tels qu'on ne put détruire derrière soi le pont d'Orléans, et que la poursuite put commencer dès le 5 en Sologne.

Nous avons à peine besoin de résumer ces opérations qui furent décisives pour la fortune de la campagne. L'armée française, formée de cinq corps, était assez nombreuse en hommes pour faire illusion aux chefs inexpérimentés qui l'avaient recrutée avec une activité et une décision méritoires. Ils prétendaient la faire agir en dirigeant même le détail des mouvements de corps soustraits au commandement des chefs militaires. L'arrivée du prince Frédéric-Charles n'abattit pas leur courage exalté par le succès de Coulmiers : ils avaient pu vaincre une moitié de l'armée du grand-duc avec les 15e et 16e corps;

avec trois corps de plus, ils se crurent en état de vaincre de même l'armée quatre fois plus forte que leur opposait le prince Frédéric-Charles ; d'ailleurs, Paris les appelait et combinait ses efforts avec ceux de l'armée de la Loire. Ils connurent la réunion des deux armées allemandes ; car on apprit à Paris même la marche du grand-duc à l'est et du prince à l'ouest, et l'on en fut singulièrement ému et inquiet. Mais ils conçurent l'espoir de les écraser ensemble et d'un seul coup en les enveloppant dans un grand mouvement demicirculaire du centre et des deux ailes. Pour ajouter aux chances contraires, ce fut le ministère qui dirigea celles-ci, en ne laissant au général d'Aurelle que le commandement du centre et lui prescrivant impérieusement un mouvement en avant. Il suffit au prince, toujours beaucoup mieux instruit que les Français des mouvements de l'adversaire, de se porter à gauche pour mettre hors de combat, à Beaune-la-Rolande, la droite française, puis de se reporter à droite, pour appuyer au besoin le grand-duc, qu'il opposait à la gauche et au centre et qui se trouvait, seul, assez fort pour les repousser à Poupry.

Aussi, à partir de ce moment, les Allemands se regardèrent-ils comme assurés, entre la Loire et la Seine, d'écraser toute armée que parviendrait à rassembler le gouvernement républicain, dès qu'ils voudraient renoncer à toute autre entreprise. En ce moment, ils prétendaient disperser à la fois les deux ailes françaises.

XXVIII

DEUXIÈME ARMÉE DE LA LOIRE.

Dès le 5 décembre au matin, le prince faisait poursuivre dans toutes les directions à la fois les Français : une avant-garde du IXe corps traversait la Loire à Orléans, la cavalerie prussienne courait sur les routes de Gien, Tours et Vierzon et y ramassait des prisonniers. Le IIIe corps s'étendait en remontant la Loire sur sa rive droite jusqu'à Jargeau, dont le 20e corps avait détruit le pont suspendu après l'avoir franchi ; la 1re de cavalerie était lancée avec une brigade d'infanterie, jusqu'à Lorris, menaçant Montargis et Gien, et à six lieues de chacune de ces villes. De l'autre côté d'Orléans, le 1er bavarois, ayant à sa droite la 1re de cavalerie, s'étendait de Meung à Ouzouer-le-Marché. Le prince croyait à une retraite générale des Français vers le sud ; il pensait qu'une seule division de Chanzy était restée sur la rive droite de la basse Loire. En réalité, les 15e, 18e et 20e corps avaient seuls franchi le fleuve, le 15e reculant directement sur Vierzon, les 18e et 20^e^

passant précipitament le pont suspendu de Jargeau (infanterie du 20e corps) et le pont fixe de Sully.

On ne saurait, quand les 1er, 5e et 7e corps de la vieille armée avaient été si désorganisés par la retraite de l'Alsace sur Reims, s'étonner que les 18e et 20e aient été mis complétement hors de combat par la retraite qui suivit la bataille de Beaune-la-Rolande, retraite que précipita le général Bourbaki, persuadé qu'il était suivi par toute l'armée du prince Frédéric-Charles. Peut-être faut-il penser qu'il eût mieux valu pour ces corps mêmes les remettre immédiatement en contact avec l'ennemi en les portant à l'ouest le long du Loiret après le passage de la Loire. Ils auraient dégagé le 15e corps et auraient pu donner la main à Chanzy.

En réalité, ils n'auraient eu affaire qu'à la cavalerie et à une partie du IXe corps; et, si leur rentrée en lutte eût rappelé les IXe et Xe corps allemands, leur coopération eût été décisive en faveur de Chanzy.

Ainsi agissait Blücher, de 1813 à 1815, quand il cessait d'avoir devant lui l'Empereur. Ainsi fit l'aile gauche, à peine moins jeune que la droite, de l'armée de la Loire. Il faut admirer cette élasticité qui survit aux revers, mais comprendre tout ce qui explique et excuse le désarroi que la défaite détermine habituellement.

Le 7, les corps détachés à la gauche des Allemands s'arrêtaient devant les ponts coupés de Gien : le même jour, la ve de cavalerie, renforcée de quatre bataillons hessois, s'arrêtait devant Salbris et demandait du renfort aux IXe et X^e corps restés en réserve à Orléans; presque toute l'armée du prince se trouvait donc lancée à la poursuite de l'aile droite et du centre, sauf une partie du IXe qui opérait sur Blois par la rive gauche.

Le grand-duc marchait vers Tours par la rive droite, appuyé au nord par la IVe de cavalerie et la division grand-ducale hessoise, au sud par la XXVe division passée sur la rive gauche. Mais il fut arrêté dès ses premiers pas; sa droite fut repoussée avec perte, sa gauche maintenue en avant de Meung.

Que s'était-il passé du côté des Français?

Le 6, Gambetta, accusant d'Aurelle de la défaite d'Orléans, défaite dont le Gouvernement était plus responsable que le général, l'avait destitué et remplacé par Bourbaki et Chanzy. L'armée se trouvait partagée en deux : l'une, composée des 15e, 18e et 20e corps, profondément atteinte et cherchant un refuge vers Bourges; l'autre, vigoureusement maintenue par son nouveau chef, et continuant à combattre avec une indomptable énergie.

Dès le 5 décembre, Chanzy annonçait l'intention de s'arrêter entre Lorges et Beaugency, la droite à la Loire, la gauche à la forêt de Marchenoir, et d'y tenir « jusqu'à ordre contraire ». Les divisions Barry et Maurandy, qui formaient sa droite au combat de Poupry, et avaient pris part à la défense des abords d'Orléans, n'avaient pas, cependant, échappé au désordre qui paralysait l'armée de la Sologne; mais le reste tenait ferme, et ces divisions étaient remplacées en avant de Beaugency par la division Camo du 19e en formation. Le 21e (Jaurès) tenait la forêt de Marchenoir. L'amiral Jauréguiberry, à la tête du 16e corps, dont la première division restait seule dans sa main, avait combattu avec une énergie victorieuse, brillamment soutenu par le 17e corps (général Guépratte) et surtout par la division Rochebrune.

Le 8, le grand-duc, pour avoir raison de la résistance inattendue qu'il rencontre, ramène son aile droite sur Cravant à l'aide du 1er bavarois. Ce dernier corps, avec la XVIIe division et la IIe de cavalerie, s'avance péniblement par Messas sur Vernon, tandis qu'à droite la XXIIe division, soutenue par la IVe de cavalerie, s'arrête devant les premières positions de la forêt, et devant le 21e corps (général Jaurès) arrivé à point pour les occuper.

Un ordre direct du Gouvernement, intervenu malencontreusement en pleine opération, avait fait replier la division Camo de Vernon et de Beaugency, ainsi livrés pendant la nuit aux Bavarois et à la XVIIe division : il fallait reculer, puisque la droite était ainsi coupée de la Loire; mais on reculait seulement d'une lieue jusqu'à Tavers. — Le grand-duc prévenait le roi qu'il ne pouvait, sans nouveau secours, briser la résistance de la 2e armée de la Loire, et le roi le mettait de nouveau sous les ordres du prince, en prescrivant à celui-ci d'assurer le mouvement sur Tours. Les pertes du grand-duc étaient très-fortes et ses troupes s'épuisaient.

Le prince abandonna aussitôt la poursuite de l'aile droite, et ramena au secours du grand-duc le Xe corps rappelé de Salbris et le IIIe ramené de Gien. Le reste de l'infanterie de la IIe armée marchait vers Tours par la rive gauche de la Loire. Bourbaki n'avait donc plus à faire qu'à de la cavalerie soutenue par quatre bataillons hessois. Toutefois, ni les sollicitations de Chanzy, ni le sentiment profond du salut de l'armée attaché à ses efforts, ni sa patriotique ardeur, ne purent surmonter les difficultés qui s'opposaient au mouvement des 15e, 18e et 20e corps. Elle est restée dans tous les souvenirs du Berry, la lamentable image de cette malheureuse armée manquant de vivres, de vêtements, de chaussures, d'armes même, de ces chevaux étiques et écorchés sur tout le corps, de cette misère profonde, qui ne laisse de courage et de dévouement qu'aux hommes les mieux trempés. Il faut répéter que la retraite sans combat est plus funeste qu'une défaite, admirer l'inébranlable confiance de Chanzy et plaindre l'armée de Bourges et son nouveau général.

Il était évident d'ailleurs que la résistance de la 2e armée de la Loire (c'est le nom que prit la réunion des corps d'armée repoussés à Poupry et de ceux venus de l'ouest), très-improbable déjà quand le grand-duc était seul devant elle, deviendrait impossible devant toute l'armée du prince. Les 16e, 17e, 19e, 21e corps n'étaient pas en beaucoup meilleur état que la première armée, et une grande manœuvre offensive ne leur était pas moins difficile qu'à cette armée. Cependant, le 9, Chanzy avait essayé, en résistant à droite, le long de la vallée, d'attaquer à gauche en avant de la forêt. Le grand-duc avait conservé sa position et même fait quelques pas en avant le long de la Loire, s'emparant d'Origny, de Villorceaux, de Villemarceau : dans la soirée, le xe corps était venu l'appuyer; dans la nuit, il occupa Beaugency. Le 10, cependant, les troupes épuisées du grand-duc furent chassées d'Origny par un vigoureux retour offensif qui emporta aussi Villejouan. Ces deux villages furent repris par la xviie division aidée de l'artillerie du xe corps. Les deux adversaires étaient accablés de fatigue.

Ce soir du 10 décembre, croyant à Bourbaki des moyens d'action égaux à ceux avec lesquels il luttait lui-même, Chanzy lui écrivait : « L'ennemi n'a que peu de monde à Orléans, un corps qui ne dépasse pas certainement 20,000 hommes devant Vierzon; un autre, de 12 à 15,000 hommes, qui menace Blois et Tours. Marchez donc carrément et sans perdre une minute : ma position est des plus critiques et vous pouvez me sauver. »

Le salut était là en effet : le succès pouvait

être disputé si la première armée eût été en état de marcher, et, surtout, si après la bataille du 4 elle n'eût pas reculé si vite et si loin. Le prince, en attaquant Chanzy, avait l'attention tendue du côté du sud : une attaque à demi-heureuse sur le IIIe corps ou la VIe de cavalerie, l'eût contraint à lâcher prise.

Combien on regrette que ce qui fut tenté un mois plus tard dans l'est par cette même 1re armée n'ait pas été essayé alors devant Vierzon ! Gagner un mois ! c'était partout le problème, et il fut résolu contre nous ! Bourbaki tenait pour certain que l'offensive perdrait son armée et offrait sa démission si on voulait la tenter.

XXIX

RETRAITE SUR LE LOIR.

Il fallait tirer la 2e armée d'une position menacée désormais, de front, par une force évidemment supérieure ; en arrière, par les 20,000 hommes jetés vers Blois, et que Barry, même aidé de Maurandy, était incapable d'arrêter. Chanzy se résolut à abandonner la Loire et à ramener son armée dans la direction du nord-ouest. Une marche de deux jours, rendue pénible par un temps affreux, le ramena derrière le Loir, la droite à Vendôme.

La vallée du Loir, d'Illiers à Château-du-Loir, est assez étroite, bordée de mamelons élevés, et la rive droite offre de bonnes positions défensives. — A Vendôme, se croisent les trois chemins de fer : de Paris à Tours par Chartres d'Angers à Châteaudun, de Blois au Mans. La gauche, sur le haut Loir, était couverte par la forêt de Fréteval; la rivière coule vers le sud-ouest en s'éloignant de Paris et de la ligne d'opérations de l'ennemi. Malheureusement, Vendôme même était sans défense contre la rive gauche du bas Loir et ne pouvait être protégé qu'à quatre kilomètres en avant, au delà du faubourg du Temple. La redoute de Bel-Essort, au-dessous du confluent de la Houzée, défendait en amont, à l'est-nord-est, l'abord de la ville.

En se retirant sur Vendôme, Chanzy s'éloignait des deux armées qui le pressaient, occupait un pays plus propre à la défensive que la grande vallée, et ne cessait de menacer Paris du côté le plus abordable. Il s'éloignait, il est vrai, de la 1re armée de la Loire. Mais la réunion des sept corps français, en ajoutant aux difficultés, si grandes déjà, de leur entretien, n'eût guère ajouté à leur puissance réelle. Il faut des corps solides pour agir d'ensemble, et les opérations devant Orléans avaient prouvé que notre jeune armée en était encore peu capable.

La reprise d'Origny et de Villejouan avait été le dernier effort et en avait imposé à l'ennemi, trompé d'ailleurs par une dépêche interceptée du général Wuillemot, chef d'état-major, qui annonçait l'intention de résister sur la position qu'on occupait. Le 11, après une nouvelle démonstration de l'aile gauche, la retraite commença par l'aile droite, suivie seulement par le xᵉ corps et la cavalerie. L'armée du grand-duc était hors d'état de faire un nouvel effort : elle avait perdu 4,000 hommes et combattait sans interruption depuis huit jours. Le 14, l'armée occupant Vendôme à droite, est établie sur la ligne du Loir : elle a reculé de six à sept lieues en abandonnant la Loire, franchie depuis le 12, à Saint-Dié et à Blois, par l'ennemi. Le xᵉ corps prussien occupe Blois, en communication avec le ixᵉ, placé sur la rive gauche, et s'étend jusque vers Vendôme. Le grand-duc s'est remis en route dès le 13, et heurte, à Morée et à Fréteval, la gauche française. Le même jour, la vᵉ division de cavalerie et 4,000 hommes de la landwehr de la garde, détachés de l'armée de Paris, arrivent à Chartres et à Dreux, sur le flanc gauche de cette brave 2ᵉ armée de la Loire dont la résistance étonne l'ennemi. On compte sur l'inertie de Paris ; on ne se couvre que par des troupes légères contre les entreprises possibles de Bourbaki : on réunit contre Chanzy des forces écrasantes ; on le menace à la fois sur son front et sur ses deux flancs !

Les journées du 12 au 14 furent employées par les Allemands à rompre le plus possible les communications entre Chanzy et Bourbaki, entre ce dernier et Paris. La VIe division de cavalerie fit sauter, à Vierzon, les ponts du chemin de fer de Vierzon à Tours : elle liait la faible brigade hessoise qui observait Bourges avec les 20,000 hommes environ arrivés à Blois par la rive gauche. Ceux-ci avaient mission de rendre impraticables les chemins de fer de Tours et de Bordeaux; mais, cette œuvre de destruction accomplie, ils devaient se replier pour coopérer avec l'armée principale opposée à Chanzy. — Le Ier corps bavarois restait à Orléans, gardant la rive droite jusqu'à Gien : il n'avait que trois brigades et laissait au grand-duc une brigade, huit batteries et une brigade de cavalerie. Un régiment de cavalerie de la Ire division battait le pays à l'est d'Orléans, jusqu'à Montargis, occupée par des troupes d'étape. Le VIIe corps, à Châtillon-sur-Seine, était invité à veiller sur le pays entre Seine et Loire.

Ainsi, l'armée du grand-duc, diminuée de trois brigades bavaroises, mais appuyée au nord par 7,000 hommes de l'armée de Paris, les IIIe et X^e^ corps, ramenés de la poursuite de Bourbaki; le IXe corps et les Hessois, sur la rive gauche, à la hauteur de Chanzy, marchaient à la fois contre la 2e armée française. La 1re armée n'avait guère devant elle que de la cavalerie; mais elle apparaissait aux yeux de son nouveau chef, tellement en désordre et démoralisée, que tout mouvement en avant lui semblait impossible. Le 15 seulement, le détachement bavarois, à Gien, fut attaqué et forcé de reculer.

Malgré le mauvais état des routes, le prince Frédéric-Charles, pressé de profiter de l'inaction forcée de l'armée de Bourges, et certain de sa supériorité sur la 2e armée, dès qu'il pouvait réunir contre elle toutes ses forces, concentra, de Vendôme à Chartres, le 16 au soir, les IXe, IIIe, Xe corps et les troupes du grand-duc. — Ce jour-là même, Chanzy, appréciant la situation comme son adversaire, se décidait à reculer encore : il avait repoussé, le 14, les attaques du grand-duc, à gauche, et celles du Xe corps devant Vendôme; mais son armée se désorganisait malgré ses efforts, ses proclamations, ses sévérités; il ne restait au drapeau qu'une élite insuffisante pour résister au choc d'ensemble de l'armée prussienne. La division Barry revenant de Blois avait rallié l'armée; il fallait reculer tandis qu'on pouvait encore imposer à l'ennemi quelque circonspection dans sa poursuite : le 16 au matin, favorisé par le brouillard, on évacua

Vendôme, que quittaient en même temps, par le chemin de fer de Tours, les approvisionnements et le matériel du chemin de fer.

Le prince n'était pas assez rassuré sur ses derrières pour continuer ses opérations. Dès le 17, il remettait son armée en route, le IXe corps sur Orléans, le IIIe sur la Loire, à Mer, puis à Beaugency; la VIe division de cavalerie à Coulmiers; tous ces corps prêts à couvrir la route de Nevers à Paris. Il laissait à la poursuite de la 2e armée le grand-duc, le Xe corps et la Ve de cavalerie, renonçant d'ailleurs, pour le moment, à attaquer à fond Chanzy : il fallait occuper tout le pays, de Tours à Chartres, y détruire les chemins de fer, en chasser les francs-tireurs, préparer, en un mot, l'attaque à tenter ultérieurement avec toutes les forces disponibles. Des correspondances saisies annonçaient que l'armée française était réduite de moitié; sur toutes les routes on trouvait des traînards, on ramassait des prisonniers : considérant Chanzy comme hors d'état de reprendre l'offensive, le Roi concentrait de nouveau l'armée du grand-duc à Chartres, la IIe armée vers Orléans, en communication avec le VIIe corps, amené de Châtillon à Auxerre; la Ire armée entre Rouen et Amiens. Huit jours furent employés à ravitailler, dans ces positions de repos, toute l'armée allemande.

Laissons, dans cette inaction relative, les deux adversaires, et revenons à la série des événements qui s'étaient passés dans l'est et le nord.

XXX

NORD. — VILLERS-BRETONNEUX.

L'action de la nombreuse armée qui avait assiégé Metz commençait à se faire sentir sur les deux flancs de la ligne d'opération allemande comme en avant sur les bords de la Loire; la Ire armée, commandée depuis le 27 octobre par le général baron de Manteuffel, restait chargée de garder Metz, d'assiéger les villes de la frontière du Luxembourg, Verdun, qui résistait encore, et La Fère; de couvrir, à Rethel, la ligne de Paris à Mézières, enfin de garder et d'expédier vers l'Allemagne l'armée prisonnière de Metz. Le reste de cette armée, 45,000 hommes environ, formant les Ier et VIIIe corps, recevait l'ordre d'aborder la ligne Rouen-Amiens. Cette force occupa la vallée de l'Oise de Compiègne à Noyon. Le prince Albrecht rejoignait, le 26, l'armée sous Paris.

C'est sur Amiens que la Ire armée marcha d'abord, et le général Farre se décida à ne pas abandonner cette ville sans avoir essayé de la défendre.

Le 27 novembre eut lieu ce premier combat livré par l'armée du Nord. Elle comptait environ 17,000 hommes, et, de plus, une garnison de 8,000 hommes environ occupait Amiens.

Les Allemands descendaient l'Avre en y appuyant leur gauche. Le général Farre appuya sa droite à cette rivière, entre la Luce et la Somme, la droite à Dury, le centre à Villers-Bretonneux, et se couvrit de fortifications de campagne armées de grosse artillerie. Ses avant-gardes disputèrent le passage de la Luce et il se maintint à Dury jusqu'à la nuit : à Villers-Bretonneux, le combat fut vigoureusement soutenu, et la gauche française ne céda le terrain qu'en se voyant tournée par la cavalerie ennemie qui menaçait Corbie et la ligne de retraite de l'armée. Les pertes du champ de bataille furent à peu près égales : 1,500 hommes de chaque côté. Les Français perdaient en outre 1,200 prisonniers; ils reculaient derrière la Somme, en faisant sauter les ponts de cette rivière et en abandonnant Amiens où l'ennemi entra le lendemain; la citadelle, sur la rive droite de la Somme, capitula le 30 : la Fère s'était rendue le 27, après un bombardement de deux jours. Dominée de tous côtés à bonne portée de canon, privée de caves même par la proximité de l'eau sur toute son étendue, elle n'avait pu protéger ni ses habitants ni ses défenseurs.

XXXI

PERTE DE ROUEN.

La bataille de Villers-Bretonneux (d'Amiens pour les Allemands) livrée à un ennemi double en nombre et très-supérieur en artillerie et en organisation, faisait honneur à notre armée du Nord et à son chef. On avait affronté l'adversaire avec audace, on avait opposé à ses efforts une remarquable fermeté, on s'était retiré sans désordre ; c'étaient là de bons symptômes pour l'avenir. Mais, pour le moment, le général Manteuffel se jugeait libre de sollicitude sur sa droite et tournait à gauche vers Rouen, sans défense du côté d'Amiens, — l'Epte et l'Andelle. dont on avait fortifié les bords, coulent entre Rouen et Paris. — Le général Briant, après avoir essayé d'arrêter l'ennemi à Buchy, évacua la ville et ramena ses 15,000 hommes vers le Havre : son départ fut, à Rouen, le signal de quelques désordres que fit cesser l'occupation de la ville par les Allemands.

Rappelons toutefois un épisode qui eut alors un

15.

grand retentissement : à la date du 29 novembre, le général Briant avait essayé de concourir, au grand mouvement qu'à cette époque les Français tentaient de toutes parts pour venir en aide à l'armée de Paris; il s'était avancé vers Gisors jusqu'à Étrepagny, où il avait surpris une avant-garde saxonne qu'il avait mise en déroute; mais, dès le lendemain, il s'était replié sur Rouen; jugeant son armée incapable d'affronter le détachement du comte de Lippe, dont il avait ainsi heurté les premières troupes. Le lendemain, les Allemands tiraient de leur échec une indigne vengeance en livrant le village désarmé au pillage et à l'incendie.

Ainsi, de Rouen à Amiens, nos armées en formation, insuffisantes en nombre, en canons, sans liaison entre elles, avaient reculé devant la Ire armée, comme notre armée de la Loire devant la IIe armée allemande. L'ennemi avait, après d'importants succès, occupé successivement Orléans, Amiens, Rouen. Et, cependant, les armées formées depuis deux mois n'étaient pas sans valeur, et allaient en donner encore des preuves jusqu'à la fin de la lutte. Il leur manquait surtout du temps, et ce temps eût été gagné, si les réserves eussent été, d'avance, immatriculées et pourvues d'un commencement d'instruction; si les centres administratifs de la province eussent été habitués à pourvoir aux besoins, en vivres et en habillements, des mobiles de leur localité; enfin, si les transports eussent été aménagés avec l'ordre et la méthode des Allemands. La perte de quelques semaines, qui eussent pu être gagnées ainsi d'octobre à décembre 1870, fut mortelle. Si les armées de Chanzy, du Nord, même celle de Bourbaki, eussent été, à la fin d'octobre, ce qu'elles furent en décembre, les chances de la guerre étaient changées, même si l'éducation de l'armée de Paris n'eût pas été poussée avec plus de vigueur et que cette armée fût restée sur la défensive. Le principe de l'armée allemande était bien, dès l'abord, de se jeter sur tout rassemblement français qui semblait prendre quelque consistance; mais les forces nécessaires lui manquaient tant que l'armée de Metz ne fut pas libre de ses mouvements.

Quand arrivèrent ces 220,000 hommes habitués au feu, exercés aux fatigues et aux marches rapides, confiants en eux-mêmes et dans leurs chefs, administrés avec une incontestable habileté, nos jeunes citoyens improvisés soldats, entourés de cadres presque aussi inexpérimentés qu'eux-mêmes, mal armés, mal vêtus, mal chaussés, mal nourris, ne purent que montrer des vertus militaires et patriotiques très-supérieures à ce qu'en attendaient leurs généraux, et surtout leurs adversaires : le succès leur manqua, — mais ils sauvèrent l'honneur du pays !

A partir de cette première quinzaine de décembre, qui décida de l'issue de la guerre, nous ne trouvons plus que d'honorables efforts, suivis presque partout de désastres peut-être inévitables.

XXXII

DEUXIÈME ARMÉE DE LA LOIRE. RETRAITE SUR LE MANS.

Nous avons laissé l'armée de Chanzy rejetée, à la date du 17 décembre, au delà de Vendôme et de la ligne du Loir. Le prince Frédéric-Charles avait constaté que cette armée était incapable de résister, seule, à ses forces réunies; il la savait, d'ailleurs, très-éprouvée par cette terrible campagne de trois semaines dont elle avait soutenu le poids. Il pensait donc pouvoir, sans danger pour ses troupes, leur donner quelques jours de repos. D'ailleurs, en reculant sur les positions de Chartres et d'Orléans, il se mettait à même de résister à Bourbaki, de soutenir au besoin Paris et Manteuffel; surtout, il se rapprochait des ravitaillements de toute nature que l'administration allemande allait lui prodiguer. En même temps, ses corps détachés détruisaient les moyens de communication entre les armées françaises et battaient les deux rives de la Loire.

Chanzy avait péniblement gagné l'Huisne, en

avant du Mans, soutenant des combats d'arrière-garde à Épuisay (route de Saint-Calais) contre le xe corps ; à Droué (route de la Ferté-Bernard), contre la ve division de cavalerie, accourue de Chartres à la poursuite de sa gauche. Toutefois, le mauvais état des routes et la désorganisation croissante avaient été les principales difficultés de cette retraite. Les fatigues d'une lutte prolongée, des marches et des campements dans la boue glacée, n'avaient laissé de force qu'aux hommes d'élite. Le reste se précipitait vers le Mans, ou restait en arrière et se laissait prendre par les Allemands. Une administration soigneuse et active, bien dirigée d'ailleurs par le général, pourvoyait à la nourriture et à l'entretien des corps ; mais les isolés souffraient horriblement et faisaient souffrir le pays, en même temps que leur désertion diminuait la force et le prestige de l'armée. Chanzy faisait tous ses efforts pour guérir cette plaie des armées en mouvement, surtout des armées jeunes reculant devant l'ennemi. On arriva, le 20 décembre, sur la ligne de l'Huisne.

Le général en chef luttait, avec une infatigable énergie, pour réagir contre la dissolution qui le menaçait. En quelques jours, il parvint à rétablir l'ordre dans ses divisions et à reformer une ligne de défense de quelque valeur : et il y avait à cela, un grand mérite; il ne faut pas oublier que cette longue et pénible campagne, n'était point éclairée par la victoire qui fait oublier toutes les souffrances, et se poursuivait dans une saison exceptionnellement cruelle, dont la rigueur eût imposé, aux armées d'autrefois, de longs et paisibles quartiers d'hiver.

Cependant, les circonstances étaient tous les jours plus pressantes. Le général Trochu faisait savoir à Chanzy que Paris ne pourrait tenir au delà du 20 janvier, et que lui-même désespérait d'ouvrir, sans le secours des armées de province, le cercle qui l'enfermait. Il fallait donc, ne pas attendre davantage, renouveler les efforts, sans tenir compte des terribles chances à affronter.

Chanzy demanda au gouvernement, alors réfugié à Bordeaux, de combiner une opération d'ensemble avec Bourbaki et Faidherbe, tous trois convergeant à la fois vers Paris : Faidherbe, par Compiègne, en conservant la ligne de retraite sur le Nord; Bourbaki, vers la Marne à Château-Thierry, en s'appuyant sur le Nivernais; lui-même par Dreux et Chartres en gardant ses communications avec la Bretagne. Mais, dans ce moment même, le gouvernement, suivait, avec ardeur et espérance, cette malheureuse expédition de l'Est où se perdit la 1re armée de la Loire, et sur laquelle nous reviendrons plus tard, il laissait obstinément la 2e armée aborder seule un ennemi qui s'était trouvé trop fort pour elle, même avant qu'elle eût subi tant de revers et de souffrances!

Chanzy, dès le 23 décembre, avait remis ses troupes en mouvement, s'éclairant jusqu'au Loir, habituant surtout les quelques renforts qui lui arrivaient de l'Ouest et de Poitiers, à la marche et au feu.

Peut-être faut-il regretter qu'il n'ait pas suivi absolument le plan qu'il avait indiqué : offensive résolue par Chartres, avec ligne de retraite sur Alençon et la Bretagne; stricte défensive sur la basse Sarthe. — Il avait détaché à la fois le général Rousseau sur son flanc gauche avec 6,000 hommes représentant l'élite du 21e corps, et, à droite, le général Jouffroy, soutenu par Barry, Clerèt, de Curten, les deux premiers revenant de Blois et de Tours, le dernier de Poitiers. L'opération du général Jouffroy avait pris une importance considérable : on avait recouvré le chemin de fer de Tours, menacé les communications de Blois à Vendôme; mais, arrêté devant cette dernière ville malgré un brillant début, le général Jouffroy avait pu comprendre qu'il avait trop prolongé sa démonstration : le prince Frédéric-Charles concentrait ses forces en face de lui, et il était trop en avant de Chanzy pour en être efficacement soutenu.

XXXIII

BATAILLE DU MANS.

Le 1er janvier, le prince Frédéric-Charles avait reçu l'ordre de reprendre l'offensive contre la 2e armée de la Loire, en joignant à sa IIe armée deux divisions de cavalerie et deux divisions d'infanterie du grand-duc ; l'armée de Paris (IIIe armée) devait, avec une division laissée à Orléans par le prince, veiller aux abords de Paris, entre la Seine et la Loire.

Le 6 janvier, quatre corps d'armée marchaient concentriquement vers l'Huisne : le xe avec deux divisions de cavalerie (1er et vie) par Montoire, à la gauche ; le iiie, par Azay ; le ixe partant de Freteval, à la droite du précédent ; enfin, le xiiie avec la ive de cavalerie, arrivant de Chartres et du Nord-Est, par Illiers et Brou. La saison, qui ne permettait pas de quitter les routes tracées, ne laissait guère à craindre, en revanche, les grands déplacements latéraux qui eussent pu être tentés par les Français, notam-

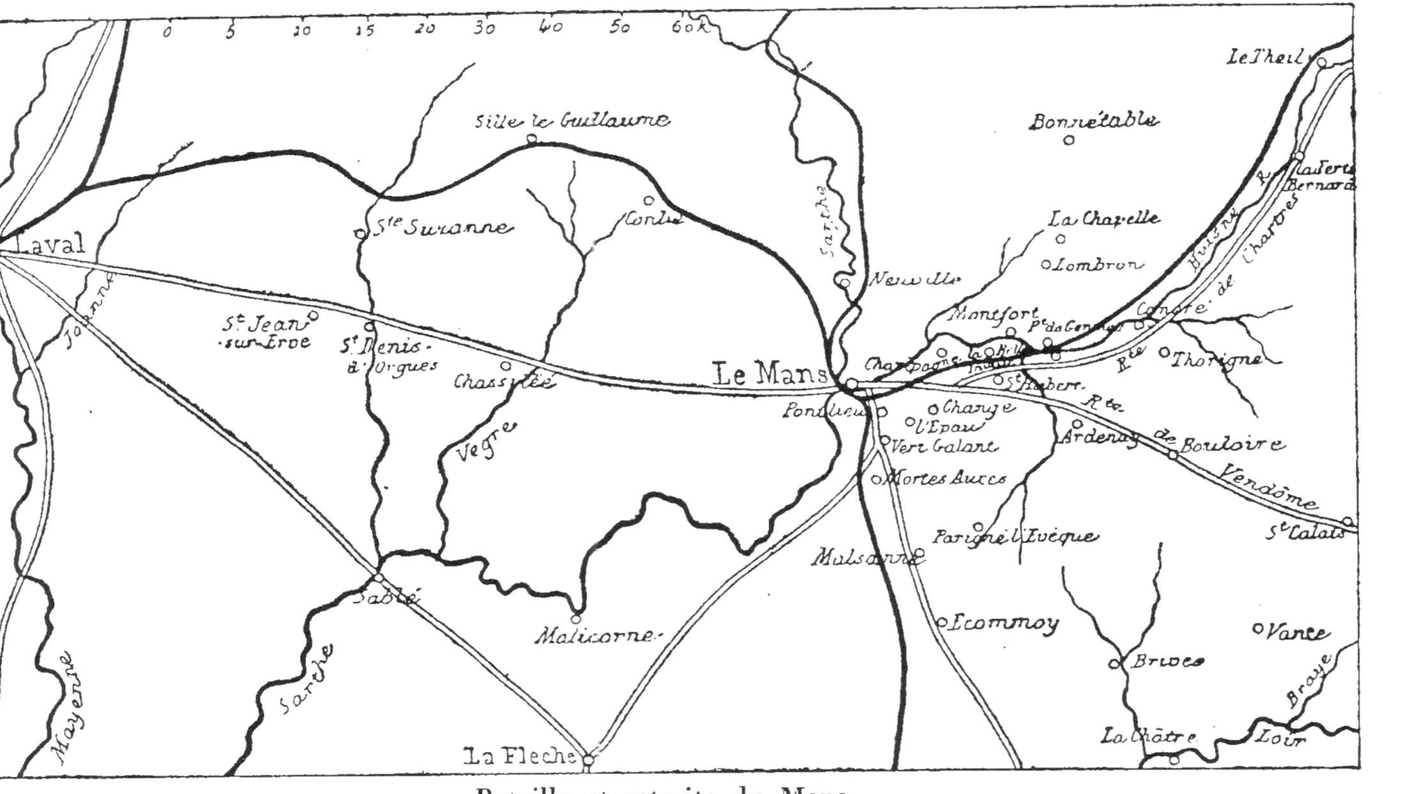

Bataille et retraite du Mans.

ment contre ce dernier corps. — C'étaient 80,000 hommes environ, dont 15,000 cavaliers et 318 canons, qui allaient assaillir l'armée française.

Une partie de cette armée, avons nous dit, était, en ce moment, en opérations de reconnaissance dans le Perche, entre le Loir et la Sarthe. Dès le 6, le IIIe corps allemand rencontrait une vigoureuse résistance, entre Vendôme et Villiers, sur la berge droite du Loir, et ne gagnait Azay qu'avec de grands efforts et des pertes notables. Le Xe arrivait à Montoire après de légers combats aux Roches et à Lavardin, tandis que, dans le même moment, le duc Guillaume de Mecklembourg, laissé à Saint-Amand avec une division d'infanterie et une de cavalerie, était rejeté sur Ambloy et Huisseau, malheureusement dans la direction même que suivait le Xe corps. — Le IXe était arrivé à Morée. — Le XIIIe enfin, rencontrait à la Fourche, en avant de Nogent-le-Rotrou, une vive résistance. Il y a vingt lieues (sud-nord) de Saint-Amand à la Fourche, et c'est sur ce dernier point seulement qu'une concentration de forces aurait permis d'espérer un avantage décisif. Mais il n'eût été obtenu qu'au prix de l'abandon du Mans et de la séparation du corps de droite, opposé au gros des forces du Prince.

Du côté des Français, le général de Curten, récemment arrivé de Poitiers, avait combattu à Saint-Amand : le général de Jouffroy, avec le 16e corps, à Villiers : à la Fourche, le général Rousseau, du 21e corps.

Dès le 7, les corps ennemis se rapprochaient. Le grand-duc enlevait Nogent-le-Rotrou et s'avançait, la droite à l'Huisne, jusqu'au Theil et à Auttion. Le centre, malgré une vigoureuse résistance, atteignait Épuisay, le dépassait, et venait garnir la rive gauche de la Braye, de Sargé à Savigny, à dix lieues seulement d'Auttion. La gauche, retardée par l'échec de la veille, mais secourue, de Blois, par le général de Voight-Rheisz, était rentrée dans Ambloy et Saint-Amand, mais ne pouvait atteindre la Braye. La ligne allemande était à peu près droite de Montoire au Theil.

Le 8, malgré les efforts que Chanzy prescrivait à tous les siens, le centre allemand arrivait à Saint-Calais, où s'établissait le prince. La gauche gagnait le Loir à la Chartre, au-dessous du confluent de la Braye. Le général de Curten luttait, à Villeporcher, Saint-Amand, Château-

Renault, contre Voight-Rheizs. Mais cette lutte, très-excentrique, était sans influence sur l'opération principale. Le grand-duc avait encore fait un pas en avant dans la vallée de l'Huisne et dépassait la Ferté-Bernard. Ainsi le cercle se resserrait autour du Mans. Une tentative de la IVe de cavalerie pour pousser vers Alençon, avait été arrêtée à Bellesme.

Le froid, très-adouci le 7, avait repris le 8; le 9, la neige tombait en abondance. Ce jour-là, la droite Allemande avait l'ordre de rejoindre le reste de l'armée à Saint-Mars, au confluent de l'Huisne et du ruisseau du Narais. Le prince s'établit à Bouloire : il n'est plus qu'à huit lieues du Mans. Cependant, à sa gauche, le Xe corps, qui devait pousser jusqu'à Parigné-l'Évêque, forcé de combattre à Chahaignes, puis à Brives, a dû s'arrêter à ce village. A sa droite, le général de Voyna est arrêté à Vancé par le corps de Jouffroy. Le XIIIe corps, enfin, ne gagne Connerré-Torrigné qu'en combattant sans relâche contre le général Jaurès.

Ainsi, à chaque pas, la résistance devient plus vive; mais on sent trop la différence d'aptitude à manœuvrer des deux armées. Les efforts des Français, héroïques sur beaucoup de points, n'offrent pas l'unité de ceux des Allemands, et il arrive souvent qu'une défaillance isolée entraîne un échec pour l'armée entière.

Les IIIe, IXe, XIIIe corps, continuèrent leur mouvement le 10. Arrêtés partout, rencontrant, à Saint-Mars, Champagné, Changé-Parigné, une résistance vigoureuse, ils ne purent dépasser ces points et s'arrêtèrent à une lieue du Mans. Le plateau d'Aujour fut même repris par un héroïque retour offensif des zouaves pontificaux du 17e corps, conduit par le général Gougeard, et la XVIIe division fut repoussée à Montfort, dans une tentative pour franchir l'Huisne à Pont-de-Gesnes. — Le 11, la lutte eut à peu près le même caractère ; mais, le Xe corps, en retard jusque-là, arriva, le soir, à l'extrême gauche. Son apparition aux Mortes-Aures, puis à la Tuilerie, gardées par les mobilisés de Bretagne armés de mauvais fusils, mal approvisionnés, décida la retraite. Vainement l'amiral Jauréguiberry tenta de reprendre la Tuilerie ; ses troupes étaient à bout de forces et l'armée française allait être débordée par sa droite.

Il fallut se résigner à la retraite : ce fut le terme de cette lutte si énergiquement soutenue, qui avait semblé impossible aux Allemands, et qui est faite pour exciter l'étonnement de quiconque sait combien il est difficile de maintenir une armée, surtout une armée jeune, sans habitude de la guerre, sans administration suffisante, quand les revers sont incessants et à peu près inévitables. C'est le caractère surtout qui fait les grands militaires; et, à ce titre, le général Chanzy, a droit à notre reconnaissance et à notre admiration.

XXXIV

RETRAITE SUR LAVAL.

Le 12, la droite et le centre de l'armée Allemande furent contenus et ne purent franchir la Sarthe : mais, à sa gauche, le xe corps occupa le Mans. — Le brouillard du matin favorisa la retraite de l'armée française ; elle se déroba sans déroute. Mais elle laissait aux mains de l'ennemi, après ces sept journées de combats livrés en reculant de quinze lieues à peine, 18,000 prisonniers et 20 canons. Ces prisonniers étaient presque tous des malheureux qui s'étaient arrêtés, épuisés de fatigue. — L'ennemi avait perdu 4,000 hommes.

La poursuite continua jusqu'à Laval : les Français s'étaient établis derrière la Mayenne et avaient rompu les ponts : les Allemands rétrogradèrent, ils avaient ordre de ne pas s'engager en Bretagne. Le 16, le grand-duc occupa Alençon. Là, il trouva l'ordre de revenir sur

Rouen, afin d'aider, au besoin, la 1re armée dans ses opérations au Nord.

Le 19, le général Hartmann occupa Tours.

Pour achever ce qui concerne la défense de la Loire, nous dirons que le général Rantzau avait été chassé, le 13 janvier, de Briare jusqu'à Gien, par des troupes françaises n'appartenant pas à un corps d'armée. L'organisation de forces nouvelles (25e corps, général Pourcet) continuait d'ailleurs aux environs de Bourges et décidait le prince à ramener, sur Orléans, une partie de son armée.

Quoi qu'il en fût, le dernier effort des troupes de l'Ouest pour dégager Paris avait échoué.

Toutefois, la 2e armée après six semaines de combats incessants, restait debout, ne perdant ni le courage ni la résolution de continuer la lutte.

XXXV

ARMÉES DU NORD.

Que s'était-il passé au Nord pendant ces six semaines qui furent comme l'héroïque agonie de la résistance?

Le général Faidherbe, qu'on avait refusé, heureusement, d'employer à l'armée du Rhin, venait d'être appelé de Bône pour succéder au général Bourbaki : il avait longtemps commandé au Sénégal, et dans ses difficiles fonctions, son esprit d'initiative avait pu se développer à cette grande distance du pouvoir dirigeant. C'était un avantage réel et rare dans l'armée.

Arrivé au lendemain de la bataille de Villers-Bretonneux, il formait le 22e corps en trois divisions (Lecointe, Paulze d'Ivoy, contre-amiral Moulac) et commençait, surtout avec des mobilisés, la formation d'un 23e corps. En même temps, il mettait ces forces en mouvement, et les Allemands, habitués à considérer nos jeunes armées comme hors de combat pour longtemps après une défaite, apprenaient avec surprise que l'armée du Nord était vivante et qu'il fallait de nouveau compter avec elle.

Le général de Manteuffel, à peine parvenu à Rouen, avait lancé des détachements dans toutes les directions. Au sud-ouest, il s'était mis en relation avec le grand-duc ; ses troupes avaient descendu la rive gauche jusqu'à Honfleur ; au nord, elles avaient paru à Dieppe, après avoir tâté le Havre. Mais, dès le 13, le quartier général rappelait l'attention de Manteuffel vers le nord-est et lui recommandait une concentration à Beauvais.

Le 9, en effet, le détachement prussien de Ham, entre La Fère et Amiens, avait été enlevé par le général Lecomte ; le 12, une reconnaissance d'infanterie avec six pièces de canon avait été rejetée sur La Fère, et le télégraphe avait été coupé entre La Fère, Amiens et Rouen. Les Allemands avaient envoyé, dans cette région, des renforts pris, les uns aux corps chargés, après la prise de Metz, d'assiéger les places des Ardennes, d'autres à l'armée de la Meuse, peu inquiétée depuis la bataille de Champigny. 8,000 fantassins, un millier de cavaliers, 4 batteries étaient ainsi arrivés à l'aide de la garnison laissée à Amiens, au comte Gœben, mais un détachement de cette garnison venait d'être repoussé dans une tentative sur Ham : les Français avaient paru à Roye, au delà de la ligne Amiens-La Fère, dans la direction et à vingt-cinq lieues de Paris.

XXXVI

BATAILLE DE L'HALLUE.

Les 19,000 Allemands laissés en Picardie, accoururent à Montdidier, au sud-est d'Amiens, vis-à-vis de Roye. En même temps, Manteuffel rappelait en hâte, non sur Beauvais, mais directement sur Amiens, les troupes envoyées à Dieppe : il disposait ainsi du VIIIe corps, de six bataillons du Ier, de la XIIe division de cavalerie, et de quelques bataillons d'étape, 35,000 hommes environ.

Le grand quartier général rappela alors les 5,000 hommes qu'il avait dirigés sur Compiègne à la première alerte. Il mit sous les ordres de Manteuffel le détachement de Senden (8,000 hommes), relevé devant Mézières par le général de Kamecke après la chute de Montmédy. Sans l'attendre, Manteuffel, le 23, aborda l'armée du Nord, rangée sur les hauteurs de la rive gauche de l'Hallue, petit affluent de la rive droite de la Somme, à trois lieues d'Amiens. Faidherbe, un peu plus fort en nombre, était inférieur pour tout le reste : l'amiral Moulac gardait, à sa gauche, la route de Corbie ; la division Derroja couvrait sa droite.

On se disputa vigoureusement les villages de la vallée : les Prussiens ne purent pas les dépasser, ni déloger Faidherbe de ses positions sur la hauteur. Pont-Noyelles pris et repris pendant la journée, fut évacué le soir à la suite d'une panique. Les Français, d'autre part, furent repoussés dans une tentative pour tourner la gauche ennemie par la tête de la vallée, à Contay. Toutefois la bataille restait indécise, et le 24, les Allemands, se fortifiaient en attendant Senden et de nouveaux renforts de Paris, quand Faidherbe décampa en bon ordre et se retira vers Arras et Douai. Ses jeunes soldats manquaient de vivres et de défenses suffisantes contre le froid. D'ailleurs, il calculait que l'ennemi, toujours en mesure de recevoir des renforts, ne pouvait être vaincu qu'au premier moment.

Sur-le-champ, Manteuffel reporta sur Rouen les forces qu'il en avait appelées. Les forces irrégulières françaises de la rive gauche de la Seine, et l'armée du Havre s'avançaient vers cette ville et menaçaient de la reprendre.

Le 4 janvier, le général de Bentheim repoussa,

jusqu'à Pont-Audemer les forces françaises qui menaçaient Rouen par la rive gauche. Une partie du VIIIe corps seulement, suivit l'armée du Nord, jusqu'aux environs d'Arras. Avec le détachement de Senden, cette armée passée aux ordres du général Gœben, assiégea Péronne et en couvrit le siége en établissant, vers Bapaume, un détachement de 15,000 hommes environ. Les chemins de fer étaient alors ouverts, quoique pourvus d'un matériel insuffisant, entre Paris et Amiens d'une part, Amiens et Rouen de l'autre ; en sorte que, MM. de Gœben au Nord et de Bentheim à Rouen, et l'armée de Paris furent en situation de se soutenir réciproquement.

Cependant, le général Faidherbe s'était remis en peu de jours en état de marcher en avant. Dès le 2 janvier, l'armée d'observation qui, à Bapaume, couvrait le siége de Péronne, était attaquée d'Achièt à Sarpignies, évacuait le premier de ces villages et se maintenait dans le deuxième. Mais le lendemain, le général de Gœben concentrait ses forces sur Bapaume, sa forte cavalerie jetée sur les deux ailes.

XXXVII

BATAILLE DE BAPAUME.

Le 3 janvier, l'armée française poursuivit son succès, chèrement acheté, mais incontestable : les villages qui précèdent Bapaume furent successivement enlevés, et l'une des colonnes françaises aborda même Bapaume ; la cavalerie du prince Albrecht se jeta en avant, menaçant la gauche de l'ancienne division Moulac, passée aux ordres du capitaine de vaisseau Payen, tandis que le lieutenant général de cavalerie de Grœben menaçait, à droite, la division Derroja. La nuit mit fin au combat. Les Allemands avaient engagé leurs réserves et épuisé leurs munitions : Bapaume est, d'ailleurs, à huit lieues de Péronne, et un succès des Français pouvait les couper de l'armée de siége. Ils se retiraient donc pendant la nuit, lorsqu'ils apprirent que les Français se retiraient de leur côté : le général Faidherbe, savait que son adversaire était toujours à même de recevoir des renforts dès que la lutte se prolongeait, et il craignait de mettre

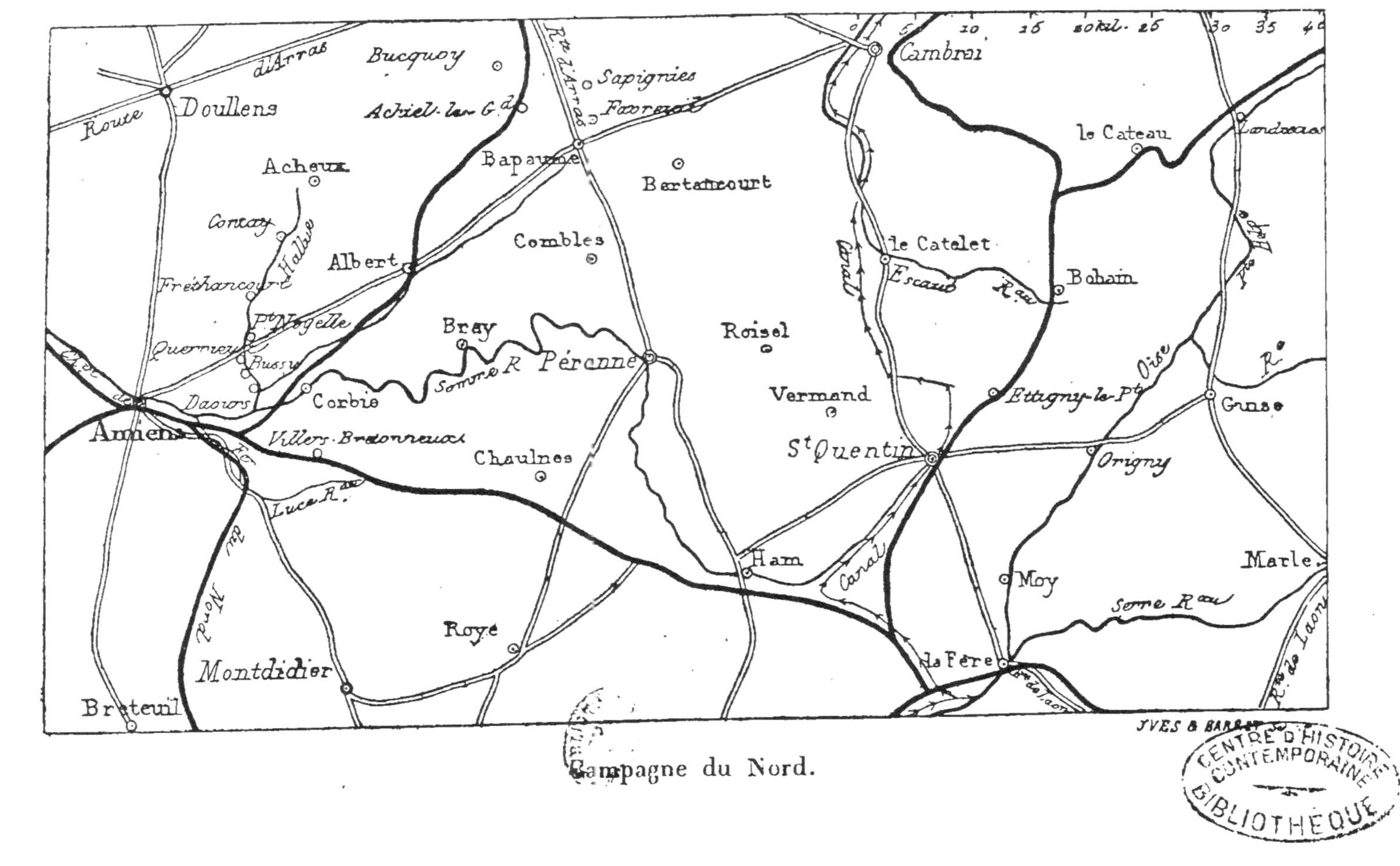

Campagne du Nord.

ses jeunes troupes à une trop rude épreuve : ici, cependant, il eût insisté sans doute, s'il eût deviné le désarroi dans lequel la journée laissait les Allemands. Les poursuivre même trois ou quatre lieues, et affirmer ainsi un succès qu'ils ne manquèrent pas de contester, eût été d'un grand effet moral, quand même il eût fallu se retirer avant l'arrivée de leurs renforts. Nous exprimons ici un regret, non un reproche. Cependant, cette retraite perdait Péronne : l'ennemi employait en hâte, pour ramener ses troupes de Rouen les trois trains journaliers que pouvait former le matériel de la ligne : il s'inquiétait fort d'une nouvelle marche offensive de Faidherbe, qu'on disait renforcé par mer, et pressait le bombardement de Péronne ; malgré la résistance intelligente du commandant du génie Peyre, la place se rendit le 9 janvier, livrant ainsi aux Allemands un point d'appui pour leur aile droite sur la Somme et fermant aux Français l'accès le plus direct sur Paris. Cette nouvelle désola le général Faidherbe ; il publia un ordre du jour sévère pour les défenseurs de Péronne, qui s'étaient refusés à sacrifier leur ville au succès de ses opérations.

Il fallait désormais passer, pour secourir Paris,

entre Amiens et Rouen au risque certain de se faire couper de ses communications; ou à l'est de Péronne par Saint-Quentin, Ham et Compiègne. Les Allemands placés dans le repli de la Somme, couverts par cette rivière et pouvant en déboucher à volonté à Amiens et à Péronne, avaient, pour résister à un mouvement en avant de l'armée française, d'importants avantages.

XXXVIII

BATAILLE DE SAINT-QUENTIN.

Et, pourtant, la situation de Paris ne permettait pas à Faidherbe de se laisser arrêter par les difficultés d'une marche en avant. Dès le 11 janvier, il portait de fortes colonnes vers Amiens et l'Hallue, de façon à attirer l'attention de l'ennemi vers la gauche Allemande. Le général de Gœben, qui, depuis le 8, remplaçait le général de Manteuffel, appelé vers le Sud, concentrait son aile gauche autour d'Amiens, tout en poussant des reconnaissances de Péronne jusqu'aux environs de Bapaume et du Catelet ; mais déjà, le 16 janvier, la division Lippe était repliée de Saint-Quentin vers Ham, et les masses françaises se montraient à la hauteur et à droite de la ligne Amiens-Péronne. Malgré des démonstrations poussées sur Rouen par l'armée du Havre et les corps légers de Normandie, le général de Gœben, jugeant bien l'importance de l'attaque de Faidherbe, avait fait continuer le transport sur Amiens, d'une division du 1er corps. — Au

18 janvier, laissant à Rouen 16,000 hommes environ, il en réunissait 50,000 et 162 pièces de canon contre Faidherbe. A cette date, les reconnaissances sur Bapaume avait fait cesser toute inquiétude pour la gauche et le centre, et l'armée Allemande avait été ramenée dès la veille, entre Péronne et Ham.

Les Allemands prétendaient en finir, cette fois, avec cet infatigable adversaire. Le grand quartier général dirigeait encore vers le Nord, une brigade et une batterie de l'armée de la Meuse. On entendait, dans les villes de l'Oise, traversées par les détachements prussiens, les ennemis se promettre contre Faidherbe, un succès complet, analogue à celui de Sedan.

Cependant, le moment de la rencontre approchait. Une moitié de l'armée allemande se portait de Vermand sur Saint-Quentin par la route directe de Péronne ; l'autre, achevant un mouvement tournant, allait aborder la position par le Sud et l'Est. Elle bordait l'Oise de La Fère à Origny. L'armée française, ainsi resserrée, repoussait la droite ennemie jusqu'à Essigny ; mais était, en ce moment presque enveloppée, sauf du côté du Nord, vers Bohain et le Catelet. Encore, la cavalerie de Grœben, formant l'extrême gauche allemande devait-elle gagner, pendant la bataille, la route de Cambrai.

Faidherbe, rangea le 23e corps à sa droite sur la route de Cambrai, le 22e à gauche, faisant face à la route de La Fère. Le canal les séparait.

Le 22e corps était formé des soldats qu'avait aguerris cette rude campagne de quelques semaines : pendant sept heures, ils opposèrent à la division Barneken, la résistance la plus énergique : six fois, ils repoussèrent les attaques dirigées sur les hauteurs de Gauchy, à une lieue au sud. Ils furent enfin, aux approches de la nuit, rejetés sur les barricades de la ville, qu'ils ne cédèrent qu'à six heures du soir.

Devant le 23e corps, le général Kummer, déconcerté par la puissance inattendue de l'artillerie commandée par le lieutenant-colonel Charon, n'avait avancé que lentement. A la nuit, il avait occupé un instant Fayet, près de la route du Catelet. Il en fut chassé par les brigades Payen et Pauly, cette dernière formée des mobilisés du Pas-de-Calais. L'armée française s'écoula à la faveur de la nuit, emmenant son artillerie intacte, laissant cependant aux mains de l'ennemi quelques milliers de ses soldats improvisés, mal préparés encore aux fatigues d'un combat acharné, aux misères d'une retraite par un temps de dégel, au désordre de la défaite. Les pertes du champ de bataille dépassaient 3,000 hommes pour chaque armée. Celles des Allemands étaient les plus fortes.

La bataille de Saint-Quentin a laissé aux amis et aux ennemis, une haute estime pour l'armée du Nord. Des deux parts, son entreprise avait été jugée téméraire ; mais cette témérité dans le dévouement était justifiée par l'imminence de la chute de Paris. Le succès fut au-dessous des espérances des Allemands, et si chèrement acheté que l'honneur du combat resta au vaincu. L'armée française se retira au delà de Cambrai, et son chef, toujours inébranlable, s'occupait de la refaire et de préparer de nouvelles entreprises, quand l'armistice du 28 janvier fit cesser les hostilités.

L'armée allemande avait poussé ses divisions jusqu'à Cambrai à gauche, Landrecies à droite, et après avoir, sans succès, sommé ces deux places (elle avait jeté des obus dans Landrecies), était revenue sur la Somme et l'occupait d'Amiens à Saint-Quentin.

La campagne était terminée au Nord.

XXXIX

CAMPAGNE DU SUD-EST.

Revenons maintenant à cette première armée de la Loire que nous avons laissée, de Gien à Bourges, trop désorganisée pour prendre l'offensive comme l'en pressait ardemment le général Chanzy : assez forte cependant pour arrêter les corps que le prince Charles avait lancés à sa poursuite. Nous avons vu que le général Bourbaki, son nouveau chef, l'avait jugée hors d'état de prendre l'offensive pour seconder le général Chanzy dans la lutte qu'il soutenait entre Beaugency et Vendôme jusqu'au 17 décembre. Mais, dans la seconde quinzaine du mois, le général avait voulu combiner, avec le général Chanzy, une marche sur Paris pour le moment où la 2e armée s'avança, en effet, jusqu'au Loir. Les combinaisons du ministère furent tout autres, et isolèrent complétement l'action des deux armées.

On s'était demandé souvent, pendant le siége de Metz, si, en supposant exactes les affirmations du Gouvernement sur la constitution, dès le mois de septembre, d'une armée sérieuse en province, si, dis-je, il ne serait pas à propos de la réunir entre la Loire et la Seine et de la porter au secours de Metz, où l'on trouverait les cadres et le matériel que Paris ne pouvait à aucun degré, fournir à nos jeunes troupes. Une démonstration sur cette partie de la ligne allemande était peut-être, en effet plus rationnelle qu'une tentative sur Paris, qui pouvait résister longtemps seule, et que délivrerait, sans aucun doute, le moindre succès dans l'Est. Cela n'avait pas été tenté, et n'avait sans doute pu l'être; cependant, c'est une idée analogue que le Gouvernement voulut réaliser, alors que Metz était tombée après Strasbourg, et que la délivrance de Paris devenait urgente. MM. Gambetta, Freycinet et de Serres, qui représentaient la direction militaire, songèrent à envoyer dans l'Est une force assez imposante pour vaincre l'armée relativement faible, que les Allemands entretenaient au sud des Vosges, et qui n'avait eu, jusque-là, qu'à assiéger Belfort et résister à Garibaldi et à Cremer. On demandait ainsi à l'armée convalescente de Bourges une manœuvre très-étendue par une bien rigoureuse saison. C'était ne pas tenir un compte suffisant des conditions nécessaires à une armée pour qu'elle soit en état d'exécuter les grandes conceptions qu'admire l'histoire. Mesurer la carrière à parcourir aux moyens dont on dispose, c'est la première condition du succès : elle exige un grand bon sens uni à l'expérience, au savoir spécial, à la juste appréciation des hommes et des choses.

Nous avons laissé les Allemands repoussés d'Autun et rétrogradant sur Dijon par Châteauneuf dans les premiers jours de décembre. Le général de Werder disposant de 45,000 hommes environ, appuyé sur Strasbourg, l'Alsace, la Lorraine, fortement occupées, courait, en définitive, peu de risques en présence des forces médiocres laissées devant lui : le 20e corps (commandant Crouzat) avait été appelé dans l'Ouest pour concourir à la bataille de Beaune-la-Rolande et l'organisation des armées de l'Est, mal secondée par Lyon en proie à tous les désordres de la démagogie, avait fait très-peu de progrès pendant l'automne. — Il faut excepter la place de Belfort, qui eut la bonne fortune, à peu près unique dans cette guerre, d'avoir le temps et les moyens de se préparer au siége qu'elle dut subir.

Après plusieurs changements de chef, elle se

trouva commandée par le colonel Denfert, qui y résidait auparavant comme commandant du génie. Dans les deux mois qui précédèrent le siége, on put, entre autres préparatifs, établir des ouvrages avancés d'un bon profil, dont l'existence n'était pas révélée par les plans que les Allemands avaient trouvés à Strasbourg, et qui déconcertèrent leurs prévisions et leurs mesures.

La garnison se montra, avec les inégalités qui sont le propre des jeunes troupes, en même temps faible sur certains points, héroïque sur d'autres. Attaquée le 3 novembre, elle avait tenu l'ennemi hors de portée jusqu'à la mi-décembre, et Belfort était un des points si rares dans la zone disputée où la pensée de la nation se posait avec orgueil et espérance! — Langres tenait aussi, et, malgré des menaces suivies de quelques commencements d'exécution, ne fut réellement pas attaquée. Mais le général de Werder, chargé à la fois d'assiéger Belfort, d'isoler Langres, d'observer Besançon, de contenir Garibaldi et Cremer, enfin, de défendre partout les lignes des Allemands contre les entreprises des francs-tireurs, avait réellement fort à faire.

XL

COMBAT DE NUITS.

Le 18 décembre, de Werder essaya de mettre hors de cause la force la plus sérieuse qui lui fût opposée, l'armée de Cremer. Le général de Glumer reçut l'ordre de faire une pointe sur Nuits, qu'occupait cette armée; on essayait en même temps de la faire tourner par la brigade Degenfeld, suivant la manœuvre favorite de l'armée allemande, et de l'enlever ou de la détruire. Mais ces deux colonnes, écartées de deux lieues à peu près, n'arrivaient pas ensemble sur Nuits : Cremer résistait, en avant de Nuits même, à la colonne principale, lui tuait 1,200 hommes, parmi lesquels le colonel Renz, qui remplaçait le prince Guillaume de Bade, blessé dans l'attaque, et faisait sur Beaune une retraite imposante, au lieu d'aller tomber en désordre dans les rangs de Degenfeld. C'était une affaire manquée pour les Allemands, qui rentraient à Dijon sans avoir réussi à le mettre hors de combat.

En apprenant la bataille de Nuits, le ministère se dit qu'une armée, plus forte que celle de Cremer eût pu défaire l'armée de Werder et faire lever le siége de Belfort : au lieu de diriger Bourbaki sur Fontainebleau, conformément aux intentions publiées le 17 décembre, il résolut de l'envoyer dans l'Est, comptant qu'il prendrait une supériorité décidée sur les Allemands dans la haute Alsace. Cela eût pu réussir si le désordre de la retraite d'Orléans eût été tout à fait réparé, les soldats bien pourvus d'armes, de vêtements et de chaussures, les vivres préparés (on n'en trouva pas pour huit jours à Besançon, où l'on annonçait un approvisionnement d'un mois), enfin, si les chemins de fer, au lieu d'être obstrués de convois accumulés sans ordre, eussent été méthodiquement mis en état de rendre chaque jour un service déterminé et de faire à chaque besoin sa part.

Mais, hélas! MM. Gambetta, de Freycinet, de Serres, quelle que fût leur activité, étaient loin de pouvoir suffire aux combinaisons dont ils gardaient le monopole. Le 20 décembre, ils envoyaient aux 18e et 20e corps l'ordre de partir, le 20e, de Bourges pour Châlons-sur-Saône; le 18e, de Saincaize sur Chagny ; c'étaient soixante-deux lieues d'une part et quarante-trois de l'autre.

L'emploi de tous les moyens de transport ne fit rien gagner sur le temps nécessaire pour faire ces routes par étapes, et l'ensemble y perdit ce qu'il aurait gagné à des marches régulières.

A ce moment, les 18e et 20e devaient combiner leur action avec celle de Garibaldi et de Cremer vers Dijon, tandis que le général de Bressolles, joignant à son 24e corps, organisé à Lyon, la garnison de Besançon, menacerait directement les assiégeants de Belfort. Le 15e corps restait à Bourges pour couvrir le centre et tromper l'ennemi, jusqu'à ce que le 25e, en formation, le relevât dans ce poste. Dès la fin du mois, on jugeait cette formation suffisante, et l'on acheminait le 15e corps par Besançon sur Montbéliard ; il devait quitter le chemin de fer à Clerval (à mi-chemin de Besançon à Montbéliard). La gare n'avait que des moyens de débarquement très-insuffisants, et les cent quatorze canons du 15e mirent plusieurs jours à prendre terre.

Mais, dès le 24 décembre, le mouvement du 24e corps de Lyon sur Besançon était signalé par le général de Werder au quartier général : le prince Frédéric-Charles, de son côté, mandait que, depuis le 22 décembre, Bourbaki était en marche vers l'Est. Le roi put donc prendre ses mesures pour faire manquer les combinaisons de M. de Freycinet.

Les troupes des Vosges durent abandonner Dijon et se concentrer sur l'Alsace : on ne jugea pas même nécessaire de renoncer au siége de Belfort. On y envoya 10,000 hommes, alors disponibles à Strasbourg, sous le général Debschütz, et le général de Treskow, commandant du siége, les plaça à Delle. En même temps, le 25, le général de Zastrow dut porter le VIIe corps à Châtillon-sur-Seine : il y eut toutefois un temps d'arrêt, par suite de nouvelles contradictoires, jusqu'au 30 décembre. Les Allemands formaient deux grosses masses, l'une de Belfort à Vesoul ; l'autre vers l'Yonne (deux cents kilomètres environ), avec des postes intermédiaires à Gray et à portée de Dijon. Tous les ponts sur le Doubs avaient été détruits par les Français : c'était là une mesure de défense peu convenable pour une armée supérieure prête à prendre l'offensive.

Le transport de l'armée de Bourbaki se continua péniblement, avec de grandes souffrances pour les troupes, à la fin de décembre et au commencement de janvier. Arrivé à Dôle, le général quitta la vallée du Doubs, qui l'aurait amené au sud de Belfort, pour remonter la vallée de l'Ognon, qui le conduisait au nord de cette place et sur la ligne des postes du XIVe corps. Le général de Werder se trouverait ainsi acculé sur Belfort même et forcé d'y livrer bataille.

Le général de Werder était resté jusqu'au 6 janvier dans l'incertitude sur les projets de Bourbaki. Il laissait devant Belfort le général de Treskow, couvert, à Delle (frontière de Suisse), par le détachement Debschütz, et à Héricourt et Montbéliard, entre l'Ognon et le Doubs, par deux petits corps. Lui-même se tenait à Vesoul et aux environs, prêt à prendre en flanc Bourbaki si celui-ci menaçait les communications de la grande armée. Le 6, il avisait le quartier général de la direction probable de l'armée française et demandait des ordres.

Le 7, on lui répondait : qu'il devait maintenir le siége de Belfort, tout en veillant bien sur ses communications et faisant détruire, au besoin, les routes qui permettraient de le tourner par le sud des Vosges. Sa retraite resterait toujours possible sur l'Alsace; mais on comptait que l'organisation très-défectueuse des moyens de transport de l'armée française ne permettrait pas à celle-ci de quitter les lignes de chemin de fer.

On lui recommandait, comme aux gouverneurs d'Alsace et de Lorraine, la répression la plus rigoureuse de toute tentative de soulèvement.

On le prévenait que les IIe et VIIe corps, ce dernier complété par l'envoi de la XIVe division, qui venait de prendre Mézières et Rocroy, allaient marcher vers le sud sous le commandement du général de Manteuffel, rappelé à cet effet de l'armée du Nord, pour aller prendre à Paris, les ordres du roi. Manteuffel allait menacer dès à présent le flanc gauche et les derrières de Bourbaki, et serait d'ailleurs à portée de recueillir Werder s'il y avait lieu.

Le 7 également, de Werder constatait que l'armée française n'avait fait que des démonstrations sur Vesoul, et, en réalité, passait directement au sud vers Belfort. Se jeter sur son flanc gauche, au risque de se laisser couper de Belfort, ne lui parut pas possible. Certain, d'ailleurs, de manœuvrer plus facilement et plus vite que les Français mal équipés et mal nourris, il marcha par sa gauche dans la direction de Belfort, de façon à couper la route à l'armée française. Le 8, celle-ci était signalée à Montbozon : les deux armées suivaient deux routes convergentes, et toutes deux étaient à vingt kilomètres environ de Villersexel, sur l'Ognon, où ces routes se croisaient.

XLI

BATAILLE DE VILLERSEXEL.

Le 9, à dix heures et demi du matin, la division Schmeling enlevait Villersexel à l'avant-garde du XXe corps.

Mais l'armée française arrivait successivement et attaquait avec une énergie croissante la ville et le parc : malgré l'appel d'une partie de la division badoise, d'abord dirigée sur la route circulaire qui va de Lure à Belfort, les Allemands étaient chassés de la ville; puis, à 7 heures du soir, un dernier élan, dirigé par Bourbaki lui-même, les chassait du château. Schmeling repassait l'Ognon à Aillevans, et tout ce qui couvrait le pays depuis Vesoul jusqu'à Ronchamp devait se rallier à lui : la masse allemande était ainsi un peu plus éloignée de Belfort que l'avant-garde française; mais elle comptait sur sa plus grande rapidité de mouvement. Le 11, en effet, la IVe division de réserve et la division badoise occupent, d'Héricourt à Gouthenans, la ligne qui couvre Belfort entre les deux chemins de fer de Vesoul et de Besançon. Trois régiments de cavalerie, laissés à Lure au colonel Willisen, avec un bataillon et deux batteries d'étapes, ont ordre d'inquiéter les derrières de l'armée française. Les troupes qui couvraient le siége de Belfort prennent, de Montbéliard à Héricourt, la gauche de celles qu'amenait le général de Werder.

XLII

BATAILLE D'HÉRICOURT.

La ligne de l'Allaine, de Montbéliard à la frontière suisse, est marécageuse et n'exige que peu de troupes pour sa défense, tandis que celle de la Lizaine, qui remonte de Frahier vers Montbéliard, plus facile à franchir pour une grande armée, et couvrant plus directement Belfort à dix ou douze kilomètres de distance, offre de bonnes positions défensives. Entre les deux vallées, le château de Montbéliard, récemment déclassé comme place forte, mais non démoli, donnait à l'armée allemande un très-solide appui ; enfin, ce champ de bataille était le dernier où l'on pût arrêter l'armée française. Quoique celle-ci eût, à Villersexel, prouvé plus d'élan et de vigueur que de Werder n'avait cru en trouver en elle, il résolut cependant de lutter de nouveau, avec toutes ses forces réunies, pour lui interdire le passage de la Lizaine. Il avait 60,000 hommes environ.

L'armée française arrivait, en effet, avec une lenteur qu'expliquaient trop et ses souffrances, et l'état des routes, et son nombre même. Elle s'était massée à Villersexel du 9 au 12. Le 13, seulement, elle avait repoussé d'Arcey (vingt kilomètres de Villersexel, quinze de Montbéliard) les avant-postes allemands. Sa gauche était devant Lure et forçait le colonel de Willisen à se replier, le 14, sur Ronchamp.

Le 15 janvier, par un froid de quatorze degrés (le thermomètre était descendu la nuit à dix-sept), les deux armées allaient s'aborder. Montbéliard était la position dominante : ce fut le but indiqué au 15e corps : il dut y marcher, la droite au Doubs, ayant derrière lui le chemin de fer de Besançon, qui amenait jusqu'à Clerval les approvisionnements dont l'armée vivait au jour le jour. Puis venaient le 24e, le 20e corps (Clinchant), où se trouvait le général en chef, en face d'Héricourt; ensuite le 18e (Billot), en face de Chagey, et, au loin, à gauche, Cremer menaçant Lure.

Le 15e partit de Saint-Julien à neuf heures et demi, enleva la ferme et le plateau de Montchevis; mais fut arrêté devant Montbéliard par les pièces de siége amenées de Belfort et provenant de Strasbourg : le soir seulement, notre infante-

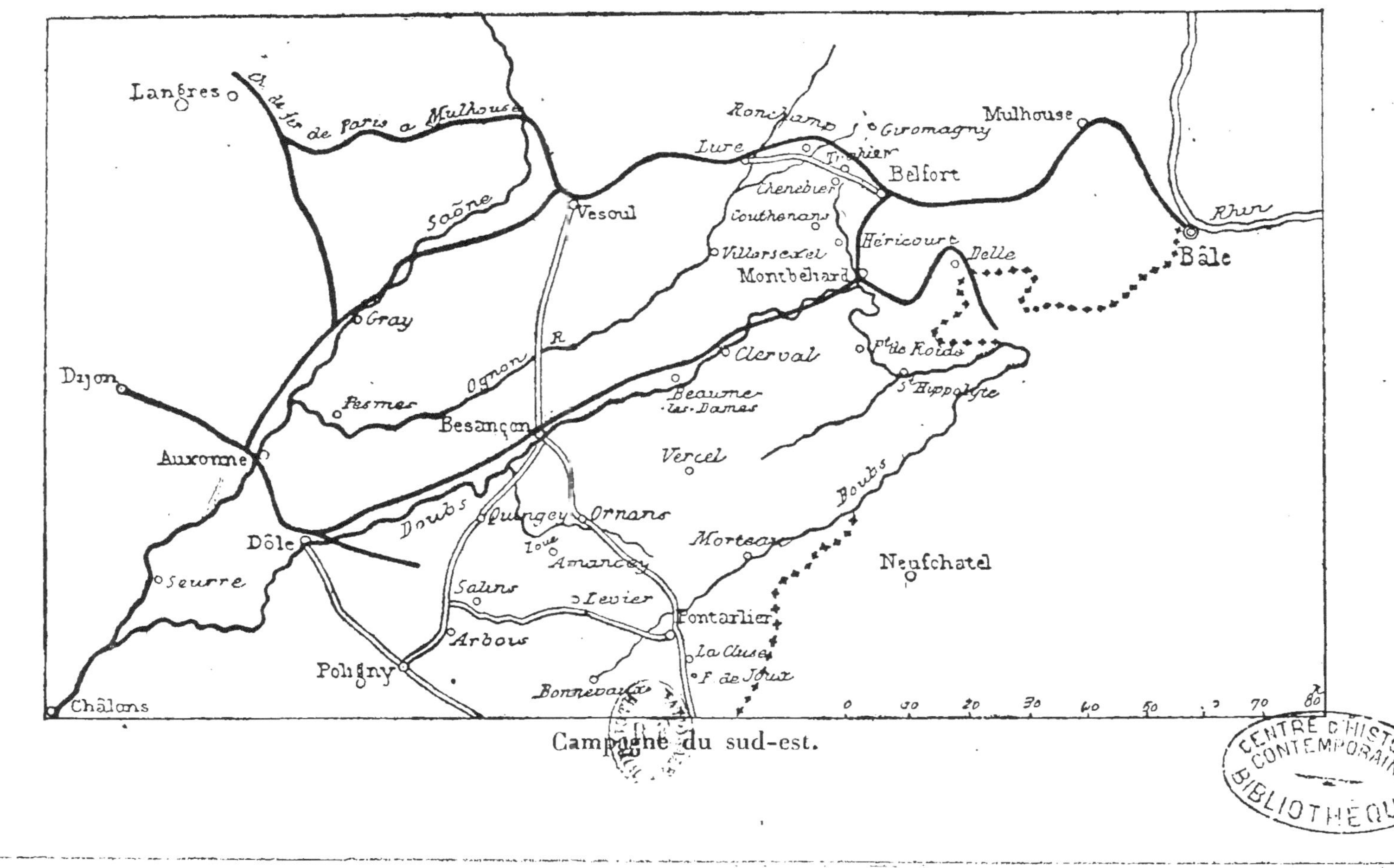

Campagne du sud-est.

rie put entrer dans la ville; l'ennemi s'était retiré dans le château. Busserel, au nord de Montbéliard, avait été également occupé.

Sur toute la ligne, on s'était heurté à l'ennemi sans obtenir de résultat décisif; la marche avait été lente, difficile; la journée était courte. Les attaques répétées du 18ᵉ contre Chagey n'avaient pu aboutir; à Lure, à Héricourt, la lutte s'était bornée à un violent combat d'artillerie. Au sud de Montbéliard, au nord de Chagey, il n'y avait eu que des démonstrations.

Le 16, on partait des bords mêmes de la Lizaine; un brouillard épais régnait jusqu'à midi, et l'artillerie ne pouvait entrer en action avant cette heure-là; la ligne allemande, attaquée partout avec acharnement, ne céda qu'à sa droite, où le général Degenfeld fut repoussé par le général Cremer de Chenebier jusqu'à Frahier, sur la branche est de la Lizaine. Le plan du général Bourbaki était d'appuyer au nord et de tourner l'ennemi de ce côté : la prise de Chenebier préludait bien à cette offensive de la droite, et était signalée comme un grave événement par le général de Werder.

Dans la nuit, à huit heures, un mouvement est essayé sur Béthencourt, entre Montbéliard et Busserel ; il est repoussé ; une autre attaque, tentée à trois heures du matin sur Héricourt, a le même sort. De leur côté, les Allemands, renforcés à Frahier par le général Keller, attaquent Chenebier à quatre heures : ils sont repoussés du village, mais se maintiennent à proximité.

La garnison de Belfort, assez nombreuse, mais composée de troupes peu solides, n'avait pas essayé d'intervenir dans la lutte : l'armée française s'était épuisée en vain sans parvenir à rompre l'armée allemande. Il fallait reculer pour vivre, bien qu'on ne sût pas encore quels terribles dangers menaçaient cette retraite. Bourbaki comptait sur la présence de Garibaldi à Dijon pour couvrir sa gauche.

XLIII

MARCHE DE MANTEUFFEL.

Le succès de la résistance du XIVe corps rendait toute liberté de manœuvres au général de Manteuffel, alors arrivé à quelques étapes de la ligne du Doubs. Il résolut aussitôt de marcher de façon à couper la retraite sur Lyon à l'armée française repoussée d'Héricourt et à la rejeter en Suisse.

Bien des causes semblaient faire de ce projet une chimère, et il fallut bien des malheurs et bien des fautes pour le faire réussir. Toutefois, il faut reconnaître qu'il n'y avait point de témérité à le tenter. L'armée française, suivie par l'armée de Werder, qu'elle n'avait pu vaincre, incapable, par défaut d'organisation et d'administration, de lutter de vitesse avec ses adversaires, ne pouvait résister même à une seule des deux armées ennemies que dans une situation absolument défensive ; le général Manteuffel ne risquait donc guère que de ne pas réussir.

Les IIe et VIIe corps, réunis le 13 au matin entre Nuits et Châtillon (de l'Armançon à la Seine) étaient plus près que Bourbaki de Dôle et de la route directe de Belfort à Lyon; mais leur route était barrée par Garibaldi, rentré à Dijon et placé avec 25,000 hommes environ sur le plateau montueux qui sépare les vallées de la Seine et de la Saône. D'autre part, de Werder, repoussé à Villersexel, pouvait être vaincu et contraint à la retraite; il fallait être en situation de le recueillir. Le général de Manteuffel se décida à se porter sur Vesoul en passant entre Langres, bloquée et passive, et Dijon, qu'il fallait rendre aveugle ou impuissante. Une fois à Vesoul, il établirait, par Épinal et Nancy, sa ligne d'opérations.

Le général Keller fut chargé, avec l'aide des troupes d'étapes du gouvernement de Lorraine, de maintenir les garibaldiens : à gauche, l'armée en marche rejeta aisément sur Langres les détachements sortis de la place. Le gros de cette armée avait défilé à vingt-sept kilomètres au nord de Dijon sans paraître éveiller l'attention de l'armée de francs-tireurs qui occupait cette ville. Le 17, l'armée allemande était tout entière au sud et à vingt-cinq kilomètres de Langres.

Le 18, Manteuffell recevait la nouvelle de la bataille d'Héricourt. A l'instant même, il répondit à de Werder qu'il allait courir au sud par Fontaine-Française et Gray. Le 20, il était sur la Saône, de Dampierre à Gray, et recommandait à de Werder de prendre vivement l'offensive.

Ici se place un épisode sans grande portée; l'attaque de Dijon par le général Keller. Le général Keller, après avoir repris Avallon et repoussé les partis français à l'ouest de Dijon, était revenu à Montbard, sur l'Armançon, à trente kilomètres nord-ouest de Dijon. Quelque dédain que dut inspirer l'armée garibaldienne, surtout après l'heureux passage de l'armée de Manteuffel, c'était beaucoup prétendre que d'essayer de lui enlever Dijon avec une simple brigade. Trompé par l'inaction de cette armée, qui laissait les coureurs prussiens approcher à une lieue de la ville, Keller l'attaqua les 20, 21 et 22 janvier, faillit réussir, et garda encore, dans sa retraite sur Montbard, une attitude offensive. On avait si grand besoin d'annoncer des succès à Tours, qu'on vanta très-haut le médiocre fait d'armes d'avoir tenu Dijon contre un assaillant quatre fois moins nombreux que les défenseurs. Quoi qu'il en soit, cette armée fut laissée à son triomphe, mais n'essaya nullement d'intervenir dans le drame terrible qui se jouait à quelques lieues d'elle.

Bourbaki reculait le long du Doubs et, bientôt, entre le Doubs et la frontière de Suisse : entre les troupes et les deux armées qui se jetaient sur lui, l'une dans la vallée même, l'autre par Dôle et Lons-le-Saunier, sur ses derrières, s'établissait une lutte de vitesse. Le 22, l'armée arrivait à Besançon; mais, dès la veille, deux cent trente wagons chargés pour elle de vivres, de fourrages, d'équipements, avaient été pris à Dôle sur le chemin de fer. — Werder occupait l'intervalle entre le Doubs et l'Ognon. Bourbaki se voyait confiné dans l'étroit espace qui s'ouvre du Doubs à la frontière, ou forcé de s'arrêter à Besançon, et de s'y arrêter sans vivres, sans moyens d'y prolonger la lutte!

Il se décida à reculer sur Pontarlier, c'est-à-dire sur la frontière, avec la pensée de réorganiser l'armée, en retardant sa rencontre avec l'ennemi et d'éloigner celui-ci de sa base d'opérations. Mais déjà Manteuffel avait franchi le Doubs et occupait Quingey, son quartier général à Dôle. Werder était à cheval sur le Doubs, de Montbozon à Beaume-les-Dames, trouvant encore les Français devant la gauche, à Blancourt : les VIIe et IIe corps tournaient autour de Besançon et faisaient face au centre et à la gauche de l'armée française adossée à la frontière de Suisse.

Sur les traces de cette armée on trouvait, avec beaucoup de blessés et de malades, notamment de la petite vérole, de malheureux traînards dont l'état témoignait de la désorganisation et de la misère générales : les armées allemandes en étaient plus âpres à la poursuite, moins inquiètes de la possibilité d'une opération offensive sur quelque point de leur ligne.

Le 24, le 15e corps, après avoir défendu Beaume contre Debschütz, recula sur Besançon ; la position de l'armée française se resserrait sur les deux rives de la Loue, sauf pour le 24e corps (Bressolles), qui disputait à l'aile droite de Werder la vallée de l'Ognon en reculant sur Besançon. Le 25, toute l'armée était en route sur Pontarlier. Parmi les Allemands, Debschütz gardait la rive gauche du Doubs à six lieues en amont ; le IIe corps couvrait, de Villers-Sarley à Salins, les chemins de fer de Lyon à Besançon et à Pontarlier, après avoir occupé Poligny et Arbois et masqué Salins. Le VIIe et le reste du

XIVe corps enveloppaient Besançon sur la rive droite du Doubs. Toutefois, on n'était pas sans inquiétudes du côté de Dijon, du côté de Lyon, de la part même de Bourbaki, assez fort pour rompre le demi-cercle qui le pressait, s'il pouvait rendre quelque consistance à son armée. Manteuffel avait espéré de l'entourer à Besançon même, comme on avait entouré Mac Mahon à Sedan. Mais cette place, mal pourvue de vivres, n'ayant pu offrir un asile à l'armée française, celle-ci avait reculé vers la frontière, plus difficile à saisir dans cette position et au milieu des montagnes. Un très-grand nombre d'isolés avaient franchi les lignes allemandes : beaucoup avaient été pris. Il était évident que les plus énergiques restaient seuls au drapeau; il restait juste assez d'organisation pour que la marche générale fût retardée par les efforts faits pour y apporter quelque ordre et rendre de la consistance aux corps.

Cependant, l'action de Manteuffel (IIe corps, Fransecky) se faisait sentir de plus en plus sur la gauche; celle-ci se rapprochait de Pontarlier. A droite il en était de même, et l'on abandonnait la Loue. Les tristes détails de toutes ces journées, montrent le général sans cesse occupé de rallier ses troupes, de leur donner des positions militaires, de façon à reculer sans fuir. Ses troupes ne sont plus capables de résistance sérieuse : il voit ses efforts inutiles, en même temps que le gouvernement gourmande sa lenteur. Il cède au désespoir, et c'est une tentative de suicide qui prive cette armée de son chef au moment suprême, comme il était arrivé à l'armée de Sedan par la blessure du maréchal de Mac Mahon.

Ainsi, le général Clinchant exerçait déjà le commandement quand, le 28, l'ordre ministériel lui arriva de remplacer Bourbaki.

Le général Clinchant trouvait le gros de l'armée de plus en plus resserré sur le chemin de fer de Besançon à Pontarlier. Il avait cependant encore une partie de ses forces dans les environs de Belfort, à Blamont et Saint-Hippolyte, et les Allemands purent croire à une reprise d'offensive des Français contre la gauche du XIVe corps. Mais leur incertitude dura peu, et, dès le 29, ils arrivaient, après un combat qui leur livra 4,000 prisonniers du 15e corps, dont deux généraux, à Levier, Sombacourt, Chafford, à quatre kilomètres de Pontarlier, sur la route de Salins. Au sud, ils avaient franchi Nozerai et les Planches.

A ce moment, arrivait, aux deux camps, la nouvelle de l'armistice conclu à Paris le 28 ; mais les Allemands étaient avertis par M. de Moltke « que l'armée du Sud devait continuer ses opérations jusqu'à ce qu'elle eût obtenu un résultat définitif » ; en sorte que la chute de Paris excitait son ardeur, tandis que le général Clinchant, ignorant la fatale exception contenue dans le traité, laissait tomber ses armes. Le 30, quand on dut les reprendre, la marche continuée des Allemands aggravait la position. Ils enlevaient Frasne, sur le chemin de fer, et 1,500 prisonniers. Cremer était à Saint-Laurent, séparé de l'armée, mais à peu près sauvé par cela même.

Abrégeons le récit de cette agonie, qui rappelle celle de l'armée vendéenne après Savenay. Le 1er février, toute l'armée allemande aborde Pontarlier, qui est enlevée presque sans résistance. Cependant, le 18e corps est encore à la croisée des routes de Mouthe et de Rochejeau, appuyé par le fort de Joux, près de la Cluse, à quinze kilomètres au sud de Pontarlier. Là, un dernier combat s'engage avec le IIe corps prussien, qui, repoussé tout le jour, s'attache seulement à achever de couper les routes du sud jusqu'à la frontière. Il n'y parvint qu'imparfaitement, et une partie du 18e corps put regagner la route de Lyon. Le reste de l'armée était entré en Suisse, en vertu d'une convention passée le 1er février avec le général Herzog; le capitaine de frégate Pallu de la Barrière, après avoir soutenu, avec la réserve qu'il commandait, un très-honorable combat devant Salins, parvint, avec 60 hommes de bonne volonté, à franchir les lignes pour rentrer à Lyon.

Les hostilités continuèrent jusqu'au 13 février. Garibaldi avait évacué Dijon par le chemin de fer dès le 1er. Belfort fut occupée, sur l'ordre du gouvernement français, et sa garnison sortit avec ses armes. Besançon, Auxonne, Langres, restèrent aux Français avec leur territoire militaire. Le reste des départements du Doubs, du Jura, de la Côte-d'Or fut occupé par les Allemands.

XLIV

SUITE ET FIN DU SIÉGE DE PARIS.

Revenons enfin à ce siége de Paris autour duquel se produisait la lutte des deux nations, les Allemands employant tous leurs efforts à préserver leurs lignes de l'attaque des armées françaises ; et nos armées de province prodiguant leur activité et leur courage pour tâcher d'arriver jusqu'au cercle d'ennemis qui enveloppait la capitale et pour le rompre.

Nous savons déjà que ces armées furent tenues à distance, non-seulement du siége de Paris, mais aussi de la longue ligne d'opérations qui partait des frontières allemandes. Nous avons vu qu'une défensive savante avait été organisée dans tous les départements envahis, tandis que des troupes actives, bien préparées et déjà, pour la plupart, aguerries par d'heureux débuts de campagne, pourvues d'ailleurs d'armes, de munitions, de vivres, par une prévoyance supérieure, et des mesures bien combinées d'avance, se portaient au-devant des armées françaises, et les combattaient avant qu'elles eussent pu acquérir quelque solidité, quelque expérience de la guerre.

L'armée de siége proprement dite, formée des IIIe et IVe armées, commandées, l'une par le prince royal, l'autre par le prince de Saxe, sous la direction immédiate du roi et du grand quartier général, avait, d'une part, à veiller sur les corps détachés qu'elle soutenait au besoin, de l'autre, à contenir les efforts que tenterait l'armée de Paris pour rompre le cercle qui l'entourait.

Nous avons laissé le gouvernement du général Trochu affaibli par l'émeute du 31 octobre et par le désaccord qui allait grandissant entre lui et la population parisienne. Celle-ci ne pouvait se rendre compte des difficultés de tout ordre qui paralysaient les efforts du général Trochu. Elle croyait possible de prendre l'armée prussienne corps à corps et de lutter contre elle en profitant de sa dissémination sur l'immense pourtour de la place. Le général Trochu n'attendait que de l'action des armées extérieures la délivrance de Paris, et ne prétendait, avec les forces dont il disposait, qu'à se défendre contre une attaque de vive force ; — puis, à envoyer à ces armées le secours d'une partie de ces troupes :

il s'agissait de faire *évader* de Paris 30 à 50,000 hommes.

Le plan du général n'a été connu que plus tard ; il consistait à préparer, dans la presqu'île de Gennevilliers, des appuis pour une attaque de vive force entre le canal de l'Ourcq et la basse Seine : à partir de Bezons et, en même temps, de Saint-Denis, d'Aubervilliers, du Mont-Valérien, pour jeter dans la vallée de la basse Seine une armée qui pourrait surprendre deux ou trois marches et gagner les environs de Rouen avant d'être poursuivie, la majeure partie de l'armée allemande étant réunie sur la rive gauche ; ce qui resterait dans Paris suffisait à la défense passive à laquelle il voulait se borner.

Malgré l'autorité que son expérience militaire et son titre politique lui conféraient sur le gouvernement, l'initiative plus ardente de Gambetta faisait, en cas de dissentiment, pencher la balance du côté de celui-ci. L'armée nouvelle se trouvait à Orléans, et le gouvernement de Tours prétendait diriger son attaque principale du sud au nord, et non de l'ouest à l'est, ce qui eût allongé la ligne d'opérations de l'ennemi, et semblait, par suite, plus indiqué. Les généraux Trochu et Ducrot se décidèrent à reporter de l'ouest à l'est de Paris leurs moyens d'action, et à préparer un mouvement sur Fontainebleau et Orléans.

Ce revirement remplit la seconde moitié du mois de novembre, et ce temps fut employé aussi à raffermir et compléter l'organisation de l'armée du général Ducrot, qui devait jouer le rôle essentiel dans l'opération projetée. — Elle comprenait près de 100,000 hommes répartis dans les trois corps Blanchard, Renault, d'Exéa; elle devait être appuyée à droite, par les six divisions (70,000 hommes environ) du général Vinoy, qui gardait la rive gauche ; à gauche par un corps de 30,000 hommes environ, répartis en trois brigades sous les ordres de l'amiral la Roncière le Noury. Restaient en réserve 100,000 hommes environ tirés de la garde nationale et organisés, depuis le 8 novembre, en bataillons de marche.

XLV

BATAILLE DE CHAMPIGNY.

Le 28, la 2e armée (général Ducrot) était transportée tout entière à portée du nouveau champ de bataille adopté pour l'attaque des lignes prussiennes. Les corps Blanchard et Renault devaient franchir la Marne à Joinville : le 3e corps (d'Exéa) devait la franchir un peu plus tard vers Nogent. Joinville est au fond d'un repli de la rivière qui vient toucher le bois de Vincennes, et qui a 3,5 kilomètres de profondeur sur 1,800 mètres de largeur. Le passage était assuré, à droite, par la presqu'île de Saint-Maur formée par un repli en sens inverse, fortement occupée et défendue par la redoute du même nom : à gauche, par le fort de Nogent et, plus loin, par le plateau d'Avron qu'enlevaient, le 28 même, 3000 marins de l'amiral Saisset, et qu'on pourvoyait d'un armement formidable.

Les premiers pas de Ducrot ainsi défendu sur ses deux flancs, et protégé d'ailleurs en arrière par les redoutes de Gravelle et de la Faisanderie,

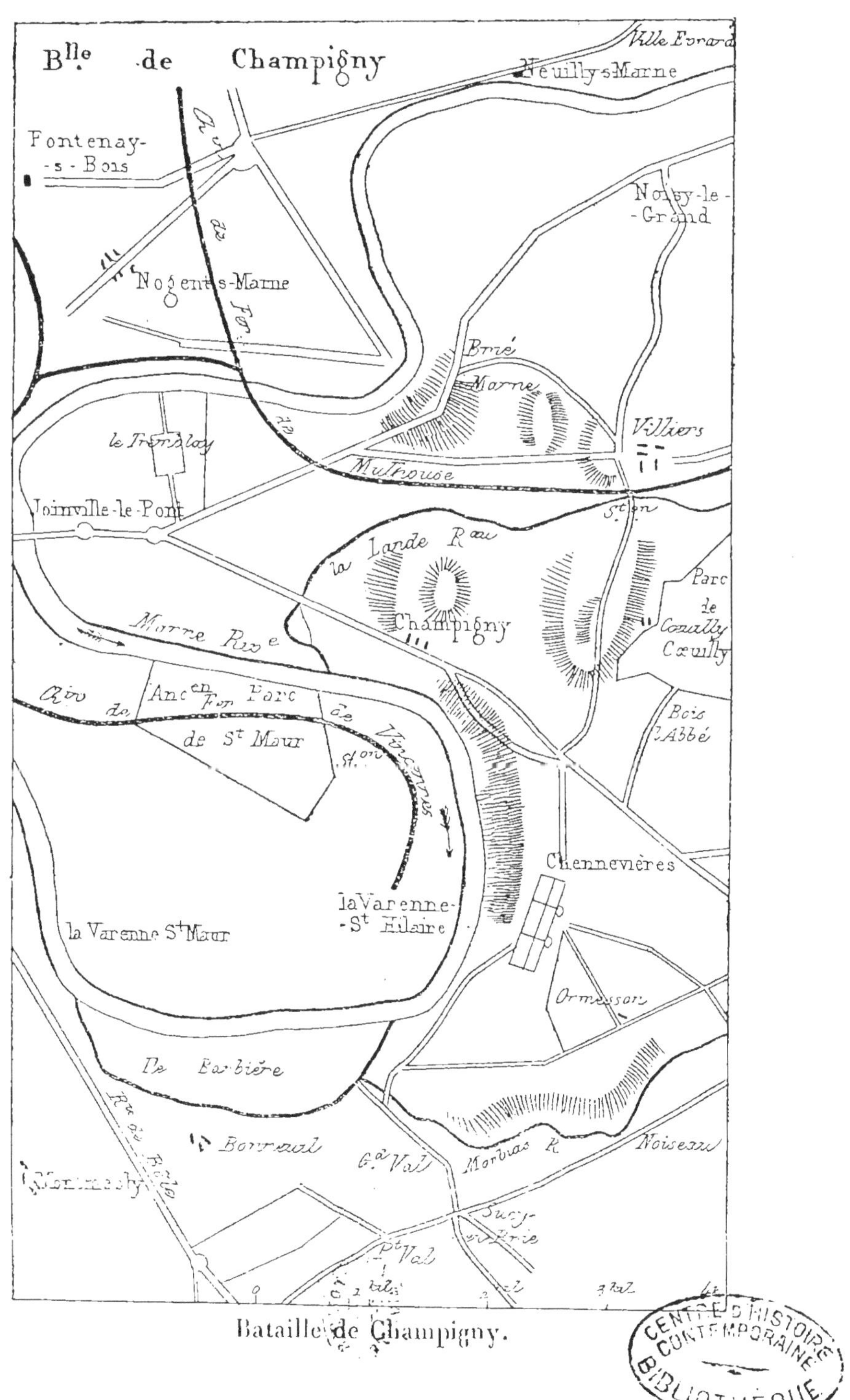

Bataille de Champigny.

seraient donc assurés et sa retraite, si elle devenait nécessaire, pourrait être couverte. Mais, ce n'était qu'au delà de ce repli bien défendu que commencerait réellement la lutte. C'étaient les hauteurs de Villiers, de Cœuilly, qu'occupait la division wurtembergeoise plus forte qu'une division ordinaire et appuyée, à droite par les Saxons du XIIe corps, à gauche par les IVe et VIe Prussien. C'était par un combat de front contre des hauteurs fortifiées qu'il faudrait s'élever des deux côtés du vallon de la Lande et du chemin de fer de Mulhouse : à droite, à travers Champigny, qui couvre la pente menant à Cœuilly ; à gauche contre Villiers, placé au centre de la courbe générale de la Marne, entre Gournay et Chenevières.

L'opération devait avoir lieu le 29. Elle serait secondée par des efforts plus ou moins sérieux tentés sur tout le périmètre de la place. Épinay serait attaquée par les marins de l'amiral la Roncière, — des démonstrations auraient lieu à partir du Mont-Valérien : surtout, le général Vinoy attaquerait vigoureusement, sur la rive gauche, Choisy, Thiais et Lhay, de façon à empêcher les Allemands d'envoyer de là des renforts entre Seine et Marne.

Malheureusement la saison, dont la beauté avait favorisé la marche des Allemands et l'investissement de Paris, commençait déjà à contrarier singulièrement les opérations du général Trochu. Le pont de Joinville avait été détruit par ses ordres après le 19 septembre. Une crue de la Marne empêcha les bateaux qui remontaient la rivière pour aller former des ponts mobiles au-dessus du pont fixe détruit, de franchir les rapides déterminés par les ruines mêmes de ce pont. On remit le passage au lendemain, et, malheureusement, on négligea de prévenir à temps le général Vinoy : celui-ci avait fait enlever, avant le jour, la gare aux Bœufs, en avant de Choisy, par l'amiral Pothuau et Lhay par la brigade Valentin de la division Maud'huy. Mais les Prussiens purent réunir contre lui tous leurs efforts, et, averti un peu tard de l'ajournement de l'opération, il fit évacuer sa double conquête, ayant appelé seulement ainsi les renforts de l'ennemi à proximité de la Seine.

Le passage de la Marne s'effectua rapidement le 30 au matin : la division Faron enleva Champigny et se développa en tête du village : l'autre division du 1er corps (Malroy) se porta à gauche vers le Four à chaux dans la vallée de la Lande.

Le 2e corps (Renault) diminué de la division Susbielle, qui agissait ailleurs, parcourut rapidement la route de Villiers jusqu'à la route, barricadée, du chemin de fer de Mulhouse, l'enleva, et gravit la pente de Villiers. Les deux corps ont franchi la presqu'île et sont rangés à la crête des hauteurs de Cœuilly à Villiers. On les voit marcher en avant sous le feu de l'ennemi, vigoureusement appuyés par leur artillerie, bien récemment formée, mais qui soutint glorieusement ce premier combat.

Malheureusement, le brave général Renault avait été atteint, avant ce moment, d'une blessure mortelle. Le général Boissonnet, qui commandait son artillerie, fut blessé à son tour sur la levée du chemin de fer. On arrivait, d'ailleurs, en face des murs crénelés et bien couverts, des parcs de Villiers, à gauche, et de Cœuilly, à droite. Il aurait fallu pouvoir se servir de l'artillerie pour les battre en brèche, et le général Ducrot ne trouva sous sa main, devant Villiers, que la batterie de mitrailleuses du capitaine Sazilly, qui se fit tuer bravement sans pouvoir faire tomber le mur du parc. L'attaque ainsi arrêtée ne fut pas reprise. On reprocha à l'aile droite de s'être mise trop tôt en retraite; à l'aile gauche, d'avoir franchi trop tard la Marne et de n'avoir attaqué Villiers (ce que firent très-brillamment, d'ailleurs, les zouaves de la division Bellemare), qu'après l'échec de l'attaque du 2e corps. La nuit arriva, laissant nos jeunes soldats en possession des crêtes qu'ils avaient conquises, mais arrêtés des deux parts devant des obstacles qu'ils n'avaient pu vaincre. Les moyens de communication rapide, peut-être les instructions parfaitement précises, avaient fait défaut et l'on n'avait pas obtenu la combinaison d'efforts qui eût fait réussir l'opération. En dehors de l'attaque principale, le général Susbielle avait enlevé Montmesly, éminence au milieu de la plaine qui s'étend en face de Choisy, jusqu'au pied des hauteurs d'entre Seine et Marne. Cet effort isolé n'avait pas eu de suite; parce que le 1er corps n'avait pas, au même instant, pu dépasser Cœuilly et atteindre Chenevières. Les Allemands avaient pu reprendre Montmesly, où avait été tué le général Ladreit de la Charrière, et la retraite de la division Susbielle avait été couverte par le général Vinoy, entrant en action, vers midi, sur la rive gauche de la Seine et s'arrêtant dès que cette retraite avait été assurée.

La diversion demandée au corps de Saint-

Denis avait réussi : la brigade Hanrion avait brillamment enlevé Épinay, mais s'était repliée ensuite sur Saint-Denis. Ce coup de main avait eu pour résultat principal de tromper Gambetta auquel la bataille de Champigny fut immédiatement annoncée comme un succès qui aurait d'importantes conséquences : Gambetta, confondant Épinay-sur-Seine avec Épinay-sur-Orge, annonça à la France que l'armée de Paris avait déjà gagné une étape sur la route d'Orléans, et prescrivit impérieusement le mouvement en avant des 15e, 16e, 17e, 18e et 20e corps, pour aller au-devant d'elle, amenant ainsi la défaite décisive de l'armée de la Loire.

A Champigny, la nuit fut dure : la température s'abaissant brusquement, infligea de cruelles souffrances à tous et surtout aux blessés : le 1er décembre fut employé, du côté des Français, à se couvrir de quelques tranchées, à se reposer, à enterrer les morts : on s'étonna, à Paris, que le succès de la veille ne fût pas poursuivi plus activement : il était évident que les heures qui s'écoulaient amenaient à l'ennemi de puissants renforts, que ne compenserait pas l'appui des divisions Susbielle et Bellemare.

Le 2 décembre au point du jour, tout le front

de la position française fut attaqué à la fois. Nos jeunes soldats se gardaient assez mal devant Champigny et au Four à chaux : cette attaque les surprit, et il s'ensuivit une panique qui jeta jusqu'aux ponts de la Marne un certain nombre de fuyards. Mais, à gauche, les 3e et 2e corps avaient tenu ferme devant Villiers et dans la vallée de la Marne, soutenus d'ailleurs par les feux d'artillerie de la rive droite. Bientôt, la résistance s'organisait à droite, à Champigny même, surtout par la brigade la Mariouze (précédemment Guilhem), composée des 35e et 42e régiments, les seuls vieux corps de l'armée. Le succès des Allemands au centre n'avait donc pas de suite et la lutte se continuait avec une vigueur extrême sur toute la ligne. A partir de midi, l'ennemi était repoussé et les Français, aidés de leur artillerie, se reportaient en avant. Toutefois, quand la nuit vint, on n'avait emporté ni Cœuilly ni Villiers, mais on avait à peu près éteint les feux des Allemands et l'on était en attitude d'offensive. Du côté de l'ennemi, le IIe corps prussien avait pris part à l'affaire avec les Wurtembergeois et les Saxons.

Mais le général Ducrot avait perdu 6,000 hommes. Il ne crut pas pouvoir imposer à ses soldats, éprouvés par le feu, par la fatigue, par le froid et le défaut de vivres, de nouveaux efforts. Il leur fit repasser la Marne le 3 : on renonçait à percer les lignes ennemies ; on perdait et l'on ôtait confiance dans les efforts à venir : le siége de Paris avait eu sa crise décisive !

Il fallait, du reste, compter beaucoup avec la saison, dont les brusques variations contrariaient sans cesse les plans formés et ne permettaient guère les combinaisons à long terme. Il fallut attendre jusqu'au 19 décembre pour tenter une opération nouvelle : on en profita pour changer l'organisation de l'armée : on ramena le général Vinoy sur la rive droite, en confiant au général Blanchard la garde de la rive gauche : on développa la formation de la garde nationale en régiments de marche, réunissant les compagnies de marche extraites de chaque bataillon sédentaire.

Du 19 au 21, on établit l'armée du général Ducrot en face de Bondy, sur les deux rives du canal de l'Ourcq, appuyée à gauche par le corps de l'amiral la Roncière, qui devait donner le signal de l'attaque en enlevant le Bourget ; à droite, par le général Vinoy qui devait agir le long de la Marne. Celui-ci s'était emparé de la Maison-Blanche et de la Ville-Évrard ; mais le

Bourget, malgré la vigueur de l'attaque, n'avait pu être conquis en entier, et, par suite, le centre français n'avait pas été lancé à l'attaque des hauteurs. La bataille s'était bornée à une canonnade.

Cependant, le roi avait hâte d'en finir : une négociation, entamée dès la fin d'octobre, par M. Thiers, avait échoué par suite des dures exigences de la diplomatie allemande. Le général Trochu avait repoussé le 5 décembre les communications de M. de Moltke, qui lui faisait offrir de faire vérifier par des officiers envoyés de Paris la réalité de la défaite de l'armée de la Loire devant Orléans : Le roi décida le bombardement de Paris, et le commença le 27. Mais Paris retrouvait tout son courage pour souffrir. Le bombardement qui atteignit, en tout, 431 victimes de tout âge et de tout sexe, l'irrita sans l'abattre. La disette, qui épuisait enfin les immenses ressources de la grande ville, — la mortalité qui allait s'accroissant tous les jours et venait à quintupler les pertes habituelles, n'abattaient pas les courages. On reprochait au Gouvernement de ne pas s'en servir, et le général Trochu voyait sa popularité diminuer en même temps que l'espoir de la délivrance. Le froid avait été terrible dans la nuit du 21 décembre, et chacune des nuits de bivac qui avaient suivi cette journée avait jeté dans les hôpitaux plusieurs centaines d'hommes atteints de congélation. Cependant les récits, habituellement exagérés, des efforts faits sur le Loir, sur l'Huisne, sur la Somme : puis, l'attente de l'effet produit sur l'ennemi par l'expédition de Bourbaki, soutenaient les esprits : mais il était difficile de conserver beaucoup de confiance dans l'action des armées de province après la défaite du Mans, après l'insuccès d'Héricourt succédant à la bataille de Villersexel. Aussi, quand le général Trochu prépara un dernier effort qui dut s'effectuer le 19 janvier, c'était, à ses yeux, à ses yeux surtout, un coup de désespoir sans chance de succès : il se croyait forcé de donner satisfaction à l'opinion qui accusait de timidité le gouverneur ; on lui reprochait de ne pas utiliser les forces qu'il avait dans les mains, notamment les régiments de marche de la garde nationale, très-inégaux en valeur, et dont quelques-uns s'étaient distingués sous l'amiral Pothuau, devant Choisy. La partie civile du Gouvernement, d'accord avec Gambetta qui gourmandait l'inaction de l'armée parisienne, se faisait l'organe de l'opposition au gouverneur, et préparait déjà sa déchéance.

XLVI

BATAILLE DE BUZENVAL.

Ce fut dans ces fâcheuses conditions que se prépara la bataille de Buzenval. Après avoir tâté l'ennemi sur tout le pourtour de la place, on revenait à la route directe du Mont-Valérien sur Versailles, théâtre du combat du 15 octobre, qui avait écarté les Allemands de la presqu'île de Gennevilliers et du point de départ de l'expédition alors projetée sur la Normandie.

Cette fois encore, il s'agit d'aborder de vive force les retranchements établis par les Allemands sans avoir rien fait d'avance pour ruiner leurs défenses, pour amener les troupes d'attaque à portée de l'ennemi. On trouverait, à la Bergerie, sur le plateau boisé qui s'étend de Rueil et Bougival vers Versailles, les mêmes obstacles qu'à Chevilly, à Cœuilly, à Villiers : la justesse et la portée des armes nouvelles, les qualités spéciales de sang-froid des Allemands rendraient excessivement meurtrière l'approche des fortifications de campagne qu'ils avaient eu tout le temps de combiner avec intelligence dans ces régions occupées depuis quatre mois : l'épreuve se trouverait trop forte pour nos jeunes troupes et l'on échouerait encore.

Ce fut là, en effet, l'histoire de cette journée. Ajoutons que l'insuffisance des communications à travers la rivière et la boue affreuse d'un récent dégel firent avorter les combinaisons de marche du général Trochu. La gauche, aux ordres du général Vinoy, enleva Montretout et les maisons voisines, postes avancés de la position des Allemands ; le centre, dirigé par le général Bellemare, arrivant un peu plus tard, put s'emparer de Buzenval et s'arrêta devant la Bergerie, attendant Ducrot et la droite, qui ne purent arriver qu'avec un retard de plusieurs heures quand les renforts prussiens s'étaient accumulés sur le terrain de l'attaque. Le soir vint sans qu'on eût obtenu un succès décisif, et le général Trochu ordonna la retraite. — Dès le lendemain, l'opinion imposait son remplacement par le général Vinoy, à défaut d'un chef qui pût promettre de nouveaux efforts et en espérer le succès.

XLVII

CAPITULATION.

Les dernières ressources alimentaires devant d'ailleurs disparaître en quelques jours, M. Jules Favre entamait des négociations avec le quartier général prussien, non pas seulement pour la capitulation de Paris, mais pour la paix où, plutôt, pour la capitulation de la France épuisée : en sorte que cette paix se trouvait être stipulée par un homme qui, enfermé depuis quatre mois, ne connaissait qu'imparfaitement l'état des choses à l'extérieur et devait, jusqu'à un certain point, ne l'apprendre que par l'ennemi. Nous avons dit quelle avait été, pour l'armée de l'Est, la conséquence de cette ignorance. M. de Moltke, instruit du succès probable de l'audacieuse entreprise de M. de Manteuffel, avait présenté et fait accepter comme une stipulation toute simple la mise hors des négociations des opérations en cours sur la frontière de l'Est. M. Favre n'avait pas été tenu au courant de la détresse de notre armée et, de son côté, il négligea de faire connaître à Gambetta la funeste exception qu'il avait consentie. Le désastre de l'armée de l'Est fut aggravé par cette négligence : il n'eût pu être évité que si l'on eût pu stipuler que la lutte cesserait immédiatement et partout et que chaque armée conserverait sa position actuelle : la ligne de neutralité tracée par les négociateurs réduisait, sur beaucoup de points, le territoire occupé par les Français, surtout entre les deux armées du Nord et de la Loire. Belfort dut être remis aux Allemands, ainsi que les forts de Paris et son armement, sauf celui de la garde nationale qui devait servir bientôt de si déplorables passions politiques. Les départements du Doubs, du Jura, de la Côte-d'Or furent occupés par les Allemands. L'Alsace, la Lorraine leur étaient abandonnées, et la France payait une rançon de cinq milliards.

Elle venait d'être vaincue au Mans, à Saint-Quentin, sur la frontière de Suisse. Chanzy ni Faidherbe ne renonçaient à la lutte ; mais la disponibilité de l'armée allemande de Paris rendait probablement impossible un succès à l'Ouest ou au Nord. Un 25e corps, sous le général Pourcet, signalait son existence par quelques succès sur les bords de la Loire : les forces réunies dans le Midi étaient encore intactes. Mais on venait de perdre la moitié des armes réunies à si grand'peine et à si grands frais : 800,000 hommes étaient prisonniers ou hors de cause en Allemagne, à Paris, en Suisse. La France était réellement à bout de forces!

Avait-elle bien agi en continuant la lutte après Sedan, privée qu'elle était de son armée régulière et menacée d'une aggravation des conditions, si dures déjà, que les Prussiens mettaient dès lors à la paix? le pouvait-elle? le devait-elle?

Cette dernière question est-elle absolument subordonnée à la première? N'était-il pas de l'honneur de la nation de ne se laisser arracher ses provinces que quand, aux yeux de tous, elle serait absolument hors d'état de les défendre ou de les délivrer? Or, l'honneur a des exigences peu susceptibles de discussion : ce qui est hors de doute, c'est qu'il importe à une nation autant, au moins, qu'à un homme, et qu'elle n'est bien morte que quand elle l'a perdu.

Reste, en tous cas, l'autre question : la France pouvait-elle résister? elle avait beaucoup d'hommes, un crédit presque illimité et la mer libre pour les pourvoir d'armes, de vivres, d'équipements : un certain nombre d'officiers expérimentés, pas assez, toutefois, pour former des cadres suffisants : une industrie enfin, à laquelle on pouvait tout demander.

Pour faire d'un homme un soldat ; d'un autre homme, à l'esprit exercé, un bon officier, il faut du temps sans doute ; mais ce temps varie beaucoup avec les circonstances, et peut être fort abrégé, surtout en état de guerre : « On vieillit vite sur les champs de bataille » disait le général Bonaparte au ministre qui le trouvait trop jeune. Il avait raison : officiers et soldats se forment vite en combattant ; mais il y faut de certaines conditions.

Avant tout, il faut avoir fait en temps de paix tout ce qui se peut faire sans trop charger les finances de l'État. Il faut — et cela se peut — que chacun sache d'avance quel sera son poste, quel sera son chef quand il sera appelé à l'armée et que cet appel soit simple et prompt. Les corps d'armée permanents avec magasins régionaux et constitution du service local des appels suffiront à ce besoin. — Il faut que chacun trouve, à sa portée, l'instruction élémentaire indispensable et, pour cela, que les nouveau venus soient répartis dans les rangs des anciens.

Quant aux officiers, ils doivent, en tous temps,

pratiquer des vertus qui, Dieu merci ! sont communes dans l'armée française. L'officier doit, avant tout, *aimer* ses soldats, être tout dévoué à leur bien-être, au soin de leur santé physique et morale ; ne jamais les abandonner, ni le jour, ni la nuit ; il doit être pour eux un père, sévère sans doute au besoin, mais toujours attentif à ce qui doit les maintenir et les développer.

Et il en doit être ainsi jusqu'au degré le plus élevé. Le chef doit mettre tout ce qu'il a de tact à enseigner à chacun de ses subordonnés *le devoir,* et *l'initiative.* Ce n'est pas leur obéissance qu'il doit obtenir ; c'est le concours le plus complet de leur zèle et de leurs facultés : il faut que chacun, suivant son grade, sache prendre une résolution et l'exécuter vigoureusement : le chef, de son côté, sera toujours informé, toujours disposé à excuser une faute commise par excès de courage ou par dévouement à l'armée : toujours prêt à appuyer le hardi lieutenant qui a trouvé un succès sans attendre ses ordres, à secourir celui qui s'est mis en danger. Il y a là une question de mesure dans le libéralisme, difficile sans doute, mais d'une suprême importance : l'excès de rigidité dans le commandement supprime l'intelligence dans l'obéissance.

A tous les degrés, le caractère, le dévouement et, quand il est question du général en chef, le génie, ont une importance capitale; mais, à tous les degrés, il y a une partie « métier » indispensable, et dont il faut chercher l'enseignement chez les hommes d'expérience.

Ainsi quand, devant Orléans, le ministre dirigea l'armée contre un ennemi très-manœuvrier en la partageant en trois parties dont la principale, l'aile droite, était séparée du centre par l'infranchissable forêt d'Orléans, un militaire, même sans génie, l'eût averti qu'il risquait de faire mettre cette aile hors de combat sans qu'elle pût secourir le reste ou en être secourue. Il eut l'audace sans le savoir suffisant, tandis que, trop souvent, le sentiment très-vif de ce qui manquait à l'armée paralysa l'audace des généraux.

Mais comment donner quelque valeur à de jeunes troupes? Il faut que l'idée de porter les armes soit familière à tous les esprits. Il faut que la guerre soit nationale. Le patriotisme peut faire mûrir vite l'esprit militaire.

Puis il faut, une fois qu'on est sous les armes, se battre sans cesse et ne risquer, cependant, ni désastres, ni souffrances trop grandes. Une troupe qui s'est battue avec quelque succès peut compter dès lors, même sans les conditions de supériorité qu'un chef habile lui aura ménagées d'abord. Longtemps encore, toutefois, elle vaudra surtout pour l'offensive décidée ou la défensive absolue : passer de l'une à l'autre sans s'étonner, sans perdre de ses facultés, est le fait de vieilles troupes.

Après ces conditions morales d'une bonne armée, viennent les conditions de matériel et d'organisation.

La qualité des armes, de l'équipement, des accessoires doit faire, cela va sans dire, l'objet d'études constantes et d'intelligents essais. L'uniformité est très-souhaitable ; mais on en a fait trop souvent, une condition indispensable ; elle est secondaire, et chaque corps d'armée doit surtout se servir de ce qu'il peut le mieux obtenir du pays qui l'alimente.

Reste l'organisation dont le but est : mettre le plus promptement possible le plus de forces possible en état d'agir.

Il est clair que la constitution permanente d'une armée comprenant tous les citoyens en état de porter les armes résoudra la question au prix d'un budget militaire de un à deux milliards. D'autre part, la formation exclusive d'une milice donnera beaucoup d'hommes au moindre prix possible. C'est évidemment entre ces deux solutions qu'il faut chercher, et je crains qu'en France, on ne se soit trop rapproché de la première; depuis 1840, l'armée permanente a été très-nombreuse, a coûté très-cher, et s'est trouvée insuffisante au moment décisif. Le maréchal Niel déclarait en 1867 « que la Prusse était plus forte que nous ». La Prusse avait alors une population moins forte que la nôtre de moitié, et son budget militaire était aussi moitié du nôtre; et peut-être, cependant, le maréchal disait-il vrai. La Prusse donnait beaucoup moins que la France à l'armée permanente, davantage à la préparation des milices, c'est-à-dire à la diffusion de l'esprit et de l'instruction militaire.

Elle donnait beaucoup moins aussi à l'action immédiate du ministère de la guerre : beaucoup plus à l'action locale. C'est ici une question de temps, c'est-à-dire une question vitale.

Toute administration trop centralisée est lente : ne risquons jamais ces lenteurs sans un intérêt très-sérieux. Laissons, par exemple, aux généraux de corps d'armée les appels, les incorporations d'hommes, même les collations provisoires de grades et d'emplois; laissons aux provinces qui alimentent en hommes le corps d'armée, le soin de le pourvoir de vivres, de vêtements, même de solde. Sans méconnaître les périls de cette existence propre laissée aux divers corps d'armée, j'insisterais pour abréger, à tout prix, les délais de mise en état des forces nationales. Ces périls, d'ailleurs, peuvent être très-atténués si le Gouvernement a sous sa main une très-forte réserve, la vraie armée de paix, et si les armées territoriales ne sont que des écoles où s'instruit toute la jeunesse du pays, sous sa haute et libérale direction. Que le commandement soit un, l'administration multiple.

Du récit qui précède il y a lieu de tirer encore d'autres enseignements : le bon emploi des chemins de fer est au premier rang des moyens techniques qui permettent de diminuer les dangers et les souffrances du soldat. Il faut qu'ils soient toujours libres et que le service de correspondance entre chaque corps d'armée et le chemin de fer qui l'alimente soit toujours assuré : le chargement et le déchargement doivent être immédiats afin que les voies restent toujours libres : l'emmagasinage de vivres ou de munitions dans des wagons doit être absolument proscrit; chaque armée doit avoir ses trains réguliers d'alimentation et d'évacuation des malades et blessés. Je suis d'avis que ce service doit être spécialisé entre elle et la région de laquelle elle provient. Enfin les chemins de fer doivent servir quelquefois à porter rapidement des troupes : il faut, pour ce cas, ajouter au matériel des moyens de débarquement des chevaux et des voitures qui suppléent amplement à l'insuffisance des quais établis. A Clerval, le 15e corps, rejoignant l'armée de l'Est, perdit plusieurs jours à débarquer ses voitures.

Il résulte encore du récit de cette guerre que l'ennemi le mieux préparé, le mieux renseigné, le plus nombreux, n'est jamais certain de garder sans cesse toutes ses chances ; qu'il se trompe souvent et qu'un général à l'esprit alerte, au courage toujours prêt, peut, malgré son infériorité habituelle, saisir plus d'une fois l'occasion de changer la fortune. Ainsi le put faire Villars à Denain, Frédéric le Grand à Rosbach. Il ne faut donc jamais désespérer ; peut-être faut-il aussi être d'autant plus audacieux qu'on est plus faible, à condition de garder tout son sang-froid et de reculer résolûment et sur-le-champ devant une impossibilité. Tâcher de deviner l'ennemi, et se décider vite !

En résumé :

Avoir un fond d'armée excellent, l'armée de paix, relativement peu nombreuse.

Préparer l'entrée dans le rang de toute la jeunesse du pays : pour cela, lui faire donner, sur place, l'instruction sommaire par les cadres mêmes qui s'ouvriront pour la recevoir. — La proportion entre le chiffre de l'armée permanente, comprenant la réserve et les cadres, et l'armée mobile, fournissant la majorité des soldats avec des officiers et sous-officiers auxiliaires, cette proportion, dis-je, doit varier avec divers éléments dont le principal est la richesse du pays.

Préparer un bon matériel, et, tout d'abord, mettre celui qu'on possède en état de rendre le plus de services possible.

Étudier d'avance, dans tous les états-majors, la partie technique des transports de troupes, les durées nécessaires des marches et les moyens de les abréger, les conditions de l'alimentation ; appeler l'attention sur les moyens d'éviter à la troupe les fatigues inutiles en calculant toujours le temps nécessaire à chaque opération.

Se procurer le personnel militaire des chemins de fer et de la télégraphie et en étudier le meilleur emploi.

Enfin, ne pas faire de guerre que n'avoue la conscience nationale; et, dans une guerre de salut suprême, demander, sans ménagement, tout ce que le pays peut donner. Richesses, forces, existences, il ne marchandera rien, dès qu'il sera certain que tout est réclamé pour son salut, pour son honneur!

RÉSUMÉ

Nous avons rapporté, avec quelque détail, les faits de la guerre franco-allemande ; essayons de les résumer.

Cette guerre se partage naturellement en deux périodes : pendant la première, c'est l'armée permanente qui combat et est, non-seulement vaincue, mais détruite ; pendant la seconde, une armée, improvisée avec les débris de la première et des milices de toute origine, essaye de disputer à l'ennemi vainqueur le sol de la patrie.

Quinze jours après la déclaration de guerre, 450,000 Allemands, pourvus de tous les accessoires indispensables pour commencer et entretenir la guerre sont réunis, sur notre frontière entre la Moselle et le Rhin, en face de 244,000 Français dépourvus d'objets de campement, de moyens de renouveler leurs approvisionnements en munitions et en vivres, et attendant en vain des réserves qui ne rejoignirent jamais.

L'initiative appartint aux premiers prêts. Les plans offensifs de l'état-major français s'en allèrent en fumée : il fallut se borner à la défensive, pour laquelle rien n'était préparé, ni les esprits, ni les hommes, ni le matériel, ni les fortifications des places.

Cherchons donc la direction de la guerre chez les Allemands.

Mais, de leur côté, la fortune fit souvent sortir, des résolutions prises, des résultats inattendus. Prévoir toute une campagne suppose un génie militaire de premier ordre : Turenne avait prévu, en 1674, qu'il laisserait les impériaux s'établir en Alsace et qu'il les chasserait de leurs quartiers d'hiver; en 1800, le Premier Consul savait qu'il battrait Mélas aux bords du Tanaro.

Ainsi, les grands capitaines veulent ce qu'ils feront. Ce que firent les Allemands n'était pas ce qu'ils avaient voulu; mais, la plupart du temps, les fautes et les erreurs qui devaient les perdre, tournèrent à leur avantage.

Leur premier plan consistait à manœuvrer pour forcer l'Empereur à reculer derrière la Moselle. Les 270,000 hommes de Steinmetz et du prince Frédéric-Charles devaient l'attaquer de front vers le 9 août. Dès le 4, les 180,000 hommes du prince Royal envahissaient l'Alsace ; on ne supposait pas que Mac Mahon pût les attendre ; ils devaient revenir, par Saverne, prendre l'Empereur en flanc et à revers et le forcer ainsi à abandonner la Lorraine : les deux masses allemandes se réuniraient ainsi sur la Moselle.

Le maréchal de Mac Mahon, se refusant à livrer l'Alsace, affronta l'armée du Prince et la combattit à Wissembourg et à Frœschwiller. Sa défaite fut honorée par les plus héroïques exploits, mais elle eut des conséquences désastreuses.

Ce n'est pas cependant la bataille de Frœschwiller qui modifia le plan prussien, ce fut la bataille de Forbach. Dès le 6 août, Steinmetz attaquait Frossard et Bazaine avec une témérité qu'eût dû punir une éclatante défaite ; il réussit pourtant à faire reculer toute l'armée française.

Pendant cette retraite, le maréchal Bazaine fut chargé du commandement suprême.

Les plans de l'état-major prussien s'agrandissaient avec sa confiance. Cette armée, qui renonçait à préserver le territoire français, il s'agissait, non plus de la repousser, — c'était là un résultat obtenu, — mais de la détruire.

Steinmetz dut suivre les Français en se bornant à retarder leur retraite. Le prince Frédéric-Charles, courant au sud de la route de Metz à Verdun, se rabattrait à droite sur Bazaine, engagé sur cette route et le prendrait en flanc.

Deux fois de suite, la droite prussienne dérogea encore à ce second plan. A Borny, à Gravelotte, elle attaqua l'armée française en forces inférieures : à Borny, à Gravelotte, comme à Forbach, Bazaine laissa échapper l'occasion d'une victoire, et recula.

Ces premières affaires n'avaient été, pour les Allemands, que des témérités heureuses. L'instant de la lutte décisive était arrivé.

Le 18 août, le maréchal avait rangé son armée obliquement en avant de Metz, de la Moselle à Saint-Privat. La campagne n'avait plus de secrets et l'armée allemande n'avait plus qu'à choisir ses postes, sans erreur grave possible, vis-à-vis d'un adversaire qui renonçait absolument à l'offensive. Aux fautes passées, Bazaine ajouta des erreurs de champ de bataille : il laissa accabler sa droite et fut acculé aux murs de Metz.

Une partie des forces qui l'avaient vaincu suffit à le maintenir ; mais des emprunts faits à cette armée et à celle du prince Royal, le roi forma l'armée de la Meuse, destinée à couvrir le siége de Metz, à servir de réserve, au besoin, aux deux autres masses allemandes. Le prince Royal fut dirigé sur Paris.

Entre Paris et l'ennemi, au camp de Chalons, se réunissaient, au nombre de 100,000 hommes, les corps vaincus à Frœschwiller et le 12e corps qui avait dû opérer dans la Baltique. Mac Mahon les commandait ; l'Empereur l'avait rejoint.

Le général Montauban, ministre de la guerre, prétendit, avec cette armée à peine organisée, ramener la fortune. Il voulait, laissant le prince Royal suivre, au sud de l'Argonne, sa route sur Paris, envoyer Mac Mahon sur la Meuse par le nord de l'Argonne et prendre entre deux feux l'armée qui assiégeait Bazaine. Il semble n'avoir pas tenu compte de l'existence indépendante de l'armée de la Meuse. En réalité, cette armée barrait le chemin à la nôtre. Mac Mahon pourrait-il forcer le passage avant d'être atteint par le prince Royal? Toute la question était là ; elle fut résolue contre nous !

Mac Mahon obéit, décidé par une dépêche de Bazaine qui déclarait pouvoir et vouloir s'ouvrir un passage vers la Meuse à Montmédy. Le 23 août, Mac Mahon marcha vers la Meuse au-dessous de Verdun, séparé par l'Argonne du prince Royal. L'état-major allemand ne connut son mouvement que le 25 · il rappela aussitôt le prince des bords de la Marne; le prince remonta au Nord des deux côtés de l'Argonne : il se hâtait pour prendre en flanc Mac Mahon, que l'armée de la Meuse combattrait de front. C'était la même manœuvre qu'à l'entrée de la campagne.

Comme aux premiers jours d'août, la fortune changea le plan allemand et l'agrandit singulièrement. Nous avons vu qu'au moment même de la rencontre, une erreur des Prussiens rendit de nouveau exécutable le plan de Palikao. Le roi, dès que ses 240,000 hommes se trouvèrent réunis, compta que l'armée française allait prendre chasse et fuir vers le Nord ; il ramena toutes ses masses sur la rive gauche de la Meuse et les lança sur les traces de la fuite présumée de Mac Mahon. Il ne trouv a dans cette direction que les 5e et 7e corps, qui lui échappèrent tous deux, le 5e, après un échec douloureux à Beaumont. Le 30 août, l'armée française était sur la rive droite de la Meuse, et y était seule, plus près de Metz que ses adversaires !

Malheureusement, à la guerre, on ne sait jamais tout ce qui se passe chez l'ennemi, et les résolutions qui apparaissent, après coup, heureuses ou funestes, n'ont pu être appréciées au moment où il fallait choisir. Le plan Palikao fut délaissé lorsqu'il devenait praticable. Le ma réchal descendit la Meuse au lieu de la remonter, et s'arrêta à Sedan, croyant pouvoir y faire reposer son armée.

Déjà le prince Royal était à sa hauteur, entre la France et lui : l'armée de la Meuse se hâtait de repasser le fleuve et de fermer la route de Metz, ouverte un instant. Il fut entouré, à Sedan, par une force plus que double de la sienne, et accablé !

Ainsi, sous deux chefs, l'un calme jusqu'à l'apparence de l'indifférence et de l'inertie; l'autre, dévoué jusqu'à l'abnégation, l'armée régulière avait succombé tout entière !

Sans parler des causes morales qui contribuèrent à cette défaite, nous pouvons dire que l'administration des Allemands s'était montrée plus prompte, leur tactique mieux appropriée à la puissance nouvelle des feux; leur étude des conditions d'une guerre entre les deux pays plus générale et plus approfondie que celles des Français. Il faut ajouter qu'en France, les divers services sont indépendants, sauf du chef suprême, auquel incombe, par suite, une besogne surhumaine. De là, la lenteur qui avait perdu Bazaine et Mac Mahon, qui devait perdre Bourbaki, et diminuer le succès de Coulmiers. Du côté des

Allemands, chose étrange! le commandement était plus libéral, et les inférieurs pouvaient oser beaucoup sans encourir de blâme.

Mais le succès avait été décidé par la supériorité du nombre des hommes et des canons. Pourquoi cette supériorité, quand la Prusse ne comptait, avec ses alliés, ni plus de population, ni plus de soldats, ni plus de miliciens que la France? Quand elle n'avait pas, depuis longues années, consacré à la guerre une aussi forte part de ses budgets?

Grave question dont la solution n'est pas douteuse!

L'armée se compose de soldats de profession et de milices recrutées dans toute la nation et encadrant, de proche en proche, tous les citoyens. La Prusse unissait ces deux éléments et en constituait ses corps militaires; en sorte qu'après avoir amené 450,000 hommes sur la Sarre et la Lauter, elle gardait encore sur son territoire des corps de valeur égale, puis des éléments de corps ayant une organisation assez avancée pour s'encadrer vite et facilement dans l'armée active, ou pour constituer, par elles-mêmes, des troupes d'une certaine valeur.

En France, on ne faisait état que des soldats

anciens de service, et peut-être cette doctrine, qui diminuait la force de l'armée en pesant lourdement sur nos finances, résiste-t-elle encore, dans certains esprits, à la dure épreuve de 1870 : on oubliait, d'ailleurs, que la France a été préservée, en 1793, par une faible élite d'anciens soldats encadrant, en nombre six fois plus grand, des soldats de quelques mois ou de quelques semaines.

De cette fatale doctrine résultait, après Sedan, une conséquence mortelle ! Les nombreux miliciens qui restaient à la France n'étaient que des hommes ! les cadres, l'instruction, le temps, leur manquaient pour constituer de vraies armées.

Aussi, Bazaine vaincu et contenu à Metz, l'armée de Sedan détruite, Mac Mahon blessé, l'Empereur prisonnier, la guerre sembla terminée, et la France abattue sans ressource. Les Allemands ne faisaient aucune estime de la poussière d'armée qui restait devant eux, et s'étonnaient même d'avoir à marcher jusqu'à Paris pour forcer la France à rendre son épée.

Ils se trompaient ! — La France refusa d'accepter sa défaite, d'abandonner ses chères provinces d'Alsace et de Lorraine tant qu'elle pourrait tenir son drapeau ! On la disait amollie par la prospérité ; oublieuse de toute vertu civique !

Elle prouva au monde qu'elle avait été calomniée ! De toutes parts, ses jeunes citoyens coururent aux armes : sa merveilleuse industrie fit des miracles pour reproduire les ressources perdues dans les premiers revers ; les faibles, les femmes même, furent admirables de résignation et de dévouement : tous les sacrifices furent acceptés sans murmure, et le salut de la patrie sembla le premier vœu de tous les cœurs !

Paris mit à préparer sa défense tous ses talents, tous ses courages, tous les bras de ses travailleurs, toutes les ressources de son industrie. Ainsi secondé, le général Trochu organisa la défense et la conduisit avec une inébranlable fermeté. Pour former une armée capable d'action au dehors, manqua-t-il des éléments nécessaires ou des éminentes facultés qu'eût exigées la grandeur des circonstances ? la postérité en jugera !

Au dehors, malgré plus d'une faute, des armées actives se formèrent et d'audacieuses entreprises furent tentées. En novembre 1870, des corps suffisamment nombreux apparaissaient dans l'Est, dans l'Ouest, surtout au Nord et sur la Loire. Malheureusement, il fallait tout improviser à la fois, y compris le gouvernement et l'administration : il eût fallu avoir, en septembre, ce qui n'exista que deux mois après. Le temps manqua.

L'armée allemande, arrêtée aux siéges de Metz et de Paris, ayant à garder la longue ligne du Rhin à la Seine, était elle-même dans une situation singulièrement hasardée : l'attitude presque passive des deux places, la chute de Metz au 27 octobre, l'appel de nombreux renforts, lui permirent de se maintenir pendant que se formaient les armées françaises, de les combattre quand elles furent formées.

C'est entre la chute de Metz et l'arrivée du prince Frédéric-Charles entre Seine et Loire que se place le seul succès incontestable des Français, la victoire du général d'Aurelles de Paladine à Coulmiers. Mais, trois semaines après, la principale tentative faite par le gouvernement de la Défense pour dégager Paris amène un double échec : tandis que Ducrot est repoussé à Champigny, le prince Frédéric-Charles refoule, à Beaune-la-Rolande et à Poupry, les deux ailes de l'armée de la Loire, puis se jette sur le centre de cette armée, l'enfonce et reprend Orléans, rejetant Chanzy sur Beaugency, et le reste de l'armée en Sologne.

La France n'a pas désespéré après Sedan;

laissera-t-elle tomber ses armes après Orléans! Non! elle ne renoncera pas à la lutte. A l'extrême surprise des Allemands, le grand-duc, qui croyait n'avoir qu'à suivre des fuyards, est obligé d'appeler le prince à son aide pour résister à Chanzy.

Chanzy recule sur le Loir, tandis que Bourbaki se refait péniblement à Vierzon, assez fort cependant pour inquiéter le prince et l'empêcher de suivre à outrance la 2e armée de la Loire. Chanzy reprend opiniâtrément l'offensive dès que la principale armée allemande cesse de peser sur lui. Il la combat honorablement sur le Loir; puis lui dispute, quatre jours durant, les rives de l'Huisne et de la Sarthe. Rejeté enfin, par un dernier effort du prince, sur la Mayenne, à Laval, il s'y réorganise rapidement, et s'est remis, quand la paix se signe, en position d'offensive.

Au Havre, le général Loysel se maintient jusqu'à la fin.

La lutte, commencée au Nord plus tard que sur la Loire, s'y produit avec une égale énergie : deux fois, les armées se heurtent sous les murs d'Amiens : à Bapaume, l'armée allemande d'observation du siége de Péronne est vaincue, sans que, malheureusement, Faidherbe soit assez bien approvisionné et assez sûr du lendemain pour achever sa victoire. — Aussi prompt que Chanzy à revenir au combat, il fait, le 19 janvier, un dernier effort pour sauver Paris, et termine la campagne par sa glorieuse défaite de Saint-Quentin.

Les Vosges ont été disputées, avant l'arrivée des renforts que la chute de Metz assure aux Allemands, par les francs-tireurs, la troupe de Garibaldi, les faibles armées qui obéissent à Bressolles, Cambriel, Pélissier, Crémer. Malgré quelques combats honorables, ces luttes ont une médiocre importance, jusqu'au moment où Bourbaki dirige l'armée de Bourges vers Béfort, pour dégager cette place, qui se défend bravement. Tous les défauts organiques de l'armée française apparaissent dans cette entreprise à grande distance, et lui imposent une lenteur désastreuse. Tandis qu'aidé par la rigueur de la saison, le corps allemand de l'Alsace arrête Bourbaki à Montbéliard, Manteuffel accourt avec 60,000 hommes de l'ancienne armée de Steinmetz, passe sous les yeux de Garibaldi, coupe Bourbaki de Lyon, et enferme entre le Doubs et la frontière Suisse sa malheureuse armée presque entièrement désorganisée. Cette armée se réfugie en Suisse, le 1er février 1871.

Au moment où Paris achève sa dernière bouchée de pain, où l'armée qui l'entoure depuis cent trente-deux jours va pouvoir reprendre la campagne, Chanzy vient d'être repoussé du Mans, et Faidherbe de Saint-Quentin. Bourbaki est déjà hors de combat et son armée va disparaître. Les derniers efforts ont été tentés vainement, et bien qu'on ne perde pas courage, bien qu'on devine aisément que les Allemands ont hâte d'en finir, il faut que la France capitule avec Paris. Il faut qu'elle se résigne au sacrifice qu'elle avait voulu écarter au prix de toutes les souffrances, de tous les efforts ! Plus vraiment qu'après Pavie, elle peut répéter : Tout est perdu, fors l'honneur !

Mais l'honneur est, pour une nation encore plus que pour un homme, le principe même de la vie ! La guerre de 1870 n'a pas tué la France ; au contraire ! elle l'a laissée sanglante et mutilée, mais debout, mais instruite et retrempée par cette terrible épreuve !

FIN

TABLE DES MATIÈRES

Pages

INTRODUCTION. 1

I. Origine et préliminaires de la guerre. 5
II. Bataille de Wissembourg. 24
III. Bataille de Frœschwiller. 34
IV. Bataille de Forbach. 48
V. De Forbach à Borny. 59
VI. Bataille de Borny. 65
VII. Bataille de Gravelotte. 76
VII. Bataille de Saint-Privat. 89
VIII. Blocus de Metz. 100
IX. De Reims à Sedan. 109
X. Bataille de Beaumont. 124
XI. Bataille de Sedan. 135
XII. Après Sedan. 152
XIII. Siége de Strasbourg. 155
XIV. Toul, Verdun, Laon. 161
XV. Organisation du territoire conquis. 165
XVI. Commencements du siége de Paris. 168
XVII. Organisation de la guerre en province. . . . 185
XVIII. Premières rencontres autour de Paris. . . . 190
XIX. Premier combat d'Orléans. 193
XX. Progrès de l'organisation des armées de province. 198
XXI. Bataille de Coulmiers. 204
XXII. Situation des deux armées au 1er novembre. . 208
XXIII. Les Allemands en Normandie et dans le Nord. 211
XXIV. Situation générale au 1er novembre. 214
XXV. Opérations dans les Vosges 219
XXVI. Suite des opérations autour d'Orléans. . . . 225
XXVII. Bataille d'Orléans. 228
XXVIII. Deuxième armée de la Loire. 243
XXIX. Retraite sur le Loir. 251

Pages

XXX. Nord. — Villers-Bretonneux. 258
XXXI. Perte de Rouen. 261
XXXII. Deuxième armée de la Loire. Retraite sur Le Mans. 265
XXXIII. Bataille du Mans. 270
XXXIV. Retraite sur Laval. 278
XXXV. Armées du Nord. 280
XXXVI. Bataille de l'Hallue. 283
XXXVII. Bataille de Bapaume. 286
XXXVIII. Bataille de Saint-Quentin. 291
XXXIX. Campagne du Sud-Est. 295
XL. Combat de Nuits. 299
XLI. Bataille de Villersexel. 305
XLII. Bataille d'Héricourt. 307
XLIII. Marche de Manteuffel. 313
XLIV. Suite et fin du siége de Paris. 322
XLV. Bataille de Champigny. 326
XLVI. Bataille de Buzenval. 338
XLVII. Capitulation. 340

RÉSUMÉ. 353

TABLE DES CARTES.

Théâtre de la guerre (15 juillet-15 août 1870). 21
Frœschwiller. — Wissembourg. 27
Bataille de Forbach. 49
Bataille de Borny. 69
Bataille de Gravelotte. 77
Bataille de Saint-Privat. 95
De Reims à Sedan. 115
Bataille de Sedan. — Bataille de Beaumont. 131
Environs d'Orléans. 229
Bataille et retraite du Mans. 271
Campagne du Nord. 287
Campagne du Sud-Est. 309
Bataille de Champigny. 327

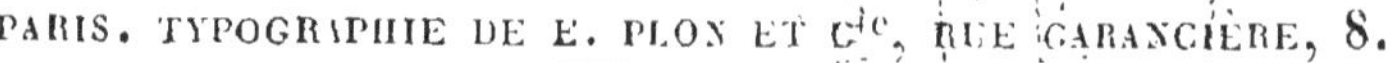

PARIS. TYPOGRAPHIE DE E. PLON ET Cie, RUE GARANCIÈRE, 8.

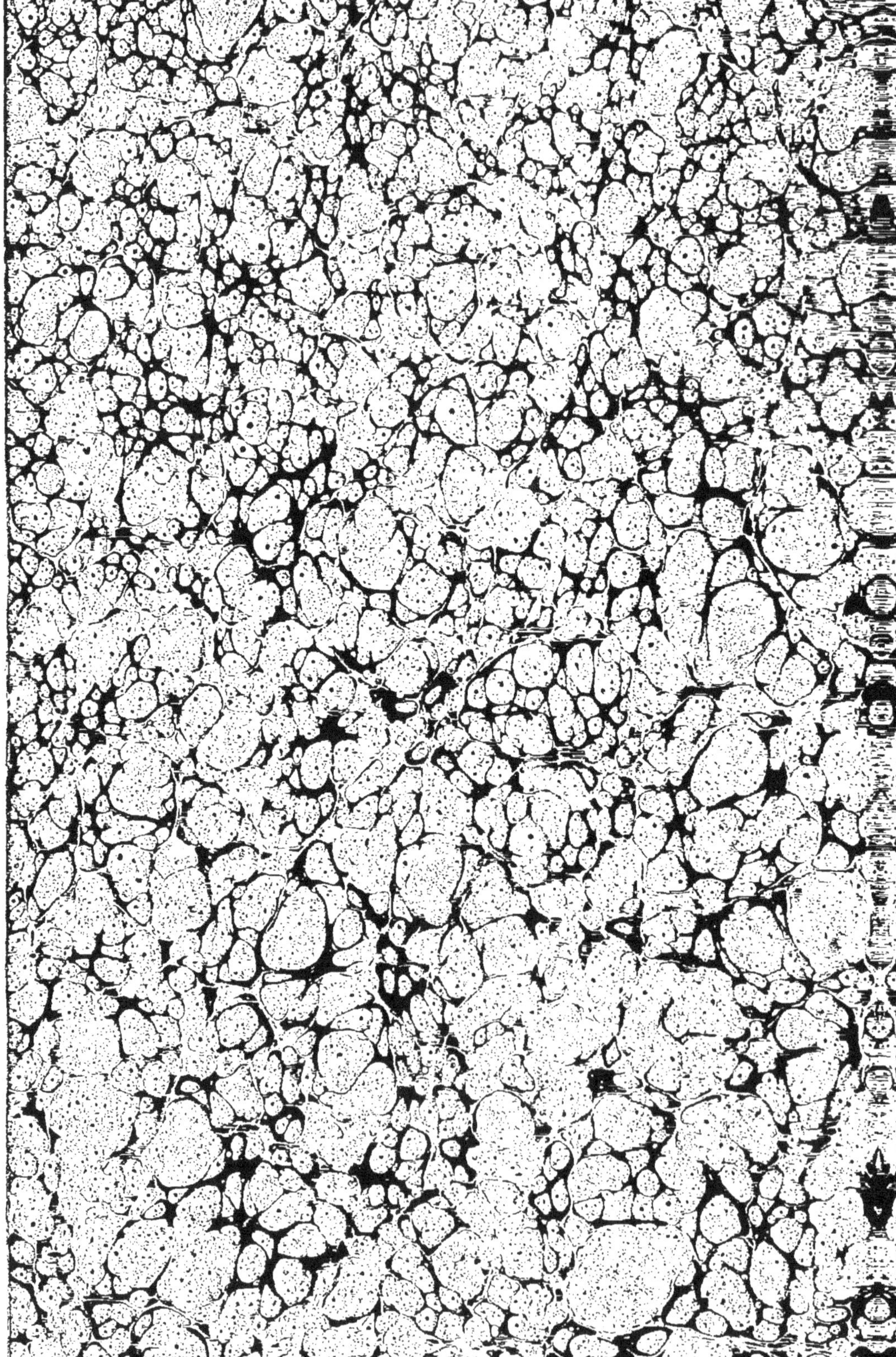

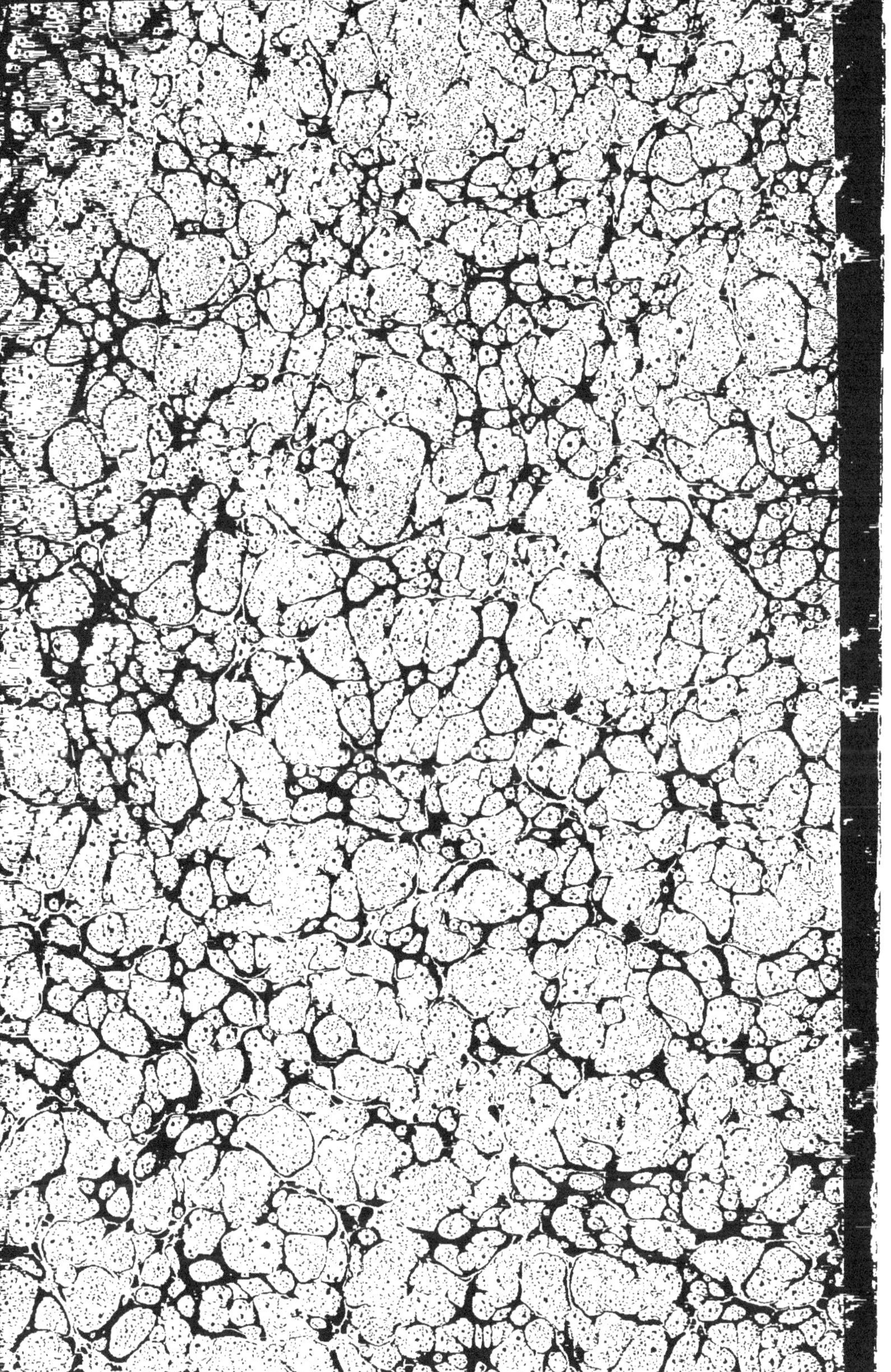

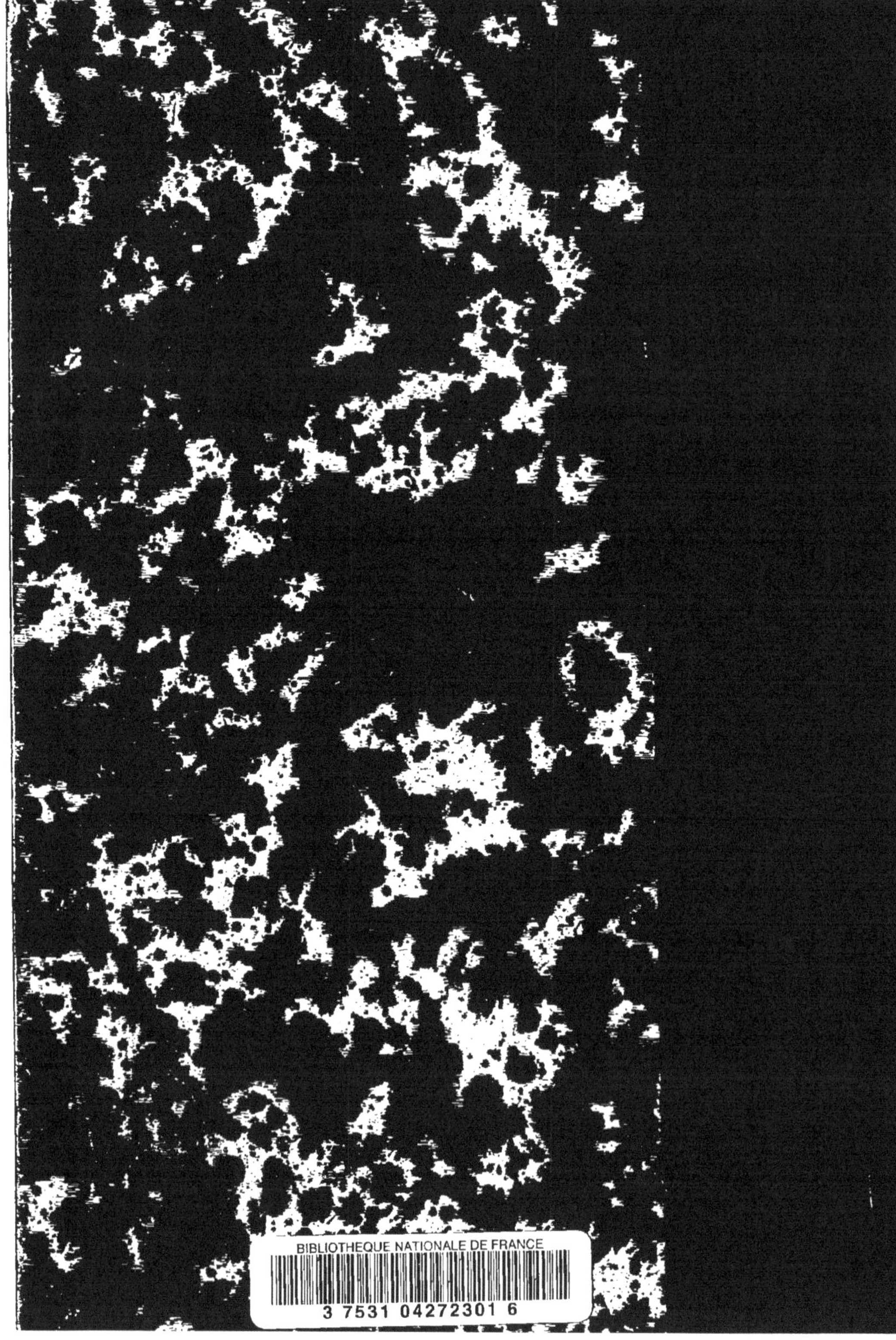

www.ingramcontent.com/pod-product-compliance
Ingram Content Group UK Ltd.
Pitfield, Milton Keynes, MK11 3LW, UK
UKHW031044260726
13965UKWH00006B/216

9 782012 999770